LOCUS

LOCUS

LOCUS

LOCUS

mark

這個系列標記的是一些人、一些事件與活動。

mark 57 西藏記憶
採訪整理：唯色
責任編輯：湯皓全
法律顧問：全理法律事務所董安丹律師
出版者：大塊文化出版股份有限公司
台北市105南京東路四段25號11樓
www.locuspublishing.com
讀者服務專線：0800-006689
TEL ：(02)87123898 FAX ：(02)87123897
郵撥帳號：18955675 戶名：大塊文化出版股份有限公司

總經銷：大和書報圖書股份有限公司 地址：台北縣五股工業區五工五路2號
TEL：(02) 8990-2588 (代表號) FAX：(02) 2290-1658
排版：天翼電腦排版印刷有限公司 製版：源耕印刷事業有限公司
初版一刷：2006年 2 月
初版 3 刷：2009 年 8 月

定價：新台幣 380 元
Printed in Taiwan

西藏記憶

唯色⊙採訪整理

目錄

前言

爲了復原一段被遮蔽的記憶，我用了幾年的時間，帶著我父親留下的數百張西藏文革照片在拉薩走街串巷，把照片一幅幅打開，一幅幅傳遞。每取出一幅照片，往往就能引發一段苦澀回憶。但有時也猶豫，不敢把照片從包裹拿出來，畢竟文革在今天的西藏，仍然是官方和許多當事人的忌諱。

前後大概採訪了七十多人，他們基本上與我的父母同輩，生命中的大段歲月是與西藏天翻地覆的幾十年歷史緊密相連的。他們多數是藏人，也有漢人和回族。如今或者是退休幹部、退休軍人、退休工人、居民，或者是還在位的官員、仍在工作的學者、虔心祀佛的僧侶等等，但當年，他們中有紅衛兵、有造反派、有「牛鬼蛇神」、有「積極分子」……

他們有的用漢語講述，有的用藏語講述。同意錄音的，我在事後根據錄音一一整理；不願意錄音的，我只能通過回憶儘量記錄。聽不懂的，我請母親幫助翻譯，逐字逐句地聽，不放過哪怕一聲歎息。

在採訪中，我曾經寫下這樣的感受：

假如……不，我當然不可能目擊當時。除非時光倒流，而我須得保持如今的狀態和心態，我並不願意成爲其中一員。在那些支離破碎、斷斷續續的敍述中，有過那個當年的他們漸漸面目模糊。雖然很多時候，他們的語調和神情亦如往常，但總會有突然失控的一瞬，某一扇記憶之門突然開啓，通向一個埋葬在記憶深處的世界，而在那劇變中的世界的中心或角落，孤單地佇立著他或她的青春時節的身影：驚詫，興奮，昏了頭，甚至迷狂間形影混亂。這身影如此突兀的顯現使他們無法持守如今已知天命之年的矜持和穩重，終於難以控制而突然語不成句，突然淚光閃爍，但都是瞬間即逝。

他們有的是足夠的歎息，遮遮掩掩的悔恨，以及將殘留的恐懼蔓延到今天的時局，用一句「不敢說」就爲那一段歷史挽上一個不易解開的結。但說實話，我很少從他們中的哪個人身上，看到誰擁有比較完整的良心。是不是，通過對那一段歷史的回顧和總結，我們所要尋找的僅僅只有一個目的：那就是尋找一個人的良心，進而擴大到尋找一個民族的良心？然而，這個「良心」何以鑑別？它是否僅僅是一種對於「是非善惡的評判」？有時候，似乎只能從一個小人物的行爲上看到這一點。比如，洛旺叔叔這個「當權派」（文革中對官員的通稱）在挨批鬥時，一個不知名的炊事員會悄悄地給他送上一缸子盛滿糌粑和酥油的熱乎乎的茶。

不過，尋找良心就是我們探究那一段歷史的目的嗎？何況我們又有什麼資格來進行這種審判性的工作？假如……我們生逢其時，毫無疑問地，肯定也是其中一員，肯定誰也逃脫不過、洗刷不掉，肯定誰都是那被當然選擇的，而不是自己就可以作主選擇的。或者說，我們在工作中應該記住的，只是這樣一句話：「道德主義者必讚揚英勇，譴責殘酷，可是不能解釋事故」（法國歷史學家勒費爾）。換言之，假如我們能夠做到這一點，也即努力地「解釋事故」，那已經是極其難得。而這顯然困難重重，所需依憑的外在和內在的條件甚多。

是不是，惟有記錄，記錄；越來越多的記錄，方方面面的記錄；那一個個「事故」才會從那些支離破碎、斷斷續續的敍述中，以無數個「偏」，漸漸地概括出一個比較眞實的「全」來？

對於認識和解釋西藏的文革，困難的並不是說淸從外部施加給藏民族的重重災難，而是如何看待藏民族內部做出的反應。其中令人困惑的是，爲什麼會有那麼多藏人成爲毛澤東的追隨者，並在文革期間鬥喇嘛、砸寺廟、燒經書？毫無疑問，在恐懼和毀滅的魔咒下，許多人只能在兩難中選擇保全自己；雖然也有不少藏人以生命捍衛藏民族寶貴的精神財富，在祖祖輩輩恪守佛教信仰的民眾之間，出現如此嚴重的分化甚至決裂，卻不是用一句「那時人都瘋了」就可以解脫的，也不是從此不再提起就可以忘懷的。

在採訪中，聽說中共西藏自治區的最高當權者郭金龍（現調任中共安徽省委書記）曾在一次會議上發脾氣：國外總說我們破壞了西藏文化，砸了多少寺廟，可是，難道是我們嗎？是解放軍去砸的嗎？是漢族去砸的嗎？

說出這種話眞夠無恥！但更令人堪憂的是，當事實僅僅存在於人們的記憶之中，當人們至今依然習慣不得不沈默的生活，事實本身必將面目全非。

漢人作家王力雄在他一九九八年寫的文章《西藏問題的文化反思》中，對西藏文革提出了一個解釋框架。他的文章被翻譯成英文，二〇〇二年在英國雜誌《新左派觀察》（*New Left Review*）上發表。居住英國的藏人學者次仁夏加隨之發表了反駁王力雄的文章〈血染的雪域〉（Blood in the Snows）。他們二人的不同觀點，在我的採訪中都可以得到印證。我把他們的文章收入附錄，請讀者自己判斷。

感謝友人林猛爲我把次仁夏加先生的文章從英文翻譯成中文；感謝我的母親次仁玉珍在我採訪的數年中不厭其煩地幫我翻譯；感謝宋永毅先生提供的西藏文革文獻資料；感謝臺灣大塊文化出版公司的郝明義先生讓這本書得以問世。

誠如我一再表達的，最應該感謝的是六年來接受我採訪的那些長輩。在這本書裏僅收入了對其中二十三位的採訪，遠不足以再現西藏的文革面貌，無非是一些人在人生中最爲値得紀念的故事。但這些故事有太多的歎息和淚水，都是每個人心中的重負，當我傾聽，當我記錄，當我公布，最大的希望就是讓更多的人記住，而不是忘卻。發生在西藏的文革，其實存在於千家萬戶的故事裏，存在於民間每個角落的記憶中。

需要說明的是，這二十三人絕大多數仍然生活在西藏，爲了他們的安全，我對其中九人使用了化名(六位男子以藏語的星期日期替代，三位女子以藏語的二位數字替代)。令人難過的是，其中已有兩人病故。

二〇〇五年十月於北京

久吉

「一看見五星紅旗心裏就害怕」

久吉（化名），女，藏人，六十多歲，拉薩人，木如居委會的居民。

訪談時間：第一次，二〇〇三年三月七日下午

第二次，二〇〇三年三月八日晚上

有一天居委會通知我們，第二天一早，所有人要穿上盛裝去開會，要帶上鋤頭、十字鎬和背兜，家裏一個人也不准留下，也不准請假，誰要是不去的話，就取消戶口和糧卡。於是早早地都去了，也不知道要去做什麼。居委會挨家挨戶地點人數，看人來齊沒有，然後開會，宣布要「破四舊」（文革期間對破除「舊思想、舊文化、舊風俗、舊習慣」的簡稱）。然後讓所有人排隊出發。那麼到哪裏去呢？原來是把一部分人帶到「赤巴拉康」，一部分人帶到「居麥」，一部分人帶到「希珠拉康」。「赤巴拉康」在小昭寺的隔壁，是一個佛殿。「希珠拉康」是吉崩崗附

近的一個小佛殿。「居麥」是下密宗學院，又叫木如寺。它們都是屬於木如居委會的。居委會的紅衛兵和積極分子衝在最前面，把兩個佛殿和「居麥」都給砸了，我們這些人就把砸碎了的佛像裝在背兜裏，去倒在路上和街道上，把經書也一張張地撒在馬路上，讓過路人踩。居委會就是這樣安排的。我也是其中揹著背兜倒佛像的人。不去是不行的，不但會挨罵，而且還會受到更嚴重的處罰，那就是取消戶口和糧卡。所以全部人都去了，沒有一個人膽敢不去。很多人都是出於恐懼不得不去這樣做的。除了那些積極分子以外沒有一個人願意這麼做。

二居（第二居民委員會,是吉崩崗居委會的簡稱）的任務是砸小昭寺。小昭寺裏供奉的「覺仁波切」是當年尼泊爾公主帶來的，是金屬做的，不像其他佛像是泥塑的，砸爛以後可以倒在路上，所以就被鋸成了兩半，扔在拉薩的一個倉庫裏。文革結束後竟然在北京發現了上半身，班欽仁波切（十世班禪喇嘛）派人送回拉薩，跟下半身重新拼湊在一起，又供奉在小昭寺裏面了。

心裏面害怕得很。每次去扔佛像的時候，每次踩著經書和佛像走路的時候，心裏面的那個害怕啊，實在是說不出來。但是沒有辦法呀。天哪，那時候還把夾經書的木板拿去蓋廁所。那木板上面還刻的有經文。「貢覺松」（藏語：向三寶發誓）！在上面拉屎撒尿，罪孽太大了啊。這樣的廁所在木如寺那裏蓋了一個，在小昭寺那裏蓋了一個，在木如居委會那裏也蓋了一個。人們都害怕去那裏解手，可是不去的話，居委會的幹部要罵。

市。

當時這些都是居委會安排的。而居委會這麼做也是城關區安排的。城關區的上面又有拉薩

像自己家裏供奉的佛像，如果是泥塑的就砸爛了然後扔了，如果是金屬造的就交給收購站了。當時商業局專門有一個收購站，設在百貨公司，是收那些金屬佛像的。我的一個朋友，她的家裏有一尊很大的金屬造的觀世音佛像，她就像揹小孩一樣揹著佛像去收購站了。我也帶了幾個佛像裝在麻袋裏一起去了。可是收購站那裏排著長隊，有很多人在賣佛像，我們只好回去了，第二天起了一個大早又去收購站了，這才算把佛像處理了。不然家裏是不准留下佛像的。

有些人沒有把家裏的佛像送去收購站賣，而是晚上悄悄地丟到拉薩河裏。有些「卡幾」（藏語：穆斯林）就下河去打撈佛像，水都淹到胸口那裏，他們也要撈。他們撈了佛像幹什麼呢？他們悄悄地送到尼泊爾去賣，這樣他們很快就暴富了。好些「卡擦拉」（藏語：專指與尼泊爾籍人士結婚後生下的子女）就是這樣富起來的。

唐卡（藏語：卷軸佛畫）也得燒。所以燒了很多很多的唐卡。

家裏那些放酥油茶碗的托架（一般都是金銀做的）也是「四舊」，晚上用石頭把這些托架砸扁，第二天送到銀行去。銀行是收購金銀的。我自己有一個很大的「嘎烏」（西藏人用來安放佛像或其他宗教神聖物的小型佛龕），是純金做的，我把上面鑲的綠松石、紅珊瑚和其他寶石取下來，把純金的「嘎烏」賣給銀行，才給了我十六元錢。又把取下來的珠寶和一些首飾交到另外

一個收購珠寶的地方，我的這些東西有滿滿的一大捧，結果只換回了兩塊肥皂和幾塊冰糖。這些東西都得趕緊去交，不然會被抄家的，如果抄家的時候發現私藏了這些東西那就完了。心裏面都不願意這麼做，誰願意這麼做啊？可是不敢不這麼做啊。一到晚上，居委會的積極分子、紅衛兵、民兵之類的就要抄家、檢查，他們經常來的。

居委會壞得很。居委會的那些幹部都是藏族，可是眞夠壞的。當時我們每個人每個月只有二十六斤糧食，其中十斤灰麵，十六斤糌粑。如果不聽從居委會的安排，把糧卡取消了，沒有糌粑吃了，還有什麼比這樣的懲罰更厲害？當時像現在這樣隨便到處都能買到糧食是不可能的。

居委會的權力大得很。不去開會也要挨罵。只有那些貧苦的、特別積極的人才能當上居委會的幹部。所以我們每天都是膽戰心驚地生活著。就是現在也害怕。我只有到了尼泊爾，心裏反倒一點也不害怕，晚上睡得也很踏實。可是只要回到樟木，一看見五星紅旗心裏就害怕，不知道爲什麼，很奇怪，看見當兵的也害怕。可能是過去留下的陰影吧，到了現在也害怕。

那時候悄悄信佛的人也還是有的。可是即使是不出聲唸佛吧，如果被看見嘴巴在動，也會被鬥的。有的人在水瓶裏面點酥油燈，把水瓶的瓶膽取出來，水瓶的空殼裏面放上酥油燈，這樣來供佛。有的人在空的水缸裏面點酥油燈。有的人在櫃子裏面點酥油燈。

不久把我們送到農村勞動。農村裏也分了兩派。也有「坎諾」（藏語：「造總」，即「拉薩革命造反總部」）和「良則」（藏語：「大聯指」，即「無產階級大聯合革命總指揮部」），但我們哪派都不能參加，那時候我被劃成了「策任巴」（藏語「成分」的意思，專指成分不好的人），屬於改造對象，兩派都可以叫我們去幹這個幹那個。

我們奉命去大昭寺（位於拉薩中心，被公認是西藏最重要的寺廟）送豬飼料時，看見大昭寺裏面豬多得很，當兵的還在裏面殺豬。整個寺院除了「覺仁波切」（藏語，指大昭寺的主供佛像，釋迦牟尼十二歲等身像），一個佛像也沒了，全都被砸光了。「覺」身上所有的裝飾都被拿走了，除了厚厚的灰塵，什麼也沒有。「覺」的膝蓋上有一個洞，本來不大，但因為經常有人拿著勺子又挖又掏的，所以那洞好像變得有點大了。從那洞裏掏出來的是一種像黑炭一樣的渣滓，我後來才知道那是很珍貴的藏藥，叫「佐臺」。當時我和大貴族拉魯·次旺多吉（貴族，曾當過西藏噶廈政府的噶倫和藏軍總司令，現為西藏自治區政協副主席）在一塊兒勞動，他叮囑我，去大昭寺送飼料時，記住要帶勺子。我問他，帶勺子幹什麼？他說可以從「覺」腿上的那個洞裏掏出「琴典」（藏語：法藥），加持力很大。拉魯屬於勞動改造對象，也去大昭寺送過豬飼料，他說他每次去都要帶上勺子，掏些「琴典」來吃。

文革時候最難受的是人死的時候，不能像過去那樣辦後事。就是自己媽媽去世了，也得自己揹著送到天葬臺。那時候連天葬師也沒有，得自己想辦法處理屍體。不過後來有色拉寺的一個喇嘛悄悄來幫忙，這樣稍微好一點。我經常幫別人這樣去過。文革時候最壞的事情莫過於此了。而且人死了，不能放在家裏，馬上就得送走。醫生阿旺啦的爸啦剛斷氣就送到天葬臺了，結果屍體被劃開時居然還是熱的，這說明人還可能沒有死，只是昏死過去了。洛嘎市長的父親是一個「阿達」，被鬥的時候，有個人使勁地戳他的鼻子，他倒在地上昏過去了，可是卻被人說成是死了，立即送到天葬臺去了，結果劃開時也是熱乎乎的，說明人沒有死。可是這些事情，在文化大革命時候給誰去說呢？沒有說理的地方啊。

那時候經常槍斃人。只要說去印度就要被槍斃。槍斃了人還要問家裏人要子彈費。大貴族桑頗（桑頗・才旺仁增，擔任過噶廈政府的一系列官職，因與中共合作，在一九五〇年代被授與西藏軍區副司令的虛職和中國人民解放軍少將軍銜）的小兒子被槍斃了，就因爲他想「叛逃」。當時跟他一起逃跑的還有朗東蘇巴的女兒和她的弟弟，還有一個喇嘛。這個喇嘛打了卦，說是可以跑脫。朗東女兒是我的好朋友，我們曾經在一起勞動過，她在走的前一天還叫我去「高級灑康」吃飯，問我要不要一起去印度，我說不去，我要留在拉薩。七天以後想不到他們被抓了，在「波林卡」（拉薩人民體育場）開了大會，三個人被槍斃了，女孩判了二十年的徒刑，八五年時到了印度達吉嶺，後來去了美國，現在已經去世了。那三個人都很年輕。桑頗的小兒子好像還不到二十歲，是一個瘸子，他逃跑的時候可能桑頗本人並不知道。實際上他在被槍斃之前已經死了，有人說他是自殺的，但就這樣還是被槍斃了。那桑頗，他可是一位「愛國人士」哦，還當過西藏軍區的副司令員，結果連自己的兒子也保不住。

文革結束後，有很多當年的積極分子又變得很信佛。這可能是因爲他們害怕吧。到底害怕什麼呢？也許是怕死吧，可是很多人都已經死了，這是因爲因果報應啊。印度不是有個達吉林嗎？那裏過去也發生過砸寺院、毀佛像的事情，就像我們這邊的文化大革命一樣。那些人現在都投胎變成了很怪的人，有的人三條腿，有的人有兩個腦袋，都是奇形怪狀的人，當然有人會看出來的，像那些有修行成就的人，他們就看得出來，說這就是因果報應。聽說有一個在砸大昭寺時去砸「土幾欽波」（千手千眼觀世音菩薩）的人，後來就在武鬥時被一槍打死在「土幾欽波」的門口。這是怎麼一回事呢？就是那個「六．七大昭寺事件」中，那個人是「造總」的，他被解放軍的槍打死在「土幾欽波」門口。這是眞的。

達蘭薩拉當年修建大昭寺，在塑「土幾欽波」佛像時，每次塑到一半就做不下去了，總是這裏那裏有毛病似的，沒法順利地塑造成功。於是，就說可能是沒到時機吧，先放下再說。當西藏這邊發生文化大革命時，大昭寺的「土幾欽波」被砸了，當時正好印度那邊又重新塑佛像，沒想到這一次很順利，很快就塑好了。後來，當文化大革命結束以後，西藏這邊的人去印度時，說起這件事，居然時間是一致的，這表明西藏這邊佛像的靈魂去了那邊。

毛主席最大的錯誤就是搞了文化大革命。但是毛主席也幫助了很多人。達賴喇嘛也說了，沒有這樣的人，世界也不行。有些人很富裕，有些人很貧窮，連吃的也沒有，以前的西藏就是這樣。所以現在尼泊爾有不少支持毛主席的人。毛主席的革命改變了一切。但他的錯誤也很大，甚至比錯誤更嚴重。

不過人與人不一樣。每個人的福氣不一樣。所以有的人是乞丐，再怎麼幫助他，他還是乞丐；有的人從來就很富裕，再怎麼剝奪他，他還是又會富裕起來。這還是跟因果有關啊。

陶長松

「藏族人太老實了，槍斃他們的時候說『突幾切』（謝謝），給他們兩百元『安慰費』的時候也說『突幾切』……」

陶長松，男，漢人，江蘇揚州人。一九六〇年畢業於華東師範大學，志願申請進藏，被分在拉薩中學教授漢語文。而那時候他對西藏的認識，只是來自一本以西藏爲背景、具有浪漫主義風格的「革命小說」——《我們播種愛情》，對藏人的印象是橫跨在西藏男人腰間的長刀。

文革時期，他是拉薩紅衛兵的組織者和領導人，是「拉薩革命造反總部」（簡稱「造總」）的總司令，一九六八年九月——一九七六年十月，是西藏自治區革命委員會副主任（相當於現在的自治區副主席）；從一九八〇年代中期以後，在西藏社會科學院工作，曾爲《西藏研究》副主編、當代西藏研究所副所長，現已退休，仍在拉薩居住。

他曾入獄兩次，一九六七年三月因爲率領「造總」奪西藏日報社的權被關押七十一天，一九七六年「四人幫」倒臺後被指控爲「三種人」（指文革中「造反起家的人」、「幫派思想嚴重的人」、「打砸搶分子」），關押審査一年多。

他精瘦，矮小，給人印象尤深的是宛如當年的那副裝束：鴨舌帽、眼鏡和中山服。從他文質彬彬的舉止上，實在無從想像在很多人那裏聽説的他當年是如何的威風凜凜。在我們剛開始交談時，他是經常可以見到的那種漢人知識分子：内斂，沈靜，儒雅；但慢慢地就有了些許變化，曾經貫穿他青年和中年時代的某種氣質開始流露出來，充溢在他越來越激越的語調和越來越狂熱的眼神裏。這顯然因爲我們的話題是西藏文革的緣故。儘管他有時會突然醒覺似的停住滔滔不絕的講述，歉意地笑笑，但很快又會回到他曾經叱吒一時、輝煌一時且充滿變故的從前。

他記憶力驚人。口頭禪是「曉得吧」和「無所謂」。

訪談時間：第一次，二〇〇一年七月十九日中午

第二次，二〇〇一年十月二十四日上午

陶長松（以下簡稱「陶」）：關於文革的研究，我們官方也出過一些書籍，像文化大革命簡史等等，但都是內地的，西藏現在還沒有人搞。但是西藏當時的傳單、小報等，國外搜集得反倒很全，有人到美國訪問，感到很驚訝，説西藏文化大革命的東西，人家搜集得很齊，什麼《風雷激戰報》、《紅色造反報》，整套都有，這很奇怪。我們現在恰恰沒有。現在不是有很多人想到

檔案館去找嗎？可就是找不著，它就沒有。至於私人手裏有的，像我家，在所謂清查「四人幫」的底細時，就被反覆地抄，可能抄過五六次，所以我的文化大革命的資料全部都被弄走了，結果我恰恰一張都沒有了。而文化大革命這一段歷史，其實我們不研究，達賴集團也研究。

唯色（以下簡稱「唯」）：是嗎？有嗎？

陶：他們有啊，具體的我不清楚，好像他們也搞過文化大革命簡史之類的，反正上面也點到我，拉薩革命造反派負責人什麼的。有的書上也不是引用過嗎？《拉薩革命造反總部成立宣言》。

唯：是不是《雪域境外流亡記》這本書？

陶：對，那上面就有，還有《拉薩革命造反總部成立宣言》呢。

唯：宣言是你寫的吧？

陶：當時參與的人很多。

唯：主筆是你？（陶笑而不答，似是默認。）

唯：你覺得《雪域境外流亡記》寫得怎麼樣呢？

陶：它畢竟是道聽途說，曉得吧，而且感情色彩很濃厚，那作者是一個美國人。

唯：那麼，拉薩的紅衛兵組織是怎麼成立的呢？

陶：西藏地區要成立紅衛兵，這是新生事物，當時這些學生可能也不知道怎麼搞，我當時在拉中（拉薩中學的簡稱），是個年輕教師，也有些影響，我實際上也就負責了這個事情。反正很快就成立了紅衛兵組織，但具體日子眞的說不清楚。可能是「八・一八」（指的是毛澤東於一九六六年八月十八日，第一次在天安門城樓上接見百萬名來自全國各地的以中學生爲主體的紅衛兵）以後就成立了。

最早的紅衛兵都是學生，因爲內地都是中學生嘛。拉中領頭的可以說是我，師校（西藏師範學校的簡稱）領頭的是個外號叫「米米」的藏族男教師。不過因爲我曾經在師校上過課，彼此都很熟悉，他們也比較聽從我。但後來範圍就很寬了，因爲紅衛兵很時髦，所以到處都是紅衛兵，居民最多，單位裏也很多。這也是因爲毛主席一下令，全國都要動起來。

唯：紅衛兵主要幹了些什麼事情呢？

陶：其實有很多事情是居民紅衛兵幹的，像門阿沛（阿沛・阿旺晉美，曾任西藏噶廈政府噶倫，後爲中共統戰對象，長期擔任全國人大副委員長和全國政協副主席，時任西藏自治區主席）和阿沛夫人，我們都不知道，都是居委會組織居民幹的。拉中的紅衛兵並沒有參與這些事情，就「破四舊」弄了一點兒，但還是遵照中央指示的。中央怎麼指示，就控制在這個範圍內。所以我們並不是衝著砸寺院去的，我本人尤其不同意這麼幹，因爲我知道這些東西是文物，需要保護。而寺院被砸，主要還是跟普通群眾有關係，他們也混在紅衛兵的裏面進去了。紅衛兵更多是在那些磕長頭的人身上貼標語，說他們的行爲是封建迷信，很快磕長頭的就見不到了。

有時去寺院騷擾一下也是有的，當成「四舊」嘛。但對於紅衛兵來說，即使砸寺院也並非亂砸一氣，像色拉寺附近的一座小寺院，我們去砸的時候都一一做了登記。

去大昭寺那次其實在裏面的時間並不長，宣傳部派人對我們說，總理有指示要保護，我們馬上就撤出來了，後來很有可能是居委會的紅衛兵又進去過。其實我們去大昭寺就沒怎麼動，很快我們就出來了，因爲周總理有電報。周總理的威望還是很高的，既然周總理發話了，我們就相信嘛。給大家一講，大家都很理解，立即就服從了。說句老實話，紅衛兵還是很聽話的，給大家講清楚也就沒什麼了。當時大昭寺是被砸了一點，但沒有全部砸得只剩下釋迦牟尼一尊像。

唯：拉薩紅衛兵的成立跟內地紅衛兵的到來，有沒有關係呢？

陶：沒有關係。沒有多大關係。內地紅衛兵當中，從北京來的那些人只是影響比較大，但當地紅衛兵的成立跟他們關係不大。北京是老早就成立了，六月二號《人民日報》就公布了。而拉薩紅衛兵，我說過，可能是「八・一八」以後成立的。到大昭寺去也可能是八月下旬。大概就這個時間，具體日子記不清楚了。實際上紅衛兵裏面官辦的也有。

唯：官辦是什麼意思？

陶：九月份我們組織拉中和師校的紅衛兵到北京接受毛主席接見，人不多，三四十人吧。我們是第一次去。我們參加的是六六年十月十八日毛主席接見第五批紅衛兵，這也就說明西藏紅衛兵成立比較晚。但是我們自己去還不行，區黨委宣傳部專門派了一個人，叫扎西平措，當時是宣傳部的一般幹部，後來是民政廳的廳長。實際上他是總領隊，所以有官辦的性質。後來在路上發生分歧，因爲他老是向區黨委匯報，這有什麼意思？所以在毛主席接見以後就各走各的，分開活動了。

唯：紅衛兵是什麼時候分化的？

陶：這還是比較晚了。因爲文化大革命當中看法不一致，比如最簡單的例子就是有的懷疑張國華（時任西藏軍區司令員兼西藏自治區委員會第一書記），表示應該好好清查他，有的說張國華是毛主席革命司令部的人，不能清查，不能揭發，不能整他的材料，而類似的分歧很快就引起辯論，辯論得最凶的時間是六六年十一月，這樣對壘就很清楚了，在這種背景下，拉薩有幾個單位在十二月二十二日成立了「拉薩革命造反總部」，很快，六七年二月五日成立了「無產階級大聯合革命總指揮部」，也就是「大聯指」，成立要晚一個多月。

唯：「造總」裏面是不是還有一個「專打土皇帝聯絡委員會」？

陶：這也是二月份才成立的，時間大概也是二月五日，專門針對當權派，其中當然也點到了張國華。也就爲此被一再指責，「造總」一小撮壞人把矛頭指向革命領導幹部張國華，因此這就是反動組織。所以它（指「專打土皇帝聯絡委員會」）成立了沒多久就被取締了，時間可能是二月二十六日，發了布告要取締「專打土皇帝聯絡委員會」。實際上沒存在幾天，沒活動幾天，只是號召領導幹部要堅決揭發張國華和區黨委的其他領導人。當然這個口氣很大，還要求這些人必須前來報到，不報到就後果自負，這些都是策略上的問題，結果「造總」一下子就和軍隊尖銳地對立了。

唯：怎麼對立的呢？

陶：六七年不是有「一月革命風暴」，「一月奪權」，全國都在奪權嗎？我們也奪了《西藏日報》的權。從元月十一日一直到二月二十四日。二月二十四日軍隊他們要接管。理由是報紙不能讓一小撮壞人給掌握了，必須接管。所以曾雍雅（文革期間任西藏軍區副司令員、司令員兼西藏革命委員會主任）後來就對我說，你們圍攻報社奪權時，我是來接管的總指揮。他說當時你們膽子真大，如果中央軍委（中共中央軍事委員會）同意我們開槍的話，你們全都完了。

唯：他指的是六七年元月？那時候就可以開槍？

陶：對，六七年元月圍攻報社。如果中央軍委同意，那當然可以開槍。這之前青海不是已經開過槍了嗎？還打死了不少人的。後來中央對此進行平反，結果青海省軍區副司令員趙永夫被批鬥得很凶，說他是「趙屠夫」、「劊子手」（指的是二月二十三日，趙命令解放軍鎮壓奪《青海日報》權的造反派，打死打傷三百多人，被認爲是文革首次血案），也可能這類事情已經引起中央的警覺，不能隨便向群眾開槍。西藏雖然沒有開槍，但是抓了人的。其中就有我。

唯：你是怎麼被抓的？

陶：其實這是我主動出去的。因爲當時軍隊圍攻報社好幾天了，從二月二十四日開始被圍攻，到三月二日都七八天了，那簡直沒辦法，光吃飯都很成問題。那麼多人哪，幾千人被圍在報社裏面。你要出去也可以，但必須得經過搜身什麼的，給你人身侮辱。我直接跟他們談判過。我對他們講，你們能不能拿出中央軍委關於接管報社的指示，讓我們看一看。當時上海奪權（一九六七年一月，上海的造反派占領上海黨政機關，奪取權力，自此全國造反派紛紛「奪權」）中央是肯定的，所以我們當然也不會輕易相信軍隊的話。但他們不講道理，說你沒有資格看。我看這架勢不對，這軍隊看起來是有意整我們，就說，算了，相信你們了，不看了。我們就準備出去，但不行了，解放軍已經把你包圍起來了，出不去了。三月二號這天，我說，不行啊，這樣下去對大家都沒有好處，怎麼樣？我們這幾個軍區點名的壞頭頭出去自首吧。當然有的人跟我走，有的人就悄悄地跑了。這樣子報社的包圍就解除了。

唯：你被關了多久？

陶：七十一天。實際上「四・一指示」（一九六七年四月一日，中央文革小組下達指示，表示要爲造反派平反，同時命令軍隊停止鎮壓造反派）以後，一般的紅衛兵都放了，也就是我們這些人物可能比較重要一點吧，還得再看看我們的態度能不能反戈一擊，能不能認識自己的問題，所以就放得比較晚。當時我先被關在拉薩市監獄，也就是現在的古扎拘留所，關了十天，後來說那裏條件太差了，給你們改善一下，又把我們弄到北郊的監獄去了。那時候我還年輕，三十歲還不到。

唯：把你們放了以後，你們又做什麼呢？

陶：我們繼續加入嘛，又回到總部，還是核心組織的人物。既然沒說我們是反革命，那就說明我們是對的，中央都平反了，那就繼續幹吧。當然我們也免不了總結經驗教訓，調整一下組織。我們放出來以後，很快就發生武鬥了。

唯：那麼，你怎麼看軍管會的工作？

陶：軍管會是六七年五月份成立的。是一個軍事管制委員會。它成立的初衷當然是貫徹中央的指示，把西藏的文化大革命搞好，但軍隊不是眞空啊，我們一直講這個問題，它受到地方上的影響，所以一段時間裏面它是有偏向的。表面上，軍隊一開始是支持「拉薩革命造反總部」的，後來爲什麼變化呢？就因爲「造總」回應中央的號召，把矛頭首先指向主要領導，所以像張國華、周仁山（時任西藏自治區副主席）、王其梅（時任西藏軍區副政委兼西藏自治區委員會書記）這些人首當其衝。因爲主要是要搞張國華，整他的材料，這下軍隊就不答應了，說我們司令員你們都要懷疑，都想打倒，那不行。從「造總」來講，我們現在回憶起來，當時在策略上我們也不行，所以軍隊就對我們反感了，表面上還是說支持「造總」，實際上是支持「大聯指」的，因此後來一系列事情上，軍隊都跟「拉薩革命造反總部」直接衝突，也就隨之發生了更多的事情，基本上每一件事情軍隊都有參與，而且作用很大。

比如說武鬥。這個武鬥雖然說是江青在煽風點火，實際上跟軍隊也有關係，因爲武鬥起先用石頭、用「烏多」(用牛羊毛編織的一種甩石器，是西藏的一種放牧用具)、用鋼釺、用刀矛，後來發展到用武器。而這個武器是誰給的？我們當時有一個詞，叫做「明搶暗送」。當然這「明搶」不是指我們，我們去明搶是不行的，指的是「大聯指」去「搶」，實際上是送給他們。所以首先用槍的是他們。是六八年元月份，就正式開始用槍了。我們沒有辦法。怎麼辦呢？我們控制的有幾個工廠，多的是工人，就用鋼管自己造槍，沒有來福線，打不準，但可以打小口徑子彈，用這種自製的槍來自衛。而且我們裏面復員軍人比較多，就用三聯式的爆破法，也就是小炸藥包爆炸以後推動大炸藥包，大炸藥包到達目標以後再爆炸，威力很大，當時他們還很害怕我們這個東西。總之就是用這些土辦法。從中也可以看出來，本來制止武鬥應該是軍管會很重大的責任，但他卻制服不了，反而武鬥不斷升級，其實這跟他們管理不力有很大關係。本來你發現有槍應該趕快收繳，可他收繳不了，所以武鬥不斷升級，規模越來越大，在短短的時間裏，拉薩就死了大概一百二十多人，我們是七十多人，「大聯指」五十多人，當然這是一種公開的說法，事實上肯定不止這個數。受傷的人就更多了。所以軍管會他們是有偏向的。

有個叫朱秀山的，原來是警衛營的營長，後來是五十三師的副師長，那個人就派性十足得很，做過「明搶暗送」的事情。所以六八年八月十日，我們在北京向中央文革小組檢查我們的錯誤時，我就說其中一條錯誤是我們也搶了槍，當時中央領導人問搶了多少，我說搶了一百多支，中央領導，就是江青和陳伯達，就說搶得太少了。當時周總理也在場。我說我們也搶了，沒辦法，也搶了。不過現在這個情況也很難講。曾經軍管會對我說過，說我們下面的人在扎木（藏東波密縣駐地，在行政區劃上曾隸屬昌都地區，一九八三年劃歸林芝地區）搶了很多槍，我說不知道啊，軍管會又說，你要趕快給他們下命令，這些槍決不能流落到農牧區去。我說那行，馬上我們就可以發電報，槍要嚴格控制，決不能弄到農牧區去。當時我們確實不知道這件事，是軍管會說了我們才知道發生了這個情況。扎木那裏有個軍械庫，可能是被我們的人給搶了。槍當然不能流落到農牧區，流落到農牧區就不好控制了，因爲西藏地廣人稀，那眞的是很難辦。所以我們一方面發電報給扎木分部，首先必須把槍嚴格控制起來，隨後派人去扎木貫徹這一意圖，槍決不能流落到農牧區，另外我們也順便從那裏帶了一部分槍支回來，來加強拉薩的保衛力量。但是比較起來，我們的武器還是很原始，遠遠不如「大聯指」，但我們的武器儘管原始，打起來的話，我們的戰鬥力很強，所以後來他們吃虧，所以就發生了「六．七事件」，軍隊直接向我們進攻。

唯：是「六．七大昭寺事件」吧？到底是怎麼回事呢？

陶：它（軍隊）就說是要接管嘛。大昭寺不是有我們的廣播站嘛。可你要接管怎麼能夠接管一個群眾組織的廣播站？那不是開玩笑嘛。它（軍隊）是故意挑釁的。

唯：但這本書（找出《雪域境外流亡記》給他看）上說，當時先是「大聯指」和「造總」

在「堯西公館」內（陶插話：就是第二招待所，就是我們總部，過去是達賴親屬的住處）發生武鬥，然後「造總」跑到大昭寺躲避，「大聯指」就追過去，結果就發生了「六·七事件」。

陶：這是瞎說的，不是這個情況。他們是直接去攻大昭寺的。當然他們說是要接管，後來卻說槍走火了，是這麼給我們解釋的。可是，槍走火怎麼可能打死那麼多人？那不是開玩笑嘛。所以原來軍區寫了一個檢查，但我們通不過，你這是編造。後來才搞了一個像樣子的，當然是曾雍雅他們起了作用，做了調查，結論是軍隊「支一派壓一派」導致的必然惡果。這個檢查我們勉勉強強地通過了，但有一點遺憾，因爲它（軍隊）把這個事件的代表人物說成是陰法唐，結果把陰法唐給拋出來了。陰法唐當時是軍區政治部主任，他有那麼大的權力嗎？但這個問題商談的結果，我們也做了讓步。實際上誰都知道當時的這個代表人物只有任榮（文革中後期任西藏軍區政委、西藏自治區革委會主任）才有資格。

唯：也是他下令開槍的？

陶：那只能是這樣。所以陰法唐就變成犧牲品了，不久就下臺了，把他弄走了，到軍馬場勞動改造了一段時間。當時我在北京學習，當天從拉薩的電話中得知這個（軍隊進攻大昭寺的）情況，趕緊再三叮囑我們的人不得向解放軍還擊，我說只要一向解放軍開槍性質就會變的，所以無論如何不得還擊。

唯：《雪域境外流亡記》裏面還說，大昭寺裏的造反派喊的口號和唱的歌都是跟「西藏獨立」有關的，是這樣嗎？

陶：這根本不可能。當時達賴搞得很臭的，那批判、控訴多得很，曉得吧？他一點兒影響也沒有，誰也不敢提要跟達賴的。所以那書裏寫的是不符合事實的。而且那些都是年輕人（指「六．七大昭寺事件」的死者），最小的才十七歲，二十多歲的占多數，你說他們對達賴能有什麼印象？所以這一段是亂編的。畢竟給作者提供情況的好多都不是當事人，他們跑到國外去了，把道聽途說的介紹一下，那作者也就信以爲眞，並且感情色彩非常濃厚，這就不好，寫書應該儘量客觀嘛。但這個東西你要客觀其實也很困難。比如「極左」思潮在西藏的表現究竟是怎麼回事？這應該認眞地加以反思。尤其是領導層的「極左」思潮，這不是一個簡單的問題。而文化大革命如何探討呢？大家必須用毛主席的那個指示，多做自我批評，自己做錯了就做錯了，自己承認，好好總結經驗教訓。但現在不行，現在看不到，看不到這種精神。

唯：這是因爲現在西藏的當權者都與當年有關，很多事情都涉及到他們的利益嗎？

陶：就是！所以像六九年的事情，任榮最近寫了一本書《戎馬征程》，其中強調的什麼所謂的「叛亂分子」、「反革命分子」殺害軍宣隊、基層幹部、群眾，我給他算了一下，大概有一百八十多個人，這是他說的。我就想問他，而你後來這個「平叛」（一九五九年在拉薩等地發生的藏人反抗運動，因被鎮壓，故稱「平息反革命叛亂」，簡稱「平叛」；一九六九年又在西藏發生暴力事件，被認爲是「再叛」，同樣被解放軍鎮壓，認爲是「平叛」）又打死了多少人？經過法院判決，被槍斃的人爲二百九十五人，這不包括解放軍在「剿匪」時追殺往山上逃亡的藏人，不管是老人、婦女還是兒童，當時只要往山上跑，就被當作「叛匪」追殺，有時候還用機槍成片掃射。後來，給這二百九十五人兩百元，後來又給了八百元，算是平反了。藏族人太老實了，槍斃他們的時候說「突幾切」（謝謝），給他們兩百元「安慰費」的時候也說「突幾切」，給他們八百元「安慰費」的時候還是說「突幾切」，這些藏族人實在是可憐啊。

其實這裏面有大量很生動的材料。當時軍隊要來了，有的書記也好，縣長也好，都是漢族，其中縣委書記居多，下臺了，沒有權了，但是看到解放軍來，群眾要跑，縣委書記就大聲疾呼地說，你們不能跑啊，你們要跑的話，解放軍真的會把你們統統都當成「叛匪」的，可老百姓也不懂啊，怎麼可能相信你一個靠邊站的領導幹部？根本不會聽他的話，所以就跑，結果打死多少人，現在這個數字都很難說，很難統計。根據其中一個集訓的數字，比如南木林縣、謝通門縣這兩個縣被集訓的群眾就有四千多人。

唯：集訓是什麼意思？

陶：集訓就是把有「叛亂」嫌疑的人先抓起來再說，集中培訓。實際上這是一個詞，實際上就是審查你跟「叛亂」有什麼關係。

唯：涉及了那麼多人？

陶：光是南木林縣和謝通門縣就四六九三人，另外安多縣是八百多人。後來也沒審查出什麼問題，基本上大都釋放了。當然我們自治區的有關統計資料說全區有一萬多人，我想這數字還是縮小的，統計不全。但如果把這麼多的人說成有「叛亂」嫌疑，共產黨不是自己給自己臉上抹黑嗎？從十幾個縣「再叛」，一直擴大到五十二個縣，這麼說，共產黨在西藏那麼多年的成績不是都沒有了嗎？毛主席的威信又到哪裏去了？這不符合事實嘛。還說這些事件是達賴集團在背後操縱，那更是笑話。達賴集團怎麼可能有那麼大的勢力？他所謂最強的武裝力量，也就是在木斯塘的那幾百個人（指的是一九五九年逃往尼泊爾的康巴遊擊隊），老弱病殘，內部又有矛盾，雖然有美國支持也極有限。七十年代初期，尼泊爾國王比蘭德拉到中國來訪問，毛主席對他一講，兩邊合作，一下就把他們剿滅了，所以說達賴集團與六九年的事件根本無關。至於說當時在事件中發現的那些宣傳綱領，什麼「驅走紅漢人」等等，到底有沒有，誰也沒有看見。後來在審查我的時候，其中有一條罪名是說我是六九年「再叛」的總指揮，結果我在監獄裏還受到五九年被關押的「叛亂分子」的優待，居然跟他們還成了朋友。

實際上西藏很多問題都跟「極左」思潮有關，現在也一樣。這需要認眞地認識。把什麼事情都往達賴集團身上推也是不對的。像一有什麼爆炸就說成是達賴集團指使的，有的一調查就發現不是這麼回事，比如前兩年紀念碑被炸實際上是一個漢人幹的，據說是一個老兵。所以說，那種動輒擴大敵情的做法是要不得的。而其中的原因是什麼，值得研究。

唯：你認爲六九年的「尼木事件」實質是什麼呢？

陶：那就是派性嘛，派性武鬥。但是先說是「再叛」，胡耀邦（一九八〇年代任中共中央總書記）來西藏時改爲「反革命暴亂」。最近，阿沛開始對此說話，據說在他的傳記中有所反映。如今的區黨委有可能重新再提此事，將此定爲「反革命騷亂」。當然也可能就不提了。

唯：那麼，之所以定爲「再叛」，就是因爲當時打死的有解放軍，是不是？

陶：對，「尼木事件」殺死的有十幾個解放軍。

唯：《西藏黨史大事記》上說是殺死了二十多個解放軍。

陶：這裏面可能包括的有基層幹部和基層群眾。實際上當時派性很嚴重，所以軍宣隊究竟當時給這些老百姓宣傳了些什麼內容值得分析。他們肯定說「造總」和「造反公社」是反動組織，群眾就不服氣，就圍攻。因此爲了把這個問題說清楚，我曾經把前面的事件，也就是把「六·七事件」拿來對照，看看你軍隊到底有沒有派性。你在大昭寺隨隨便便打死十個人，另外在財經大院和原來的「造總」總部之間還打死兩個人，總共十二個人，也就是今天「烈士陵園」那個「園中園」裏面的人。你占大昭寺的一個廣播站幹什麼？你占領就占領嘛，管制就管制嘛，爲什麼開槍呢？所以從這個事件就可以看出你軍隊的派性有多嚴重。我是在北京向中央文革小組反映情況時這麼說的。當然我們現在說軍隊多了不太好，會影響我長城（指解放軍，源於毛澤東的比喻）的形象，甚至於弄得不好還毀我長城。其實後來毛澤東講的很清楚，他是六八年十一月十四日作的批示：「軍隊領導不袒護部隊所做壞事，替受害人民伸冤，這是國家興旺的表現。」他爲什麼要寫這樣的話，這不是很淸楚嗎？

唯：這個批示是專門針對「六・七大昭寺事件」？

陶：就是專門爲這個事件作的批示。林彪也在四天以後，十一月十八日作了批示：「主席批示極爲重要，這對我們軍隊是極大的關懷，極大的愛護。」這不就說明軍隊幹了壞事嘛。所以我這麼聯繫起來，六九年的「尼木事件」，軍隊可能也許有很多錯誤的作法，不恰當的作法，引起群眾憤怒，也不排除被壞分子利用，就把他們幹掉了，當然死的很慘，用石頭砸死的。所以像這些事件，我們要根據歷史全面地分析，都不是孤立的事件。但現在討論這些問題比較複雜，每次的會上辯論倒是不多，因爲原來的材料就是這麼寫的，但只要叫我去參加，我就根據當時情況這麼說。

唯：那麼，這些開槍，是不是經過了中央的同意？

陶：不全是。有的也是自作主張，像「六・七事件」中央肯定不會同意的，所以後來編造謊言，說是槍走火。這怎麼可能嘛？！打死那麼多人。所以這些問題很複雜，你要弄淸眞相也很困難，各說各的。像六九年「平叛」的問題是中央的指示，但是我們也要具體分析啊，究竟是「四人幫」的指示？還是林彪反革命的指示？還是毛主席的指示？這些都說不淸楚。又比如後來講文革當中「四人幫」給西藏的指示，區黨委上報說有八件，實際上是九件，我就說這個數字統計錯了，而且我說這九件都能說是「四人幫」的指示嗎？那簡直胡鬧了，都是經過毛主席圈閱，都有周總理的簽字，怎麼都能說成是「四人幫」幹的呢？這都是很不客觀的。所以像這些問題都很複雜。所以像這些問題你眞的要研究，必須要把那些檔案、文件以及我們上報的報告全部拿出來研究，這麼做，恐怕才能得出比較正確的結論。

唯：但這是不可能做到的呀。

陶：現在不可能，曉得吧？

唯：聽說因「叛亂」擴大化被冤枉整死的人，其中有拉薩中學的學生，是一對戀人，死得特別慘。

陶：像這個情況，這男的叫什麼名字我忘記了，反正原來是高六六（一九六六年高中畢業）的，他的女朋友是他的同班同學，叫華小青。我得知這個情況是我當時正好在日喀則，是六九年爲促進日喀則地區成立革委會，任榮、我、劉紹民（「大聯指」總指揮）我們三個人一起去的。當時日喀則軍分區政委趙斌對我講，拉中學生想外逃被抓住了。這還不是說「叛亂分子」，而是「叛國分子」。當時這個「叛國」是很大的罪名。他們怎麼被抓住的？是被道班工人給發現的，通知邊防軍就被抓起來了。後來他們被槍斃的日子我記不清楚，大概是七〇年的什麼時候。爲什麼要槍斃這個男的呢？死不交代，一言不發，可能等了兩三個小時一言不發。當時給他講了，你不發言的話，後果你自負啊，後果是不堪設想的。可他就是不說話。其實他講一講，這個地方我待不住了，老是挨鬥，日子很不好過，我的親戚在國外，我想出去。這麼講一講，不一定判死刑的。這個女的呢，她舅舅給她送過一個紙條，就問爲什麼你舅舅給你一個紙條你不交代？可能她舅舅交代了，她不知道，所以她當時很緊張。爲此晚上還說過要看守嚴一點，說這個女孩思想壓力很大，結果還是當晚自殺了。這些情況是因爲當時的審判員我比較熟悉，順便問過，他把那女孩是怎麼自殺的都告訴我了。用床單撕成布條子，套在脖子上，還不是上吊，上吊的那東西不一定拉得住人，一頭拴在鐵欄杆上，用勁一拉，就斷氣了。這男的被槍斃那天我參加了公審大會，當時軍區的一個副參謀長好像是總指揮，對我說，陶副主任，跟我一起到刑場上去看一看吧。我說行啊，一塊去就一塊去。但那男的實際上在汽車上恐怕就被勒死了。可能他不服氣，在汽車上要喊叫，結果就被勒死了，從車上拖下來的時候他走路都不行了，實際上已經死了，但還是在東郊那個地方的刑場上給槍斃了。像這些事情，唉……

唯：看來軍管會有很多錯誤。

陶：主要是因爲軍管會有偏向，但說句老實話，軍管會也是在不斷地調整。如果是曾雍雅掌權了，就會調整一下，儘量做得公正一點兒。但是任榮負責的時候那就不行，那種偏向很明顯。因爲這些情況，後來在成立革委會的時候，我們一直主張曾雍雅當革委會的主任。而曾雍雅跟我們之間的關係究竟如何也說不上，原來圍攻報社的時候他還是總指揮。

唯：你前面說起過？

陶：是的。當時曾雍雅是「大聯指」觀點。因爲整個軍區都是這個觀點，實際上這也是軍區黨委的決定。但後來我們看到他還比較公正，所以在成立革委會的時候一直主張讓曾雍雅當革委會主任。早在六八年八月十日，中央領導接見我們的時候我們就提出了這個意見。但是現在任榮在他的書裏說，當時推薦的是張國華，還推薦了陳明義，這些我看都是沒有根據的。好像沒有他，實際上他是最想當的。張國華怎麼可能呢？張國華在六七年五月份就決定調到成都，實際上是成都軍區的第一把手，也是四川省的第一把手，而陳明義當時排的名次是副司令員，可能也不合適擔任這個職務的。任榮他是這麼說的，當時究竟內幕怎麼樣我們也不清楚，不過在北京開會的時候，很明顯，任榮他是想當一把手的。

唯：當時開會時他也在場？

陶：他在場。都在場。反正幾方面的主要人物都在北京。當時要向中央匯報西藏的文革情況，「造總」這邊是我匯報，其實系統匯報的就我一個，軍隊也說不出啥，他們也插不上嘴，因爲是他們製造的「六・七事件」嘛。而「大聯指」也沒什麼系統匯報的，因爲他們說不清楚。我匯報了大概四十五分鐘，夠長的啦。這之前我都打聽過，匯報的時間大概可以多長，說不能超過二十分鐘，實際上我前前後後匯報了四十五分鐘，當然中央領導要問，要插話。周總理也在，他也問了，還有其他中央領導都說話了，江青和陳伯達問的最多。許多問題當時都是在當面交鋒。所以任榮的那種說法也許是私下的，在會上他並沒有表明他的態度。

唯：對你的意見他們沒有反駁嗎？

陶：他們怎麼反駁？中央領導在場，他們敢反駁嗎？當然中央對西藏的情況也掌握得比較清楚，通過新華社記者、工作組、解放軍軍報記者等等，中央的渠道也多得很。軍區以及軍管會可能也大量地向中央匯報過。反正各方面情況中央都要研究和綜合，是不是也就覺察到陶長松的匯報大體屬實，所以我們提的意見中央也就採納了。任榮肯定感到莫名其妙，曾雍雅怎麼當上了革委會主任？其實在會上我們就說了，我們認爲曾雍雅還是比較客觀的，能夠正確對待文化大革命，能夠正確對待幹部，能夠正確對待群眾，有這麼三條就不錯了。但是任榮後來在他書裏寫了，他「臨危受難」，實際上都是他自己製造的，我很淸楚，他千方百計要把曾雍雅搞掉，給曾雍雅製造障礙。他表面上做得很好，表態表得不錯，一定要當好曾司令的助手，實際上在拆臺。革委會成立以後也是到處攻擊曾雍雅，以致革委會的好多會議都是議而不決，沒有用，很難形成決議，這裏面跟任榮在後面支使有關係。其實他們都是林彪的部下，都是四野（國共內戰時期的解放軍第四野戰軍）的，他們調到西藏的時間差不多，曾雍雅是六三年調來的，任榮是六四年調來的，曾雍雅是副司令，任榮是副政委，因爲軍隊是司令、政委、副司令、副政委的系統，所以曾雍雅的位置在任榮之前。也許他們過去關係還可以，可是就因爲在文革當中各自觀點的分歧變得勢不兩立，所以任榮千方百計地要把曾雍雅排擠走。

唯：任榮最後還是成功了？

陶：成功了。曾雍雅最後是不辭而別。

唯：就因爲六九年的那些事情嗎？

陶：這個可能有很大關係。主要是任榮跟他過不去。所以後來曾雍雅對我說，我不走不行啊。因爲就在他走的第二天，軍隊要召開團以上的幹部會議，那肯定會給他出很多難題，最關鍵的一個是，挑動群眾鬥群眾的罪名肯定要落到他的頭上，所以他非常害怕，就突然跑了。那是一九七〇年十二月十七日。

唯：你的記憶力眞好。

陶：不。因爲這是一個特殊日子，後來一直點啊，經常說曾司令跟我們不告而辭，突然就跑了。後來八五年曾雍雅回西藏，我就問了他這個情況，他說如果我不跑，說不定我老命都要送在西藏。這主要是任榮這一夥整他太凶了，再加上上面還有人支持，所以曾雍雅說，我沒有辦法，只好悄悄地跟中央要專機。中央也同意了。任榮估計可能也知道，但很難阻攔。一方面中央派專機，一方面五二師是支持曾雍雅的，還派了部隊警衛。

唯：曾雍雅在西藏被鬥過嗎？

陶：鬥嘛，那是經常的。圍攻是免不了的。而這些領導幹部可能也正是通過群眾圍攻，他也就有了分辨力。原來他們對「造總」有誤解，認爲這些人不講道理，但這一切結束以後，發現「造總」還是很講道理的，還是按照中央指示辦的，所以他們後來也就變了。

唯：七〇年時候，你是不是又被關過？

陶：七〇年還整不到我們。七〇年不是正在搞「平叛」擴大化那個事情嗎？也就是「一打三反」。

唯：但六九年的事件對你們沒有影響嗎？

陶：影響不大。因爲不管怎麼樣，我還是自治區革委會副主任。但在「一打三反」中，無論軍宣隊也好，工宣隊也好，實際上都戴著有色眼鏡，好像都在注意「造總」這邊有沒有壞人，所以我說過他們是有偏向的，但那時候還沒有弄到我們。

唯：是不是，從文革一開始直到結束，「造總」都處於……

陶（有點激動地打斷我的話）：每次運動來都跑不掉。是不是？

唯：「大聯指」怎麼樣呢？

陶：「大聯指」就關係不大，一直沒什麼問題。所以他就通過這些運動，不斷地把你「造總」的成員打下去，他「大聯指」的就提起來，一直到最後。他們都會見風使舵，中央來一次運動，他都可以藉口革命口號來搞你。所以每次運動我們都跑不了。像「一打三反」，他也是想搞我們。像清查「五・一六」這也是一個重點。還有批判「極左」思潮等等，都是整我們。大概從六九年年底開始，一直到七一年不斷辦學習班，實際上都是整我們這些人。林芝學習班、松宗步校學習班、易貢學習班等等多得很。有好多領導幹部被打殘廢了，也正是那一段時間。在易貢學習班，我還算去的比較晚，也待了十個月。

唯：你也去了學習班？

陶：我當然去了。那時候重點就是針對我嘛。所以軍區原來的副政委孫玉山，後來當了政委，他就在那裏總負責，在大會上也是公開點，但他不敢點名，只是暗示說我在那個地方跳得很高，到處搞串聯什麼的。後來林彪不是突然就摔死了嗎？他那個學習班也辦不下去了，草草要收場，我就說不行，得有個說法，還找他辯論過幾次，我說你不能草草收場，你原來計劃不是一大批嗎？現在得看看你這個計劃怎麼樣？你起碼應該有個認識吧。不過時間長了也不行了，大家也感到疲了，都急於想回拉薩，所以也就算了，等回到拉薩再繼續搞這些事情。

唯：我記得你上次說過有一個跟你們一塊的人，後來被判死刑，這是怎麼回事？

陶：那人叫張學堯。他是十八軍（一九五〇年中共進軍西藏的第一支部隊，張國華時任軍長）進藏的，是六四年「四清」（中共開展的「清政治、清思想、清組織、清經濟」運動，被認爲是文革的序曲）下臺幹部。其實他僅僅是一個區級幹部。緊接著文化大革命來了，他想把自己的問題弄清楚，到處申訴，結果就說他搞翻案。當時他千方百計想要靠攏我們這些人，這是可以理解的。但我們，說句老實話，群眾組織對這些犯過錯誤的幹部很警惕，你下臺幹部你少跟我靠，別影響我們的聲譽，所以就我們來講，對這些人都是警惕的，這些人不可信任。七四年，他有一天找我說要告訴我一個好消息，說任榮在紅軍長征期間出賣過革命同志，手上沾有烈士的鮮血。當時我就問他，這是誰給你提供的？他說是一個私商。我說私商講的能相信嗎？

萬一他不承認怎麼辦？你這不是編造嘛。我還問過那私商提供了任榮的什麼特徵，他說任榮的臉上有大麻子，我說這就不確切了，任榮我們經常在一塊，我沒有發現有大麻子。他還說那是一個叫任勇的人，是勇敢的勇，說那個任勇就是現在的任榮。我說這更不能相信了，你這個情況最多只能寫成材料給中央組織部，讓中央組織部去調查，你不能隨便亂來的，這麼重大的事件你永遠不能寫成大字報，寫出來你後果自負。但他不聽。四月份他想寫大字報，七月份他想寫大字報，結果在八月十一號他把大字報貼出去了，別人告訴我，我一聽這他媽的嚴重了，還騎上自行車專門去看了一下。後來中央組織部對此有過結論，說任勇和任榮是兩個人，這麼講是不對的。實際上這事情也就輕描淡寫地過去了，可任榮現在說他當時壓力很大，那都是瞎編的。就爲這件事，七五年把張學堯跟鄧小平掛上鉤，說他搞「右傾翻案風」，想要翻案，五月二號把他抓起來，關了一年多。到了七七年「清查幫派體系」，也就是把我抓起來以後，又把他跟「四人幫」掛在一起，好像他也是一個重要人物，其實算啥東西嘛。還說他是我的「黑爪牙」。這說明任榮對他特別生氣。任榮他本來心胸就很狹窄的。結果後來居然把他給槍斃了。實際上當時槍斃他的罪證也說不清楚，首要的就是他是「四清」下臺幹部，想翻案。另外就是給我提供資料，實際上沒提供什麼資料。實際上最根本的原因還是與任榮有關。

唯：那你第二次被抓是怎麼回事？

陶：七六年粉碎「四人幫」，緊接著有一個運動叫做「清查『四人幫』的幫派體系」，也就是清查「四人幫」在各地的代理人、「黑爪牙」。在西藏最早清查的是封克達，他也是革委會的副主任，實際上他原來是任榮的左右臂膀。所以任榮這個人很有政治手腕，原來「支一派壓一派」的應該是他，結果變成了陰法唐;清查「四人幫」的幫派體系，任榮應該也是一個清查對象，但他把他的左右臂膀給拋了出來。他政治手腕很厲害的。所以七七年五月三號中央給封克達下了批示：文化大革命犯有嚴重錯誤，隔離審查。八月二十五號，中共中央又爲我下了批示：在文化大革命中犯有嚴重錯誤，有的甚至是罪行，撤消革委會副主任，拘留審查。這表明我的這個結論比封還高，還嚴厲。這就是中共中央直接下的「八・二五批示」。

我是八月四號從內地回到拉薩，一回來就把我弄到看守所去了。因爲當時中央還沒有批示，所以就先把我關在看守所外面的一排平房隔離起來。不久，中共中央表態了，九月四號在拉薩市召開了一個幾萬人的大會，正式宣布中共中央的批示，然後正兒八經的把我弄到看守所裏面去了。審查的時間很長，差不多一年半。

唯：那像「大聯指」的劉紹民怎麼樣呢？

陶（有點激動地）：他根本是毫無問題，他媽的。他反正是飛黃騰達，到桑日縣當縣委書記，後來最高的時候當到了山南地委副書記。正是我們受審查的時候，他還升得快。實際上好多人就是因爲審查我們上去了。其實就是「大聯指」的。實際上就是這麼一回事。所以像拉中的賴段明（音），原來的一般教師，後來變成校長了，就是因爲清查我們很積極，毫不手軟，反正這樣一批人上去了。完全是以派清派，就這麼一回事情。

把我們弄進去以後，審查我們跟「四人幫」有什麼關係，我說任何關係都沒有。另外就是清查我們有沒有血債，但也查不出來。我們也沒有對那些當權派殘酷鬥爭，無情打擊，更沒有血債。所以關了一年半也就放出來了，又讓我回到拉中工作去了。後來我就調到社科院（社會科學院）了，一直到今天。

久尼

「軍隊對西藏整個局勢的穩定起了很大的作用」

久尼（化名）：女，藏人，曾在西藏軍區機關工作多年，現爲政府官員。我父親的故交。

訪談時間：二〇〇三年二月二十日下午

唯色（以下簡稱「唯」）：文化大革命中，駐西藏的軍隊是什麼樣的情況呢？

久尼（以下簡稱「尼」）：文化大革命作爲一場運動，是從中央「十六條」（一九六六年八月八日，中共八屆十一中全會通過《關於無產階級文化大革命的決定》，內容共有十六條）文件下發以後開始的，後來席捲了全國。按說西藏地處邊疆，從當時的發展來看也是比較落後的，可是實際情況卻一點兒也不亞於全國，不論是掌握的資訊，還是成立的組織，包括紅衛兵，一下子也在西藏廣泛地開展起來。中央只要有什麼新的精神，如「紅五條」（指一九六九年二月十一日由毛澤東、林彪簽發的中共中央、中央文革小組《關於西藏地區文化大革命應該注意的問題》

的文件）等等，馬上就能做到家喻戶曉，人人皆知，快得很。那時候雖然沒有現在的手機呀、網路呀這樣的資訊工具、傳播媒介，只是通過普通的電波來傳達，可是就這樣，絲毫沒有阻擋。沒有說西藏天高皇帝遠、西藏交通不便、西藏與內地聯繫不方便等等，就傳達不到中央的精神，相反還是傳得挺快的。

而軍隊呢，我記得當時規定很明確，軍隊裏從事文藝工作、文體工作的軍人可以介入，但是作爲正常的部隊，尤其是機關，要服從大局，不准介入到地方的文革當中。不過，隨著鬥爭的越來越加劇，軍隊包括機關在內全部介入是以什麼爲界呢？是地方已經形成了兩派以後。我對這印象很深。這兩派，一派是保張，一派是反張，這個張指的是張國華。也就是說，以張國華爲界，這十七年（中共軍隊於一九五〇年進藏，至一九六七年兩派群眾組織對壘，相距十七年）來張國華執行了什麼樣的路線？那麼，一派認爲張國華在西藏執行的是毛主席的革命路線，西藏的大政方針、西藏每個階段的發展步伐都是中央確定的，當然工作中有缺點、有錯誤，但方向是對的。另一派認爲張國華執行的是修正主義的路線，走的是資本主義道路，因此對張國華採取了一種否定的態度。不過，保張的人是多數，打張的人是少數。從內地來了不少紅衛兵，他們帶來的觀念是，凡是當官的就一定要打倒。什麼敢把皇帝拉下馬，都是那樣的勁頭。所以他們當然是把張國華當作土皇帝的。我記得那時拉薩街上有不少「打倒張國華」的標語，「張」是倒過來寫的，「國華」寫成「鬼猾」，大鬼小鬼的「鬼」，狡猾的「猾」。除了內地的學生這樣，西藏也有一部分人贊成並且接受這種觀點。

唯：你認爲這是出於什麼目的呢？

尼：我想，兩派都是革命群眾，對於一些事物的認識和看法不同，但是，終究來講，目的還是一樣的，是爲了保衛毛主席的革命路線。這是就廣大的群眾而言，當然這裏面有沒有少部分人出於個人的想法或者什麼想法，按照階級鬥爭規律來看的話，這也是不可避免的。這樣很快就在西藏實行了「軍管」，也就是軍事管制，也就派出了部隊的許多幹部去地方進行「支左」，也就是「支持左派」。這些部隊同志到了地方以後，本來是要一碗水端平的，不偏向支持哪一派的觀點，但很快也形成了兩派。也就是說，部隊裏面也形成了兩派，因爲他要支持誰的話，就得表明自己的態度。當然，部隊去的同志大部分都是支持「大聯指」的，也就是保張這一派，這是由於部隊它本身特定的環境決定的。再者，張國華司令員帶著十八軍進藏，就軍隊來講，無論是感情上，還是對張國華本人的瞭解，肯定是要保張的。但有一段時間，部隊又大部分撤回，不再實行「軍管」，這也是因爲軍管會裏面也很快形成了不同的觀點，也是以張國華爲界。

唯：爲什麼要撤回呢？

尼：這個，是因爲介入太多，還是什麼原因，怎麼定的，我就不清楚了。但我只知道是撤回來了。而軍區機關隨著文化大革命的逐步深入，四大班子，也就是司政後（司令部、政治部、後勤部）和接待班子，都參加了文革，一下子形成了兩派，尤其是司政後這一塊。而部隊裏的兩派與地方上的兩派，其觀點是相似的，也是以張國華爲界的。

唯：爲什麼部隊裏面也會出現反張國華的人呢？

尼：當時部隊裏面反對張國華的人也很多，對張國華在工作中的一些具體的做法有意見。比如，我記得後勤部有個叫余新（音）的副部長，就跳起腳在大會上罵張國華。他跟張國華在中印反擊戰時有過接觸，好像是因爲後勤給養不力他被張國華批評過，還是因爲別的什麼事情，我不太記得了。我那時候很年輕，更多的情況不可能瞭解，只看到當時開大會的情景，這邊保張的人使勁地把他摁下去，可是他還是使勁地喊「張國華就是壞蛋」。這個部長現在看來他看問題很極端，是一個很極端的人，但是他肯定認爲他有道理，不過，在部隊那種環境裏，能夠容得下他這種觀點的人並不多，包括幹部、戰士在內，很容易被激起情緒。他在大會上跳起腳大罵張國華，結果一下子就鬧起來了，幹部、戰士都很氣憤。他把張國華說成那個樣子，他們覺得在感情上還是道理上都不能接受，於是很快就過頭了，把他從禮堂拽到廣場上去鬥爭。不是說推推搡搡的問題了，而是開始打他了，打這個部長了，而且打得很凶，非常凶。不光有幹部，戰士也敢打他，沒多久就把這個部長打死了，當場就被我們的軍人活活打死了。

說老實話，當時這個派性很厲害，大家都跟入了魔一樣。本來如果是平時的話，大家彼此之間沒有什麼隔閡，但那個時候，派性利益就高於一切，屬於我這派的彼此都親密的不得了，但不是我這派的就很對立，所以毛主席曾經發表語錄：「革命群眾並不是勢不兩立的兩大派」，可實際上呢，就是勢不兩立的兩大派。部隊不是生活在眞空之中，地方上的這種觀念也一樣反映到部隊上來了。不過，部隊上「造總」觀點的比較少，領導層裏邊就更少。保張的人是多數。正因爲這一派少，余新部長就成了絕對的少數派。加上他自己的語言也過激，行爲也衝動，態度也很鮮明，這樣很容易造成那種不可收拾的局面。

部隊裏面，因爲觀點不同而發生衝突，很大的沒有，我沒見過。但這個事件算是比較突出的，後期還調查過，因爲他畢竟是一個副部長嘛。後勤部的副部長被自己的軍人活活打死這件事，在文革結束以後還調查過。我確實是親眼看見他死的。我們因爲小，看見打人我就很害怕，就覺得很可憐的。余部長很可憐。我們就在那兒拉那些打他的人，「別打了，別打了」，我們使勁往後拉，可實際上大家就已經是沒有自控力了。另外，現在來看，這個人也很勇敢，很堅強，別人怎麼打他，可他就是說，「我就是這麼認爲的」，一定要維護他自己的觀點，可他越這樣維護，別人越氣憤，越要打他，結果就這麼打死了。從會上爭論到會下，從禮堂裏打到軍區大院，最後拉到後勤部方向，在那兒被打死的。後來據說還送到軍區門診部搶救，但已經無效了。

唯：部隊裏「造總」觀點的人沒有幫他嗎？

尼：幫不了啦。那個數量很少的。軍區內部包括警衛部隊在內都是「大聯指」觀點，「造總」觀點的很少。而且，看當時那種架勢人們都害怕。我記得當時我們文工團也有兩派，「大聯指」這一派是「文藝兵總部」，「造總」那一派是「高原紅」，有老同志，也有年輕的同志，當時警衛連的戰士連他們也要打，追趕他們，他們就到處躲，有的還躲到了豬圈裏邊。當時就已經打得特別厲害。從這以後我倒覺得軍區裏面還比較穩定。雖然是兩派的大字報哪兒都貼，各自都互不相讓，你貼出一張「打倒張國華」的大字報，「大聯指」馬上貼一張更大的大字報把它給覆蓋住，不讓它擴散它的影響。那個精神啊，簡直是沒法說。後來，中央對張國華採取了很果斷的決定，文革剛開始那會兒，好像有點倒張的架勢，總理立馬就派了專機，把張國華和阿沛・阿旺晉美接走了。是不是同時接走的我不清楚，但他倆都被中央接到了北京，這也就是把張國華給保護起來了。

唯：如果張國華留在拉薩，會不會被批鬥，挨打呢？

尼：批鬥是免不了的，但是挨打甚至被打死這不可能。因爲在當時來講，擁護他的人還是占多數。另外，「造總」所保的是周仁山，而「大聯指」要打的也是周仁山，實際上周仁山也是一個好的領導幹部。因爲他不是部隊的，所以我們不瞭解，但後來我瞭解到周仁山非常深入基層，深入群眾，經常向老百姓做調查研究，吃糌粑，喝酥油茶等等。總之他對地方、對西藏老百姓接觸挺多的。應該說是一個很得力的幹部。也可能正因爲工作得力，可能也就免不了被批，不過他跟張國華究竟有什麼過節，我們就不清楚了，反正兩派的形成呢，也就以這兩個幹部爲界。

唯：那周仁山後來怎麼樣了？

尼：周仁山後來回內地了吧，最後還是平反了。

唯：當時地方上發生武鬥的時候，部隊跟地方的關係是什麼樣的呢？

尼：部隊跟地方的關係仍然還是很好的。雖然分派，但在西藏，軍民之間始終保持著一種非常親密的關係，魚水情的關係。這跟西藏特定環境下，過去十八軍的影響和老百姓對軍隊的感情是分不開的。老百姓講嘛，過去不知道什麼叫共產黨，通過解放軍知道了共產黨。也就是解放軍的行爲，它的模範作用，遵守紀律，遵守民族政策和黨的宗教政策，等等。這也是因爲中央三代領導人（指毛澤東、鄧小平、江澤民）對西藏的方針政策特別正確，比如進軍西藏不吃地方、尊重當地的文化、保護宗教和寺廟等等，包括對當時的貴族採取一種非常緩和的態度，而不是非常激進、革命的辦法。因爲當時來講，老百姓只是受藏政府的反動宣傳，比如漢人進來就要消滅我們的宗教和我們的民族，他們給老百姓說得很恐怖，而怎麼樣消除這些影響呢？就是通過我們部隊的行動。老百姓正是通過解放軍的一點一滴的行爲才認識了共產黨，才知道紅漢人並不是青面獠牙，是一個眞正的「菩薩兵」。後來不是有很多文藝作品裏面都說解放軍是我們的菩薩兵嗎？這都唱出了老百姓的心聲，表達了他們的眞實感情。所以很多同志也講，老百姓是通過解放軍才知道的共產黨。共產黨是一個執政黨，他的具體行爲是由解放軍體現的，所以文革當中，儘管兩派搞成那樣，但是軍民關係並沒有壞到頂點，仍然保持著非常好的關係，並不是哪一派煽動就能搞壞的，做不到的。比如每次秋收，解放軍都要去幫助老百姓，文革時也是這樣，我記得我們都去過很多次。

唯：部隊上分成兩派的情況是普遍的嗎？

尼：基層部隊沒有。野戰部隊和邊防部隊是不允許的。後來軍區裏面的「四大機關」也停止了派性，畢竟軍隊還是要絕對地在黨的領導下。如果都介入到兩派的派性中，尤其是邊防，萬一邊防有什麼事情，指揮機關因爲鬧革命癱瘓了，不是要影響全局嗎？所以中央很快就制止了。而那些有派性的部門，比如文工團裏的兩派，包括司政後機關裏的兩派，那些骨幹分子都弄到四川辦學習班去了，當時不是要「大聯合」嗎？大家就在那裏學習如何「大聯合」。在四川學習的時間有長短，我們待了半年。北京也辦過學習班的。

唯：是六九年的時候嗎？

尼：可能是那個時間。

唯：我記得我媽媽說，當時要我父親去北京學習，拉薩有很多人去送他們，都是「大聯指」的，場面很悲壯。

尼：是是，我印象很深。當時大家都是夾道歡送他們，一直送到拉薩大橋。大家依依不捨，哭得呀，好像是他們再也回不來那種感覺。實際上是讓他們去北京辦學習班，統一思想，消除部隊中兩派的觀點，中央採取的是這樣的部署，但因爲軍隊和地方各派之間的感情很深，所以送他們時很激動。

唯：當時「造總」也要去學習？

尼：要去，都要去，不過兩派是分開走的，當時還走不到一塊兒。

唯：其實兩派之間的鬥爭總是處在一種類似於「你方唱罷我登場」的狀態中，有好幾個回合，是吧？

尼：有，有。也不是說「大聯指」就一直占上風，或者是「造總」就占上風。最早有一個「二月逆流」，造反派受壓得很厲害。所謂「二月逆流」，就是咱們軍隊裏邊的幾個元老，像陳毅、劉伯承、譚震林、羅瑞卿等等，他們對文革中的造反派表示不滿。後來「四人幫」扣帽子，說這是「二月兵變」。實際不是兵變，而是這些老同志認爲這樣的革命再也不能搞下去了，再搞下去全國就要癱瘓了，所以這些元帥都很著急。據說是葉劍英還是譚震林，氣得拍桌子，把手指頭都拍斷了。所以，那一段時間對造反派，不能說是鎮壓吧，就像你說的幾個回合，就把造反派給壓下去了，其中他們裏邊的一些首要分子也給抓了。後來又平反了。

唯：是不是毛主席有一個「四一指示」？

尼：對，對。有這樣的指示。說他們也是革命的啦，等等。這一指示就把他們給放了，這些人又占上風了，又來壓「大聯指」這邊。所以幾個回合是這樣的。

唯：六八年在大昭寺發生的事件，是怎麼回事呢？

尼：這我不大淸楚。我只是後來才聽說的。大昭寺……大昭寺的裏邊，紅衛兵已經砸完了。

現在裏邊的菩薩都是從方方面面請回來的啦。都砸的砸，破壞完了。「破四舊」嘛。文革剛開始那會兒，首當其衝是把大昭寺給砸完了。然後接著準備上布達拉宮，繼續要砸布達拉宮，結果咱們部隊就接到總理（周恩來）給自治區的指示，一定要派兵保護布達拉宮，不允許砸布達拉宮，這個不是一般的信教場所，這代表一個民族的象徵，是珍貴的文化，很重要，不能砸。如果沒有總理的這句話，布達拉宮可能也就完啦，那簡直是更大的悲劇啦。沒有了布達拉宮，西藏就怎麼來象徵嘛？所以後來我們越來越感覺到總理的英明偉大，他在很多關鍵、危難的時候，做了許多非常有重要意義的事情。

唯：他跟西藏有這麼密切的關係嗎？

尼：有，有。包括張國華和阿沛・阿旺晉美去北京。當然他都肯定徵求過主席（毛澤東）的意見，但具體事務都是總理親自在安排。他對西藏有許多特別的指示。他覺得大昭寺砸了都很可惜。

唯：像砸寺院這些都是紅衛兵幹的嗎？

尼：紅衛兵幹的。有內地來的紅衛兵，也有當地發展的紅衛兵。要「破四舊」嘛，舊社會遺留的殘渣餘孽都是作爲舊的東西來砸爛的，那麼宗教也就不例外了，首當其衝啦。內地的紅衛兵裏面有漢族，也有藏族，中央民院（設在北京的中央民族學院）和西藏民院（設在陝西咸陽的西藏民族學院）那幫子，跑回來鬧革命，西藏當地的學生也都參與了。所以我說，這是一場席捲全中國的革命。

唯：當時去砸寺院的老百姓多不多呢？

尼：據我瞭解，砸大昭寺確實有居民，但這都是號召的呀。你不去不行啊，除非不革命啦。老百姓儘管心裏不願意砸，但是害怕呀。當時都害怕啊。當時包括帕巴拉（帕巴拉・格列朗傑，活佛，如今任全國政協副主席）在內，都戴著「高帽」（用白紙糊的高帽子，上書各種罪名，是文革特色之一）遊街。那麼多「牛鬼蛇神」。都處於一種恐怖的狀態，老百姓他自然也害怕。那只要號召的話也就趕快去砸。都是這樣的。

唯：這方面能不能詳細談一談呢？比如，對於大多數老百姓來說，信仰宗教是一種傳統，本來藏民族基本上就是一個全民信教的民族，可是爲什麼在文革期間敢砸自己的寺院呢？難道對從小受到的那種關於因果報應的教育，沒有畏懼嗎？

尼：這個問題你問得很那個。這也是一個癥結。很多人不解的一個問題。我剛從部隊下地方時也聽很多人議論過，認爲西藏在文革期間執行了「左」的路線，破壞了相當一批寺廟。但有些同志想不通，什麼叫「左」？那寺廟又不是漢族人去砸的，是老百姓自己砸的，不是老百姓自己覺悟了去砸的嗎？那怎麼能說是「左」呢？不過我認爲這還是政策決定了老百姓的行爲。

按道理來講，西藏的宗教在老百姓當中有根深柢固的影響，可在當時卻又採取了這樣一種行爲，這作何解釋？的確是一個很大的問號。對此我的感觸也比較深。我從小在部隊，對宗教自然比較淡化，但我們也沒去砸過寺廟，部隊不允許介入。我問過一些人，包括我母親在內。在那時候，天天宣傳「破四舊」、消滅宗教、宗教是鴉片等等，一場革命下來，那麼疾風暴雨，老百姓沒有絲毫思索的餘地。如果你參加砸，你是革命的，如果你不參加砸，你就是反革命，你維護那些反動的東西。就這麼簡單。在這種刹那間，還允許老百姓回答嗎？

是的，如今說起當年的那些人砸寺廟、鬥喇嘛，會覺得那些人太壞了，可是，在當時沒有人會認爲這樣做很壞，當時是鼓勵這樣做的，人們聽說必須這麼做才算是革命，就這裏去砸那裏去鬥的。當然，在過去是不會有人去這麼做的。自己家裏都有佛龕和佛像，沒有哪個人會想到有一天把這些全都砸了的。可是，政策下來了，從自治區、拉薩市、城關區到居委會，政策就這樣一層層下來了，如果不這樣動員的話，怎麼會亂成那個樣子呢？沒有一個人的心裏會想到要去砸這些的，心裏是不可能有這些想法的。至於說如果不是中央下令保護早就砸光了之類的話，若眞的要保護就應該派軍人，當老百姓去砸的時候告訴他們這是被保護的，不能砸，那麼，有誰還會敢衝進去砸呢？誰都怕解放軍啊。一九五九年解放軍一開槍不是就「平叛」了嗎？可是並沒有這麼做嘛。而且要知道，大昭寺在文革時變成了解放軍的豬圈，這都是我們親眼看見的。

所以在這個問題上，當時很多老百姓，包括年輕人，砸了，確實去砸了，可事後再回頭看自己的行爲，確實非常簡單，就是革命與不革命，你站在那一邊的問題，就這麼簡單。很多人當然要盡可能地洗清自己，於是盡可能表現得很革命，那時候提倡「寧願左一點，不能右半分」。你一「右」不就站到反革命那一邊了嗎？所以在這種情況下，老百姓盲目採取的一些行動決不能歸罪於老百姓的頭上。老百姓只不過是一種工具罷了。那是一種潮流，不可阻擋。並不是說老百姓出爾反爾，你過去那麼信教，結果你現在敢於去砸自己的菩薩，這是不是顯得很那個呢？其實不是。那時候哪裏允許你保留自己的東西。革命嘛，有一個碗，有一個被子就可以了。再者，對屬於自己本民族的宗教和文化，本來應該抱著揚棄的態度，要分清揚的是哪部分，棄的又是哪部分，可沒有人會這麼想。一場革命下來，連國家主席劉少奇一夜之間都淪爲囚犯，屍體在哪兒都找不到，你說這種情況哪個國家會發生？所以對這個問題不能覺得不理解老百姓，還應該理解他們。

實際上就是這樣去砸的時候，有些老百姓，比如日喀則的老百姓就表現的是另外一種樣子。班禪一世到九世的遺骸最後不是找到了嗎？又捐獻給十世班禪大師了嘛。偷偷地保存下來了嘛。是他們自己保留下來的。不是一個人，是很多人，這些遺骸都是從很多方面找來的。這個捐獻一個手指頭，那個捐獻一點兒什麼，都這麼找來的。這說明老百姓心中的東西還是沒有磨滅的。記得我去甘丹寺的時候，那些老百姓對我說，確實我們蓋房子用的木頭都是從寺院搶下來的。可這也是當時發動的呀。後來政策變了，大家覺得當時那樣做是不對的，又把屋樑啊柱子啊拆了，重新送回寺院。所以我認爲當時老百姓那樣做很能理解，因爲那是不可阻擋的。如果像咱們總理那樣的偉人對民族的文化不是那樣去保護的話，比如他說布達拉宮不是一個宗教場地，而是一個民族的歷史，從這樣的角度看問題，那就不一樣了。其實被毀的大昭寺也是歷史，從釋迦牟尼佛像就可以講到文成公主嫁到西藏，然後修建這個寺廟的全部歷史，雖然是一座寺廟放在那裏，但它卻是一部生動的歷史。很珍貴。可是當時不要說保護這些寺廟，就連自己家裏的佛龕都要砸的，甚至自己家裏的金銀首飾都不敢留下，害怕被抄出來後當作是資本家，就趕緊賣掉，還排隊去賣，賣給公家有個什麼收購站。收購很便宜，一克金子才四元錢。而藏族老百姓省吃儉用，爲自己的子女添置首飾，一個手鐲，一串項鏈，對裝飾有一套自己的習慣和愛好，不管富貴的家庭還是很窮的人家，都有一些裝飾品。可那時都拿去賣了。有些還把藏裝上的水獺毛剪下來，把綢緞衣服裝在麻袋裏扔進拉薩河裏。這都是「左」的政策影響下造成的。所以中央也界定了，文化大革命完全是一個「左」的行爲。

唯：你如何看文革中的人們，是出於理想主義的精神，渴望建設一個新的世界，而投入到這場革命之中，還是出於恐懼，不願意參加卻不得不參加，還是二者都有呢？

尼：我認爲二者都有。當時因爲受「唯成分論」的影響，一切都要從階級成分來看，所以認爲自己是「紅五類」的人，就是要打造一個紅彤彤的世界，沒有壓迫，沒有剝削，非常的理想主義，既不懂得我們實際上處於社會主義的初級階段，也不懂得整個世界已經發展到了何種地步，非常形而上學，非常封閉，覺得老子天下第一，中國就是最革命的，我們扛著紅旗能夠解放全人類，都是這樣一種理想化的境界。這樣的人有，而且是大多數。但也不排除有許多人是恐懼心理，文化革命是一種可以席捲一切的革命，不得不被席捲進去。這當中的人很多成分不好，有的出身於貴族，有的出身於「代理人」（在舊西藏爲貴族管理莊園的人），這樣無形當中就有很多思想包袱。當時很難保持中立的，也不可能當一個中立派，中立就意味著投降，所以儘管心裏不願意但也沒辦法，只能做到被動地推波助瀾。就個人來說，我們在文革中失去的也很多，最好的年華被耽誤了，一天到晚打漿糊，糊大字報，呼喊口號，就幹這些事。所以爲什麼大家一說起文革，都是記憶猶新，刻骨銘心，很難忘掉。

所以說到兩派，我們現在不爭誰的好壞，也不爭誰的錯對，我們要看的是對重大問題的看法。對重大問題的看法反映了你的世界觀，反映了你對事物的敏銳性和認識能力。當然，最後爲了聯合，說兩派都是革命群眾，這從廣義上可以這麼理解，群眾允許他站在這一派或者是哪一派，但是就大多數群眾而言，確實不瞭解很多事情，這是受年齡、閱歷、工作經驗等等決定。所以爲什麼很多老同志都同意「大聯指」的觀點，這與他的親身經歷分不開的。他們沒有任何私利，完全是因爲自己的親身經歷決定了他們的選擇。軍隊很多幹部都取決於這邊，那邊只是極少數。當然我們現在不必爭這些，因爲整個文革就是錯誤的。也因爲有了文革，所以我們現在才重視發展，維護穩定，就像小平同志主持工作以後說的，不爭論，幹，摸著石頭過河，管他姓資姓社。這都是從文革錯誤之中得出的教訓。而且穩定壓倒一切，再也不能亂了，穩定對於一個國家的發展是多麼重要啊。

唯：那麼，兩派武鬥時，你有沒有印象深的場面？

尼：當時我們很少出去，因爲軍隊不准出去，不准參與武鬥，所以武鬥的情況很多是聽說。但看見過在大昭寺一帶，什麼沙包都堆起來了，碉堡也立起來了，高音喇叭也架起來了。軍區的門口還有一個高音喇叭，我用藏語通過高音喇叭唸過政策，如不准衝擊軍區、不准衝擊報社，等等等。記得那些人要衝擊報社，要奪權，因爲奪權先要占領與論陣地，所以他們要占報社，軍隊在裏面圍著不讓他們占，我們在外面軍區的廣播車裏大聲廣播。那些造反派還罵我們是「張國華的小老婆」，居然罵到這個份兒上了。當時我們還年輕，不懂什麼叫「小老婆」。結果他們還指著罵，因爲看見我們穿著軍裝在廣播。

唯：那「造總」的廣播怎麼樣？

尼：他們在大昭寺有一個廣播站。不過軍隊的廣播是屬於軍隊的，不是哪個派派來的，代表的是西藏軍區，表示軍隊參與「支左」，反對那些奪權的做法。所以，這倒不是按照派來區分的。但是當時在工作中用誰不用誰，倒是考察過派別的，比如六七年我們去尼泊爾演出，那絕對用的是「大聯指」觀點的演員，演員不夠怎麼辦呢？就借地方上也是「大聯指」觀點的人來補充我們不夠的人，就這樣，不能用「造總」觀點的。這是幾個回合中「大聯指」的上風階段。當「大聯指」處於下風時，不管你表現多好，也有不用「大聯指」的人，全都換上「造總」的人這種情況。

唯：當時，部隊裏面支持「造總」的是曾雍雅嗎？

尼：曾雍雅（笑了）。我覺得曾司令這人，他們說他支持「造總」，其實也不是很明顯，並不明顯。他是司令嘛。並沒有觀點很鮮明，支持或者站在哪一派。但是在軍隊內部的兩派裏面，他是傾向、支持「造總」觀點的。

唯：軍隊在文革中介入的程度如何？是深還是不深呢？

尼：應該說是比較深的。所以後期就不讓那個什麼了。但是你說這個深，對地方的運動是不是起到了壞的作用？我倒不這麼認爲。相對來講，還起到了一定的穩定作用，不然那個場面就沒法收拾了。

唯：但是，在武鬥中，由於沒有武器，部隊曾經向兩派提供過槍支，這叫做「明搶暗送」，這麼說來豈不是很不好嗎？

尼：那不會。即使是有也是個別的行爲。個別人把自己的槍借給誰了，或者怎麼樣。而作爲部隊有組織、有領導地把槍送給哪一派，這絕對不會的。這不敢的。如果這樣的話，那在西藏殺傷的人口就不止那麼多了。但是，個別人，你說他傾向性比較明顯，把槍支借給誰，這種情況有沒有？我想肯定有。不過過去槍支管理都很嚴格，如果流失這麼多槍支出去，那畢竟應該是有那個什麼的，是吧？我絕對不相信軍隊會有組織、有領導地把槍支送出去，不會那麼做的。在當時來講，一是軍隊的組織紀律比較嚴明，第二，大家都是出於公心，很正派的。當然，「派性的感情高於一切」，這個有，但是你說到了無原則的地步，把很多槍給誰，這我倒不相信，否則西藏的局勢就不是這樣了，如果要很快平息也不可能做到。

唯：軍隊在文革中主要執行的是「三支兩軍」的政策，向各地派出了大量的宣傳隊，這種宣傳隊主要是表演節目嗎？

尼：以表演節目爲主吧，同時也宣傳政策，那時候，那種精神和風貌在今天是無法估量的。那種熱情高的要命。熱情高漲，無私無畏，沒有一點兒私利可圖。你說有什麼勞務費，一分錢也沒有。大家對錢這種東西很淡漠。也沒有人去爭，完全是忘我地去工作。只要是中央下達了新的指示，當然也有點各取所需，只要是有利於這派的，那宣傳得尤其厲害，另一派就相對熱情減弱一點兒。如果是有利於另一派的，那那一派又呼喊得很厲害。當時中央針對西藏下達過不少指示，如「紅五條」等等，所以要到處宣傳，到處寫，到處張貼。都是毛澤東思想宣傳隊。打著紅旗，唱著語錄歌就出發了。都是理想主義者。非常理想。理想得不得了。純而又純的人。好像每個人都是奔著一個目標，堅定不移。捍衛毛主席的革命路線，死而無憾。都是這種決心。

唯：那時候有沒有民族矛盾呢？

尼：沒有，沒有。民族矛盾，我從來沒聽說過。當時那種環境下，維護祖國統一，絕對是高於一切的。有的是兩派不同的觀點，但沒有民族矛盾的說法。就我來講，可能成長的環境也不一樣，對民族的概念很淡化。我從小在部隊長大，漢族同志很多，藏族同志絕對是少數，可是誰也沒有說我是藏族我就有優越感，沒有的。我們就好像融爲一體，很自然的。漢族同志沒有說你是藏族就對你客氣一點兒，他同樣手把手地教你，同樣很眞摯的。我們也沒有覺得自己是個藏族，我不同，跟漢族要有什麼距離，沒有這種想法。非常自然地融合在一起。所以我在部隊生活，成長，是在一個非常單純的環境裏邊。自己的思想也很單純，很美好，看事情也很簡單，沒有那麼複雜。所以我後來轉業到地方，聽他們講，現在的民族矛盾怎麼怎麼了，漢族領導不敢批評藏族同志，藏族領導不敢批評漢族同志，我覺得很奇怪，怎麼會有這種事情呢？只要你是領導，你就是一級黨組織，你批評誰都是應該的，不管你是藏族漢族，只要是本著爲了工作的目的，不該有這種想法。記得那時候我講過，不管藏族漢族，只要是共產黨員，應該有共同的想法。而我的這種思想，也是跟多年來在部隊那種簡單的環境有關的。到了地方上確實感覺不一樣。特別是八七年，發生騷亂，有些人打著獨立的旗號，那確實感到這個鬥爭很激烈。寺廟也不是一個眞空。因爲外來的影響也是不可忽視的。一些有獨立傾向的人進來做工作的也有。西藏問題也就慢慢地比較明顯了。不過文革那些年，部隊和地方都比較單純，沒有那些東西。包括地方上的藏漢關係都是很好的。所以現在有很多老同志都回憶那時候的感情。都是非常融洽的。

唯：可是那時候發生的武鬥中，比如很是轟動的「尼木事件」，爲什麼就有那種民族傾向呢？「尼木事件」以及好多個縣發生的暴亂，是屬於武鬥還是屬於「叛亂」呢？

尼：有些性質屬於「叛亂」，不能說它是武鬥，它已經超出「武鬥」這個界線了。比如「尼木事件」就是很典型的。它完全是一個尼姑挑起來的。她的思想很反動。非常反動。這事件完全是派性的矛盾昇華爲階級的矛盾，不單純地是兩派之間的問題。發生在尼木的這個事件，我覺得到現在也不能把它作爲派性鬥爭來解釋。因爲事實可以肯定的說明它是一個暴亂，完全是反革命暴亂。這個結論是完全沒錯的。爲什麼這樣說呢？我當時在部隊，我幫助群工處（西藏軍區聯絡部下設的一個部門，全稱是「群眾工作處」）去尼木搞展覽，發動老百姓進行階級教育。我正因爲參加了這個活動，我才瞭解到這是一個很可怕的事情。哎唷，當時我們部隊派的是一個工作組還是一個連的部隊駐紮在尼木縣，這我現在記不大清楚了。反正以這個尼姑爲首的人，打著派性的旗號來鬧，攻打到部隊的駐地裏邊，把所有的戰士全部殺害了。唉呀很厲害。那些圖片我全看了。那個殺害的場面相當嚇人，有的人被勒得舌頭都吐出來了，眼珠子都爆出來了。拿石頭砸，拿刀砍，慘不忍睹。所以類似這樣的事情完全是階級報復，完全是反革命暴亂。它不是兩派之間的過節。如果是這樣，那就兩派之間鬥嘛，可它完全是衝著解放軍來的，把整個部隊全給殺了。如果這麼做還說這是派性，我不這麼認爲。所以對這個事件的處理，不能說是被鎮壓啦，混淆兩類矛盾啦，把人民內部矛盾當作了敵我矛盾啦，等等。我覺得完全沒有混淆，就是活生生的敵我矛盾，而且是階級報復。

尤其是這個尼姑，她能量很大的，煽動性很強，我聽說她常年躲在山洞裏邊。她好像不是一般的尼姑，還是一個有點地位的尼姑。而她之所以這樣，還是由她的階級本性決定的，同時跟西藏過去遺留下來的矛盾有關。維護祖國統一、反對分裂這是一個根本的分野。她是早就蓄謀已久的，只不過在等待時機。時機一旦成熟，她就會捲土重來。對這些宗教界的人物，我們應該用一種非常客觀的態度來對待，而且要用黨的政策。對他們正常的信教，我們應該給予他們自由，但是如果是利用宗教，披著宗教的外衣來達到其政治目的，那我們必須要識破。而這個尼姑是有根基的，不是普普通通的尼姑。

她年紀倒不大，可能四十來歲吧，後來槍斃了，作爲現行反革命分子給槍斃了。她殺了那麼多的解放軍戰士，肯定是要槍斃的。那種慘無人道，絕對不是一個出家人幹的事情。作爲宗教來講要行善積德，連一個蟲子都捨不得殺，但她殺起我們解放軍就那麼兇殘。你說不是階級報復又是什麼？難道會是派性嗎？記得還是從「波林卡」體育場那邊抓來的，開了萬人的公判大會，然後槍斃了她。當她掛著牌子遊街時，我們大家都朝她吐口水，非常氣。當時這個尼姑的行爲震驚了整個西藏的老百姓，覺得這個尼姑太可怕了，完全背離了她的教義。

類似這樣的事件可能也發生在其他一些地方，這倒是西藏這個地區矛盾的複雜性，這裏面帶有民族主義的色彩。過去「平叛」時候沒有消滅掉的東西，它一有機會就會興風作浪，所以爲什麼說文革後期，很多東西被人利用就是這個原因。本來是人民內部不同的觀點，兩派之間對一些事物或者說對某個領導有不同的看法，慢慢地對立起來，最後被階級敵人利用，在西藏這些事情是很典型的，它純粹就是階級報復。其他事情我不是特別瞭解，但尼木這個事件，我去做過圖片宣傳，記得非常清楚。

唯：當時還搞過展覽？

尼：是的，辦過展覽，然後發動群眾，這樣群眾才開始揭發整個陰謀集團。他們是有組織、有領導、有目的，來搞反革命暴亂的。還搞了一系列的活動。那些跟隨尼姑的人都是社會上的殘渣餘孽。雖然也有老百姓，但是老百姓也是被尼姑煽動了的。當時說什麼「達賴要回來啦」等等，還是利用這些分裂民族的言論。也提出了一些口號，我現在記不大清了，反正對漢人就是要進行報復，解放軍是紅漢人，那就是要斬盡殺絕。殺得很慘，死傷了不少人。這在這些年，在六〇年代末發生這樣的慘劇是西藏「和平解放」以後，甚至五九年「平叛」時候都沒有過的。五九年西藏那麼大規模的「叛亂」，部隊都沒有發生過這種情況，都沒有遭到過這麼慘重的失敗，十年之後竟然能發生這樣的事情，那是駭人聽聞的。那麼這樣一種局勢你不「平叛」那是不可能的，等於是「平叛」一樣，實際這也就屬於「再叛」了。所以就採取了平息的措施。當時好像是五十三師去的那兒。我在那兒碰見了王立基（音）主任，很快就把壞人和首要分子抓起來，然後根據罪行判刑。

唯：但是，爲什麼現在還有人認爲「尼木事件」是武鬥，而且還認爲最後的處理是「大聯指」利用這個事件打擊「造總」？

尼：這個可能有。但是這個打擊也不完全是因「尼木事件」而起。「尼木事件」不應該說是派性。如果到現在還有人說這種話，那他確實是，絕對是……也許他不瞭解情況……這裏邊，作爲我來說我是有派的，當時我站在「大聯指」一邊，但我不是那種極端分子，看什麼問題都一邊倒，沒有自己的是非。正因爲「尼木事件」是我親眼看到的，我至今不認爲那是武鬥，所以不能那麼說的。自治區也從來沒有反悔過這個事，它定了性的，就是反革命暴亂。所以你寫東西一定要注意，這些基調要把握住，不要聽一些個人講什麼就是什麼，這個性質不一樣。這是很慘的事件。那麼集中地殺害解放軍，而且打頭的又是一個尼姑，而且被鎭壓了的，被槍斃了的，你再反過頭來給它翻案那做不到。它絕對不是武鬥。絕對不是。至於說有沒有利用這個事件來怎麼樣，可能有。比如利用什麼事情大做文章，散布其影響，等等，這個可能有，但是就這一事件來說，這樣處理是一點兒也不爲過的。這是翻不了案的。能翻案早翻了。但是鐵證如山，事實俱在。不然部隊跑到那裏幹什麼？部隊吃多了嗎？有什麼可平息的呢？

所以，在拉薩發生的武鬥倒還不是多嚴重，就是這些偏僻的地方，這些縣裏出現這種事情，那都是很嚇人的事情。（我插話問：在昌都邊壩發生的事呢？）那也肯定是「叛亂」。我記得包括那曲也有。但是對這些事情更深層次的情況，當時我處於那種地位不可能瞭解很多，但尼木我是親自去了的，我去給老百姓講解，給那些圖片作講解宣傳員。我還記得，去尼木的路很差，坐北京牌的吉普車把我給暈的呀，那汽油味很重，我吐得一塌糊塗，黃膽都快吐出來了。王立基主任就在那帶領五十三師平叛，住在一個院子裏，還給我騰了一間房子，因爲女同志沒有，都是男的。當時我很年輕，二十多歲。

唯：你到了現場後的心情怎麼樣？

尼：當時我心情很激動。看見部隊遭受這麼大的打擊，這麼多的戰士英勇地犧牲……我記得這件事是夜間偷襲的，戰士都在睡覺，突然包圍了部隊駐地，把站崗的給殺了，然後衝進去再殺，然後放火。當時部隊處於一種非常沒有戒備的情況下。看到戰士死得那麼慘，眞是。我覺得義憤填膺。在作講解的時候，我邊講邊流淚，氣憤得很。

唯：那老百姓的反應如何呢？

尼：老百姓也是邊看邊哭啊。很多老百姓根本不知道。老百姓很氣憤的。尼姑煽動的只是少數人，有不少喇嘛，還有些個別老百姓。他們還有武裝。大多數人不知道，結果一看竟然到了這個地步，大家就很明白了。所以尼姑很快就被交出來了。尼姑跑到山裏去了，怎麼被抓著的呢？還不是老百姓給交出來的。那尼姑是從山洞裏被抓出來的。這也是因爲他們做的事情很可怕的，那些被殺害的解放軍很慘。如果這樣了，還說這不是暴亂是武鬥，這說不過去。「尼木事件」是一個很重要的事件，所以有的人現在還把它說成是派性，那絕對不可能，這種角度就不對，倒不是一定說你有什麼目的，至少不管你是哪一派，只要看到那樣一個眞實的情況，都會有一個正確的結論，有一個公平的說法。這絕對不會是派性。不然的話，那些犧牲了的軍人就成了冤魂。

唯：那麼，是不是因爲這一系列的事件，兩派的抗衡終於有了分曉，「造總」從此就一蹶不振了，是嗎？

尼：這也是必然的。你究竟支持什麼東西，反對什麼東西，是很鮮明的。雖然作爲革命群眾，在當時參加哪一派都是回應毛主席的號召，都是積極參加文化大革命，但是作爲自己來講，最後這些事態的發展是朝著什麼方向走，這就要取決於你的立場和態度。當事態的發展已經到了這樣尖銳的地步，還認爲是派性，還認爲「造總」因此被打擊了，那立場就站錯了，顯然還站在派性的立場上看待這個問題，而不是站在更高的角度去認識這個問題。整個國家、整個民族已經到了很危險的時刻，如果這樣的事態發展下去的話，就不得了的事情啦。再說，解放軍在西藏，究竟是辦好事還是辦壞事？我們究竟怎麼樣看待解放軍的行爲？這是一個是非問題，決不能說因此就導致了另一派的一蹶不振。即使是一蹶不振，那也是事物發展的規律。我記得，那個尼姑她當時就是打著造反派的旗號，所以我們並沒有說你「造總」怎麼啦，我們認爲她利用造反派，利用兩派鬥爭來達到自己階級報復的目的，我們是這麼認爲的。可他們如果認爲就因爲這事我就起不來了，這種看法就不對了。你因爲什麼起不來嘛？眞理是不怕同謬誤作鬥爭的。如果眞理在你這邊，那麼經過若干這麼些年，又該怎麼著呢？錯誤畢竟是錯誤。這是翻不了的！我覺得就是到現在來認識這個問題還是堅定不移的。我不認爲當時是利用這個事件壓了它或者給了什麼不實之詞，不是這樣的。

唯：我看《西藏黨史大事記》這本書裏，說到在處理六九年這一系列暴亂事件上犯了擴大化的錯誤，這是怎麼回事呢？

尼：是的，後來，自治區承認過有擴大化的現象，有些是屬於這種……這個你可以翻一翻過去原始的決定，跟有關方面瞭解一下。我們因爲不參加地方的活動，對很多情況不是特別瞭解，但是「尼木事件」是翻不了的。我認爲是這樣。但其他一些地方本來是派性鬥爭，結果在處理上或者擴大化，或者把矛盾看得過重，這可能有，免不了會有的，這一點你可以看它是怎麼界定的，在寫的時候一定要把握它的準確性。自治區對這些事是有決定的。因爲這些事在文革後期對整個形勢的穩定很重要，兩派之間對這些問題的看法截然不同，直到現在還有人認爲怎麼著，可是我們要尊重客觀事實啊，不能從派性觀點出發，而是要看客觀事實產生的結果是什麼樣。最後如何定性，自治區是有說法的。

唯：不知道尼木縣裏有沒有當年拍的那些圖片？

尼：縣裏可能沒有。我在十年前還去過尼木縣，我問過，但沒有，因爲這是部隊掌握這些，是部隊拍攝的，搞展覽和宣傳教育等也是部隊搞的。當時縣裏已經處於癱瘓狀態，不會有。這些圖片應該在軍區，即使保留也應該在軍區。但這麼多年了，能不能把保管的工作做得好，我就不清楚了。當時軍區做這個事情的是群工處的雷處長，雷周旋（音），我們都叫他老雷。我是和老雷一塊兒去的，配合五十三師做宣傳工作，圖片都帶去了。那些圖片拍得很全，慘不忍睹。部隊戰士死得可慘了。當時除了圖片，屍體已經處理完了，埋在烈士陵園裏面了，不過被毀的房子還在，部隊住的房子全給燒了。現在那個烈士陵園還在，挺大的，墓地都有，山坡上種了不少樹。

唯：那麼，您如何看待軍隊在文革中的作用？

尼：軍隊在文革中起了一個非常重要的作用，這指的是對整個局勢的穩定。當時國家面臨政治上非常混亂、經濟上到了崩潰的邊緣。就西藏來講，是一個民族地區，而且地處邊疆，各方面都非常重要。但它的矛盾不同於內地那樣更多的是派性，而是十分複雜的，既有人民內部矛盾，也有敵我矛盾，這是歷史遺留下來的。這些矛盾在正常環境中沒有機會發泄，但在文革兩派鬥爭時期就跳了出來。這樣的階級報復，實際客觀證明，確實是這樣的，很多幹部的死都是屬於這種情況。在這種情況下，西藏的派性也陷入得比較深了，席捲也比較厲害了，在這麼複雜的情況下，能夠穩定局勢，沒有造成更大的破壞，沒有被階級敵人更多的利用，只有部隊能夠起這樣的作用。如果沒有解放軍竭力地穩定，像「尼木事件」這樣的事情肯定會在很多地方發生的，會蔓延的。很多不明眞相的群眾會攪和在這裏面，會上當受騙的。所以在很多關鍵的時候，部隊立下了汗馬的功勞。有時候，儘管「支一派壓一派」的現象有，一碗水不端平的現象有，但這不是主流，主流還是好的嘛。有些軍隊的成員或許做了這樣那樣的事情，但這不代表軍隊，只代表他個人。總之，軍隊對西藏整個局勢的穩定起了很大的作用。軍隊的介入是有利的。我是這麼看待的。因爲在當時，具有號召力、戰鬥力、組織紀律性很強的，也就是部隊了。

次仁玉珍

「那時候是秋天，風一吹，破碎的經書就和樹葉一起漫天亂飛」

次仁玉珍：女，藏人，我的母親，後藏日喀則人，出身領主代理人，一九五四年進拉薩的「西藏幹部學校」，自此參加工作，現已退休。

訪談時間：第一次，二〇〇一年九月二十四日下午
第二次，二〇〇一年九月二十五日下午

一九六五年九月十六日我和你的爸爸結婚。十一月初我下鄉去扎木農村搞「三教」。公安廳的「三教」點在扎木。我當時是西藏公安學校的老師。我在那裏待了差不多五個月。本來說是要待三年的，但都沒有待滿。我是因爲懷上了你，但在下鄉之前不知道自己懷孕了。

起先我被安排在專案組當翻譯，審查「三教」期間發現的那些對共產黨不滿的人，有問題的人，以及成分不好的領主、代理人等。我們這個專案組有三個人，一個是公安廳預審處的處

長，一個是大學生，做記錄的，我是翻譯。他們都是漢族。哪個地方有案子了我們就要騎馬去調查。經常要這麼跑。後來因爲我懷孕，可以不必在專案組工作，三個月後把我調去「四同戶」。現在想起來，其實那些被審查的人都窮得很，說是什麼農奴主，但窮得很，因爲「民主改革」已經結束了，已經是六五年了，那些農奴主早就被革命得乾乾淨淨了。「四同戶」就是和群眾「同吃、同住、同勞動、同商量」。我被安排在一個村子裏的老百姓家裏住了兩個月。那裏生活苦得很，當時給我們供應的十五斤大米和十五斤麵粉都要交給老鄉。那老鄉是村裏最窮的，娃娃又多，我的三十斤糧食大家一起吃，幾頓就完了，然後就和他們天天吃那種很粗的麵粉做的餅子。不過那家老媽媽對我很好，他們那裏酥油少，豬養的多，她每天上山勞動前，都要在我的餅子上面放一塊煮熟了的肥豬肉，還總說，拉薩來的姑娘可憐啊。那時候，我二十二歲。

後來處長來看我，我說生活太苦了要求回拉薩。當時的規定是如果懷孕須八個月才能請假回去。而我才六個多月。不過處長幫忙，給我向團部寫了一個證明，說我懷孕已經八個月了。這樣我就辦了手續，返回拉薩了。可沒想到拉薩已經大變了。那時是一九六六年的五月，文化大革命剛開始。我們在鄉下那麼久，一點兒也不知道拉薩會發生那麼大的變化。

我說過，我當時是公安學校的老師，這個學校也就是今天西藏警察學校的前身。一九六四年，我從中央政法幹校畢業以後就被分配到這裏當老師，一是教那些從農村招收的、一句漢語也不會的區特派員班的學員學漢語，一是教從部隊轉業的勞教班的漢族學員學簡單的藏語。學校的老師大多是漢族，有些是從內地來的大學生。藏族老師不多，從政法幹校來的除了我，還有一個協理員，叫歐珠，後來當了這個學校的校長。學生都在這幾個班學習：行政班、幹部班、區特派員班和勞教班。勞教班全是漢族，是從部隊上轉業下來管犯人的，所以要學藏語，所學的教材也都是跟這些有關的，其他班全是藏族。

我們這個學校在「尺」，就是三〇八炮團往上去的山溝裏一個叫做「尺覺林」的寺廟，據說那個寺廟在五九年「叛亂」時候「參叛」，被鎮壓以後就把寺廟改作公安學校。我剛去那裏的時候已經是空空蕩蕩的了，一個佛像也沒有，可能是「民改」被砸完了，只有房子還在，也有些卡墊。寺廟挺大的。老師都在樓上住，學生住在樓下，教室也設在佛堂裏。我結婚前也住在那裏，結婚後周末可以回軍區，那時候很嚴格的。

我回到學校的第一個感受是驚訝，也有點害怕。怎麼短短幾個月就變成了這個樣子？跟我們去「三教」之前一點兒也不一樣了。到處都是大字報，學生根本不上課，天天敲鑼打鼓地去拉薩開會，老師全都靠邊站，校長和書記挨批鬥。我們的校長叫瞿雄言（音）。書記叫王林慶（音），是上海公安局的副局長，援藏到拉薩後是公安廳副廳長兼公安學校的黨委書記。這以前，一說到王書記，真的是不得了的了不得，平時來回都坐小臥車，所有人對他都很尊敬。可現在，學校裏鋪天蓋地的大字報上寫滿了「走資派王林慶你要老實交代」，「瞿雄言是正在走的走資派」，再也沒有人稱呼他們「王書記」、「瞿校長」了，都是被直呼其名的，氣洶洶的，我聽到了心都在跳。

更好笑的是，爲了表示他們低頭認罪，還要對革命群眾畢恭畢敬，比如他們平時都叫我「次仁玉珍」，但現在得叫我「老次」。歐珠老師被喊做「老歐」。他們兩個除了挨鬥，還被安排去餵豬、劈柴火、掃食堂和廁所，還戴個爛草帽。不久我們學校成立了革命群眾組織，學校的公章也被群眾組織奪權奪走了。領頭的是幾個剛畢業進藏工作的大學生，是北京來的，權都在他們手中。記得其中有一個姓馬的，小馬，最積極也最厲害，當然他也被叫做「老馬」了。

我對王書記的印象很深。因爲公安廳讓我參加「三教」工作組下鄉之前，他還說過，她剛結婚，而且她去的話，沒有老師教藏文。他幫我說過很多話。所以我覺得他很好，後來他悄悄地讓我幫他從軍區的郵箱寄信到上海家裏，我幫過他。

文革前有一個「三百三」的政策。什麼意思呢？指的是從全國公安系統支援三百三十人到西藏公安系統，其中三百人是縣級幹部，三十人是地專級，我們學校分了兩個人。一個是書記，還有一個是教導主任，也是上海調來的，他人挺好，但這時也在挨鬥。批鬥他們的地方是在過去一個很大的經堂裏面。

當然還有比他們職務更高的人也在挨鬥。當時我們三天兩頭要去公安廳開會，公安廳的廳長叫智澤民（音），副廳長叫高立業（音）。爲什麼我到現在都記得他們的名字呢？就是因爲每次大會上都要高喊「把走資本主義道路的當權派智澤民帶進來」，「把走資本主義道路的當權派高立業帶進來」，接著這兩人就被幾個人架著飛跑進來。他倆以前都很胖，現在瘦下來了，臉上的皮都掛下來了，被這麼拖著進場的時候，臉上的肉都在抖，然後就是又揭發又打罵，哎呀，鬥得不得了，我第一次看見的時候簡直嚇壞了。

我參加的批鬥會不算多，因爲沒多久就生你了。我從來沒有去鬥過人，只是跟著喊口號。我的心裏覺得不可理解，這是怎麼回事呢？我不像其他人，他們都是一直參加各種運動過來的，先是寫大字報，然後辯論，接著開批鬥會。而我在鄉下搞「三教」，一回來感覺是到了另一個世界，很難接受。

所以他們就給我做工作，說你本來家庭成分就不好，這次一定要站穩立場，對那些走資派不能有同情心，這是兩條路線的鬥爭。尤其是後來成立了兩派，這邊也給我做工作，那邊也要拉我進去，我自己心想，「大聯指」是同情當權派的，而「造總」是鬥當權派的，「大聯指」對當權派不凶，對我這種人也不凶，不像「造總」總是很強調我的出身，好像我不是革命陣營裏的人。另外你爸爸也是支持「大聯指」觀點的，這對我也有影響。

當時我們學校的一個組織叫「萌芽戰鬥組織」，屬於「大聯指」觀點，我就加入了這個組織，開過幾次會，讀過幾次報紙，但不久軍區下了一個通知，意思是凡軍人和軍人家屬不得參加兩派中任何一個組織，這樣我就寫了一個小小的聲明，表示我退出「萌芽」組織的願望，然後貼在食堂的窗戶上，所有人都看得見。那時候在窗戶上貼聲明的人很多，一會兒加入這個組織，一會兒退出那個組織，都這麼幹。從那以後我再也沒有參加過任何組織，再說不久我就生你了，住在軍區院子裏，也不用去上班，有時候去單位上看一看，成了一個逍遙派。

說來也好笑，那時候任何上班都沒有了，也用不著上班，學校裏的各個專區的學生也讓他們都回去了，不過工資倒還是有的。除了挨鬥的人，每個人都在鬧革命。每天不是這裏開會就是那裏開會，「咚咚咣，咚咚咣」的，到處都在敲鑼打鼓，滿街上都是宣傳車和大喇叭。大字報，大辯論，還有一個大什麼。那些人的口才都好得很。你說你有道理，我說我有道理。都在說造反有理。起先天天都在打嘴巴仗。兩個廣播宣傳車就在大街上對峙著辯論個沒完。

七月的一天生下你了。是在軍區總醫院生的。當時我的隔壁是有名的女活佛多吉帕姆，她也在生孩子。她很受照顧，住一間單間病房。還很保密的樣子。我去醫院的當晚就生了你，第二天就出院回家了。你爸爸高興得一晚上睡不著。那時候供應差得很，文化大革命什麼都沒有，產婦只有二十五個雞蛋和一隻小小的雞，還有兩三斤酥油和兩三斤紅糖，憑出生證可以買到這麼多東西。你爸爸就把雞掛在門上，一會兒拔雞毛，一會兒盯著你看，很激動。後來我們找到了一個保姆，阿佳益西，她很會帶孩子，我除了給你餵奶沒什麼事情可做，天天待在家裏，只有領工資的時候去一趟單位。那時候我的工資是四十八元。因為是從中央政法幹校畢業的，工資還算高。

有一件事情給我的印象很深。有一天我去你澤仁叔叔家送東西，那是我生了你以後第一次出門。從軍區後門的堯西朗頓家到帕廓街東邊的魯布汽車站，一直到攝影站的一路上，不知道是不是又在砸大昭寺還是砸附近的幾個佛殿，過去放在寺院裏的經書被扔得滿街都是，地上撒滿了經書，一頁頁，比樹葉還多，走在上面發出「嚓、嚓」的聲響。我心裏還是有點害怕，覺得踩經書是有罪孽的，可是沒辦法呀，地上全是經書沒法不踩上，躲也躲不過。我的心裏很不舒服，想著人們怎麼連經書都敢踩呀，車也從經書上面碾過，那些經書已經又髒又破。那時候是秋天，風一吹，破碎的經書就和樹葉一起漫天亂飛。這件事情給我的印象實在太深了。

那時候要「破四舊」、「立四新」，家裏連花一點的床單、窗簾都不能有。我們家裏有一個很好看的枱燈，是你爸爸從北京帶回來的，一個像古代仙女一樣的瓷瓶，電線從瓶口伸出來，很好看，可是你澤仁叔叔說這個是「四舊」，一定要砸爛，不然的話，他說你爸爸的父親當過國民黨的縣科長，說我自己的成分也不好，如果以後抄家抄到你們頭上，看見這個「四舊」就不好了。這樣你爸爸就把枱燈砸碎了，使勁砸了好多下才碎的。澤仁叔叔家有一對古色古香的花瓶，他也說是「四舊」讓保姆拿去扔到河裏，可沒想到保姆捨不得扔，自己把花瓶留下了，許多年後央京阿姨還指著保姆家桌子上擺著的這對花瓶，很惋惜地說，這以前是我們家裏的。

文革剛開始的時候，你爸爸和所有人一樣都很激動。他充滿了熱情，每天都忙得很，常常出去拍照片，騎著車，掛著兩個相機。常常都是很晚才回來，有時候我們都已經睡覺了。他很熱愛毛主席，六八年毛主席接見全軍團以上幹部時他去北京見毛主席，還給我、給你在德格的爺爺、給他在阿壩的妹妹都發了電報，告訴我們他見到毛主席的特大喜訊。他還會刻「忠」字，我們在德格休假的時候，他專門買了刻刀和紅紙，刻了很大的「忠」字貼在牆上，兩邊是用藏漢文刻的「保衛毛主席」。

那時候你爸爸總是掛著個相機到處跑，也不完全是工作需要，因爲他是聯絡部邊防科的副科長，又不是攝影記者，不過他喜歡拍照。記得你剛生不久，有次你爸爸回家對我說，今天紅衛兵在砸大昭寺。還說，雖然紅衛兵裏面也有不少漢族，但其中用鋤頭挖金頂的、砸佛像的都是拉薩的藏族青年最多，而且特別積極，喊都喊不下來。我記得他的表情並不高興。他也拍了這些照片，我看見過。你澤仁叔叔後來說過，當時紅衛兵砸大昭寺，你爸爸還有一塊兒去的軍區裏的人制止了他們。你「恩尼拉」（姑姑）也說過，她曾經聽你爸爸的戰友多吉平措說，你爸爸在軍區的會上說過，像大昭寺這樣的地方是不能砸的，應該把門關上保護起來，這是西藏的文化，將來需要。你恩尼拉還說這話不說就好了，說了後對你爸爸產生了不好的影響，所以他後來挨整也有這個原因。不過我不知道是不是這樣，我沒有聽你爸爸對我說過。

又有一次你爸爸把洗了的照片給我看，我居然在批鬥「牛鬼蛇神」的照片上看到了女活佛桑頂・多吉帕姆。我簡直不敢相信自己的眼睛，前不久我們還在同一個醫院裏生孩子，她還受到很特殊的照顧，怎麼會落到了這個地步？她不是「棄暗投明」（指的是一九五九年「叛亂」之後，十九歲的女活佛也逃往印度，但在大吉嶺羈留數月之後又返回西藏）的「愛國上層人士」

嗎？要知道她生孩子可能還沒滿月呢。我們都是產婦，我這個產婦是在家裏坐月子，可她這個產婦卻被拖去批鬥遊街，身上穿著過去的袈裟，手上抱著剝削階級的罪證，實在是可憐啊。我還聽你爸爸說過，帕巴拉也被鬥過。

至於縣以上的幹部也是通通靠邊站。有些人被當作「黑幫」幾乎天天挨鬥，像洛旺叔叔他是商業局的局長，臉上被塗些黑顏色，手裏拿著個鑼，一邊遊街一邊還要自己喊：「我是走資派」。不過他們不算「牛鬼蛇神」，多吉帕姆和那些「三大領主」才是「牛鬼蛇神」。一般情況下，先鬥「牛鬼蛇神」，這一批人鬥完了，接著鬥「當權派」。我還在帕廓街上看見過洛旺叔叔被押著遊街。後來他說剛開始這麼做的時候很害羞，不過一想只要不挨鬥不挨打這麼喊幾句話也沒什麼關係。

那時候你爸爸已經在軍管會了。當時軍隊裏也分成兩派，政治部、司令部、聯絡部都有兩派。一派是「造總」，一派是「大聯指」。雖然後來軍隊有令不准參加地方上的組織，但在觀點上都是有很明顯的傾向的，互相之間也有聯繫。一般來說，資歷長的幹部大多是支持「大聯指」的，年輕的幹部基本上是支持「造總」的。像聯絡部有些是剛從內地院校畢業的外語人才，會說英語的，印度語的，尼泊爾語的，男女都有，他們就是「造總」觀點。你爸爸以及那些十八軍進藏的是「大聯指」觀點。

軍隊自己也靠揪鬥。也有人被衝擊。聯絡部有個姓王的副部長，是十八軍進藏來的，他的家庭出身是地主。記得我和你爸爸結婚，最初軍區不同意，還是多虧這個王部長說，有什麼嘛，她出身不好，但從小就參加革命，後來還在中央政法幹校學習了五年，爲什麼不能跟我們的同志結婚？然後他就批准了我們結婚。如果不是他，可能我和你爸爸還結不了婚。文革一開始他就被軍隊內部的人衝擊了，原因好像是他的成分不好，他想不通，就上吊自殺了。當時聯絡部不在軍區大院裏，在緊挨著軍區的一個舊貴族朗頓還是擦絨的宅院裏面，是幢藏式的樓房。他就把自己吊死在樓上的一間屋子裏。後來就把他隨便埋在拉薩河附近的一個山坡上。因爲他是自殺，等於就是自絕於黨和人民，就是叛徒、反革命。不過自殺的原因一直沒有公開過。實際上他是一個老革命，什麼問題也沒有，直到文革結束才給他平反了（據說這個副部長叫王廷彥，於一九六七年四月或五月間自殺，自殺的原因不清楚，好像跟在海外的關係有關）。這件事情給你爸爸的刺激很大，他一說起就覺得很惋惜，同時也堅定了他支持「大聯指」的決心，因爲「大聯指」就是保皇派嘛。

文革時候軍區也奇怪得很。先是支持「大聯指」，所以像你爸爸他們「大聯指」觀點的軍人都被派去軍管會。當時地方上所有的機構都已經癱瘓了，從區黨委到各級黨委組織都已經癱瘓了。所有人都可以不上班，除了開會就是開會。但是革命還要生產嘛，所以軍管會就是代替這些組織來管理所有工作的。軍管會設在現在的迎賓館裏面，最初派去的都是「大聯指」觀點的軍人，大概有一兩百人，分成許多組，像宣傳組、生產組等等。你爸爸是宣傳組的，掛著相機天天到處跑，又拍照還要給報紙寫點東西。那時候兩派都有很多報紙，「大聯指」的《風雷激戰報》，造總的《紅色造反報》，好像都是報社印刷的，因爲報社工人也分成兩派了，你幹你的，我幹我的。許多組織還有自己的油印小報。另外軍區也有報紙，叫《高原戰士報》。

軍管會還有一輛廣播宣傳車，你爸爸也經常在上面。那是一輛什麼樣的廣播宣傳車呢？是「中印反擊戰」（指的是一九六二年發生在西藏與印度邊境的中印戰爭）的時候，在邊界上對印軍搞宣傳的車。那個喇叭，只要對著它說話，幾十公里都聽得清清楚楚。軍區大門口也裝了一個，人從下面走過，都會被那聲音給震得快要飄起來。那麼大的聲音，不要說整個拉薩市，可能在堆龍德慶縣也聽得見。廣播裏一會兒是毛主席的最高指示，一會兒宣傳中央文革的精神，一會兒是語錄歌，耳朵都要震聾了。

因爲軍管會是支持「大聯指」的，所以群眾支持「大聯指」的也多起來了。從總體來說，黨政機關裏面「大聯指」的人較多，「造總」更多的分布在企業、學校等單位。拉薩的老百姓也不知道當時是怎麼謀生的，也不幹活，也不做生意，天天忙著開會，那些老太婆就像今天轉經一樣積極，可能也是出於害怕吧，從上面到居委會一層層地壓下來，不得不去吧。

記得當時在文化宮有一個很大的集會，起先「造總」的人很多，而且因爲從內地來串聯的紅衛兵都是支持「造總」的，吸引了拉薩的很多老百姓。「大聯指」和「造總」分別各坐一邊，在集會上兩派開始辯論。「大聯指」說張國華他們都是好人，不能打倒。「造總」則說張國華他們是走資本主義的當權派，要打倒。結果群眾一聽就炸開了鍋，說哦喲，張國華他們是爲了解放西藏進藏的，難道連他們都要打倒嗎？這個組織肯定不是個好組織。還說當權派裏面肯定有壞人，像那個周仁山，但是張國華他們這些人是「金珠瑪米」，怎麼能夠打倒呢？老百姓其實對當官的沒有多少認識，更不知道裏面的內幕，但周仁山是地方上的當權派，而張國華是軍隊上的，只要是「金珠瑪米」就是好人，老百姓就這麼認爲，所以呼啦一下子，大部分群眾都提著凳子跑到「大聯指」一邊去了，「大聯指」的隊伍一下子壯大了很多。

那時候我們學校也派了軍代表，所有人都要去學習，一周裏兩三次吧，我也不能在家裏待著了。那幾個軍代表凶得很，排長連長之類，要組織我們學習，要集合起來軍訓，還要挨個點名。那時候我已經改名字了。當時要求人人改名字，說藏族人的名字都屬於「四舊」，有封建迷信的色彩，必須改名換姓。我們是由公安廳統一改名字的，每個人的新名字都要上報政治部批准，不是姓毛就是姓林，有的就叫高原紅。自己改名也可以，但得報上去批准才行。我先選了一個名字叫毛衛華，但公安廳裏已經有人叫毛衛華，我想漢族名字裏也有叫玉珍的，幹脆我就叫林玉珍吧，跟林副統帥一個姓。可是雖說要求新名字都得用，但除了軍代表點名平時都沒人喊，好多人都忘記了。我的一個同事小達娃叫高原紅，但每次點她的新名字她都沒反應，我們就趕緊捅她「達娃拉，在叫你呢」，她才慌不疊地連聲說「到、到、到」。想起來簡直好笑又好氣。那時候的人都跟瘋了一樣。真的，文革時候人都瘋了，半夜三更說要去遊行，「噌」就走了，全都跑去遊行，敲鑼打鼓，使勁喊口號，精神還好得不得了。

那時候隨時都要唸毛主席語錄，從軍區大門進出，必須得跟站崗的士兵一問一答，答不出語錄就不能進去或者出來。比如他先唸半截「馬克思主義的道理千條萬條」，你就得答下半截「歸根結底就是一句話：造反有理」。那些當兵的都很厲害，背得了大段大段的不常用的語錄，他突然抽一段問你，你根本就答不出來，只好被擋在門外。毛主席的語錄還被翻譯成了藏文，別說城裏的居民，像你農村裏的白瑪姨姨——村裏的人都叫她是「江朱」（藏語：狼崽）——她都能背誦很多語錄，因爲背不出就會挨打。那時候每天都要「早請示」，「晚匯報」，跳「忠字舞」，忙得不亦樂乎的樣子。

不久我又懷了你妹妹，可是軍宣隊管得很嚴，我們除了學習，軍訓，還要參加勞動，把我們管得死死的，而且都不能住在單位外面，我只好帶著阿佳益西和你搬到學校裏來住了。我懷孕了也不准假，有一次勞動，把學校廁所裏的糞便運往農田當肥料撒，結果我在使鍬的時候力氣用大了，肚子突然疼得不行，結果你妹妹早產，才七個月，生下來才三斤，在總醫院的玻璃箱子裏還住了兩個月。這以後我又用不著怎麼上班了，一直到我們全家七〇年離開拉薩。

你妹妹是六七年九月生的。這時候拉薩已經武鬥了。兩派天天在打仗。你爸爸在軍管會的時候，還去大修廠和水泥廠這兩個「造總」最多的廠做過調解。勸他們不要武鬥，有什麼問題坐下來談，可是他們非但不聽，還把你爸爸和軍管會的其他人扣留了一夜。你爸爸當時就想今天完了，可能要在這裏被打死。但第二天又把他們放了。

那時候拉薩簡直太亂了。記得六八年我們休假帶你回德格，想不到走的那天拉薩發生了最大的武鬥事件，就是「六・七大昭寺事件」。不過我們走的時候是凌晨，天還沒有亮，可街上已經打起來了，從軍區到民航局的路上，我揹著你，你爸爸提著行李，子彈就在頭上「咻、咻」地飛，附近還有炮聲。我生怕哪一顆不長眼睛的子彈會要了你的命，我的心裏急得啊，不知道是該求菩薩保佑還是該求毛主席保佑。我們好不容易才走到了民航售票處，然後坐車去了機場。到成都時，成都的武鬥已經平息了，可是一個商店也不開，什麼東西都沒有，下午還早早地可街上連個人影都看不見。據說成都的武鬥很厲害，但我們去的時候已經停止了，可是拉薩的武鬥卻是正兇的時候，拉薩什麼事情都要比內地晚半拍，人家前腳走，他後腳才跟上來。我們到成都的當晚就聽說拉薩發生了「六・七大昭寺事件」，聽說死了十幾個人，傷的更多。聽說是解放軍開的槍。

後來不知道是怎麼回事，中央文革突然又支持「造總」了，軍管會裏凡是「大聯指」的人全部被撤回去了，換上了「造總」的人。當時「造總」在軍區的支持者是曾雍雅。「大聯指」最初得勢的時候，有一次軍管會在迎賓館批鬥曾雍雅，有個姓楊的人很兩面派，他是藏族，跟你爸爸一樣十八軍進藏的。他也是屬於「大聯指」陣營裏的，在大會上狠勁地批鬥曾雍雅，可大會一結束馬上端著牛奶去看曾雍雅，所以後來被提成了副司令員。你爸爸就不是這種人，鬥曾雍雅的時候他是把曾帶上臺的其中一個人，這也讓他後來吃了虧，曾一上臺像你爸爸這種「大聯指」的骨幹都挨整了。

他們先是弄到北京去學習，然後就不讓在軍區待下去了。去北京學習是一九六九年，凡軍區副團職以上的「大聯指」骨幹——那些「金桿」、「鐵桿」都被弄去北京辦學習班，天天讀報發言，要他們轉變思想，很多人都痛哭流涕地說我們錯了，要重新站隊，你爸爸和還有一些人根本不表態，每天睡覺，八個月後回到拉薩又白又胖。最有意思的是他們從拉薩去北京的那天早晨，因爲部隊和地方是有聯繫的，所以他們走的消息「大聯指」的群眾都知道了，結果從軍區門口到拉薩大橋全是來送行的人，敲鑼打鼓的，敬青稞酒的，獻哈達的，還有哭的，就好像他們是被抓進監獄一樣。我揹著你妹妹，阿佳益西揹著你也去送行，我本來沒有哭，可阿佳益西說我，別人都在哭，你還不哭，哦嘖。於是我也哭了。你爸爸當然心情很沈重，聯絡部的一個幹事洛布拉還抱著他大哭。當時那個場面很悲壯。

學習班結束以後，像楊那種轉變快的人仍然留在軍區了，但像你爸爸這種頑固分子不是勒令轉業就是要被下放到武裝部。你爸爸哪裏受過這種氣。他原來一直很紅的，十三歲參加十八軍，二十多歲就當了軍區聯絡部邊防科的副科長，是一個副團職幹部，五六年作爲唯一一個藏族軍人代表去北京參加國慶觀禮，六二年「中印反擊戰」中還立過功，像任榮、陰法唐、陳明義都瞭解他，看重他，可那時候他們不是靠邊站，就是不起作用了，因爲正是曾雍雅掌權的時候，他們也保不了你爸爸了。在找你爸爸談話時說讓他準備下基層，去地區裏縣上的武裝部工作。你爸爸是一個很好強的人，他不肯接受這種安排，說既然要讓我離開軍區去武裝部，我就回我老家的武裝部，但軍裝我是不會脫的。然後他寫了一份報告，表達了自己的這個想法，陳明義爲此就說他是揹著背包進藏的小鬼，他現在要回家鄉就讓他走吧。就這樣，當時被處理的一百多人都是「大聯指」的人，雖然過了一段時間，「大聯指」又重新占了上風，而且一直到今天，西藏絕大多數藏族當官的都是「大聯指」。實際上你爸爸的調動完全是文革當中的一個報復，不然的話，他會一直留在西藏軍區的。所以你爸爸後來對我說過，我也是文化大革命的犧牲品。

那時候公檢法也都癱瘓了，所有的公安幹部都要接受「鬥批改」的學習，然後抓一批「黑公安」出來。大部分人是去「松宗步校」學習，必須挨個過關，從頭頭到下屬，一個也不放過。有些人因爲過不了關想不通就自殺了。「松宗步校」在扎木，是解放軍的一個步兵學校。當時有個規定，凡是小孩兩歲以下的母親可以不去扎木，在拉薩的留宿組進行「鬥批改」。我正好屬於這種情況，就留在拉薩了。通過「鬥批改」，我知道像我這種成分不好的人，不是被淸除就是會下放到縣裏，所以你爸爸一說要走我也就同意了。就這樣，你爸爸帶著我們全家去了四川康區，當時我已經懷上了你弟弟。我沒想到這一走就走了整整二十年，一直到一九九〇年我們才重又回到拉薩。可是，才第二年年底，你爸爸就永遠離開了我們。這次他一個人走了，頭也不回的，走到另一個世界去了，我們只有在來世才能重逢了。

達瓦次仁

「在那時候，像信仰宗教一樣地信仰共產黨」

達瓦次仁：男，藏人，生於一九四五年。老家是日喀則地區定日縣，據說是貧困孤兒。一九六〇年代就讀於拉薩中學，一九六四年保送清華大學精密儀器系制〇一班學習，一九七〇年畢業。後爲西藏自治區布達拉宮管理處研究館員、西藏文聯書法家協會主席、西藏大學藏文系教授，並翻譯有佛學方面的著作。二〇〇二年病故。

過去我並不認識他，但在得知他是文化大革命初，最早從北京回到拉薩發動文革的紅衛兵之後，通過一一四電話查詢臺與他取得聯繫。我是在布達拉宮昔日演示宗教舞蹈、而今蜂擁各地遊客的「德央廈」（東歡樂廣場）見到他的。他很健談，滔滔不絕之時常常會激動，而我只是一位聽衆，這讓我覺得我對他的採訪似乎是他一直等待的傾訴。這之後，我們成爲朋友。最後一次見面是在北京和平里西藏招待所，他剛結束在日本的一個會議，準備去妻子的康巴家鄉休假，他興致勃勃地對我說，等回到拉薩，我們再好好地聊聊文革，可沒想到，數月後，我卻聽到了他因病去世的消息……

訪談時間：第一次，二〇〇一年六月十六日下午

第二次，二〇〇一年十月十二日中午

唯色（以下簡稱「唯」）：格拉（藏語：先生），想聽一聽你對文革的回顧，也就是你在文革的經歷，不知道你願不願意談。

達瓦次仁（以下簡稱「達」）：沒什麼，這都是歷史的東西。文化大革命是從六六年八月公布「十六條」以後正式開始的，搞了整整十年，一九七六年才結束。從發生的原因和這麼大的規模來看，今天有很多解釋。但是究其根本來說，它是一個很必然的東西，中國必然要經歷文化大革命，從某種角度來說，某個人的個人作用並不是起決定因素的。我個人認爲中國一定會發生這種事情。而且爲什麼會發生在中國而不是別的國家，是因爲這之前，中國已經有了很多運動，如五一年「三反五反」、五七年「反右」、五九年「反右傾」、六四年「四清」、「社教」運動，等等，所以文化大革命是這些運動的最高潮。再往前說，是與中國的傳統文化、傳統的思維方式等等有聯繫的。

文化大革命能夠這麼廣泛、深入，跟共產黨的威信和毛主席的絕對權威是有關的。共產黨在四九年以後成爲中國的執政黨，成爲領導中國人民的核心力量，所以在歷屆運動中，只要黨

指向哪裏，毛主席號召做什麼，大家都一定會跟著去做的。而這一點到現在從某種程度來說也這樣。西藏更是這樣，更能夠說明問題。五九年平息「叛亂」以後，接著「民主改革」，西藏人民得到翻身解放，人民對共產黨有很大的一種信仰，寄託了很大的希望，黨號召什麼就會做什麼，包括文化大革命時候，像砸寺廟還有把很多東西當作「四舊」來破壞，從老百姓來說，基本上可以這麼去做。當然儘管也有些人有疑慮或者抵觸，但這個運動本身勢不可擋，多數人都隨之參與進去了。像我們自己也是這樣。我們那時候年紀小，對這些東西是毫無疑問的，堅信不移的，因爲黨中央和毛主席說的話，當然是絕對正確的，而且都會積極行動起來的。

現在回頭看十年文革的整個過程，今天的人會覺得很多事情不可思議，但對當時的人來說沒什麼不可思議的，都捲進去了，都參與了，每個人都是其中一分子。現在有的人感覺有很多恩恩怨怨，實際上就像暴風雨來了，大家都被雨淋了，沒有一個不被雨淋的。只不過有個參與過程中的程度罷了，但不管分成什麼派，或者屬於哪一類分子，其實都是這樣的，而且都被一種共同的指導思想引導著，那就是共產黨和毛主席指示的方向和方針。直到七九年三中全會召開以後，尤其是進入八十年代以後，人們才逐漸有了自己的頭腦來思考問題、分析問題和判斷問題。

另外，藏民族本身是一個知恩報恩的民族。你對他施予一滴水，他眞的可以湧泉相報的。你眞誠待他一分，他就會十倍的對待你，在感情交換上，他所要付出的東西是很大很大的，絕對不會有保留。所以在那時候，像信仰宗教一樣地信仰共產黨。

因此，對於我們這些經歷了文化大革命的人來說，在中國、在西藏發生十年文革是必然的。而且，現在來看，以後一旦有了相似的條件和因素，還可能發生同樣的事情。即使達不到同樣的程度，也肯定具有一定的影響。這都很難說。所以，我們需要從每個人的角度來做自我批判、自我分析，不然的話，歷史很有可能重演。就像我們，雖然見識了也經歷了很多事情，按理說我們應該對很多問題看得更全面一些，但還是不，還是要用那種老辦法來對付。舉例來說，五七年的「反右」，針對的是知識分子，當時全黨都參與了這個運動，知識分子這個文化階層跟黨的由工農組成的主體有客觀的矛盾。接下來的運動則不斷的擴大化，直到文化大革命把所有的人都捲進去了，從上到下，無一漏掉。但是，事過境遷之後，卻沒有人去反思當初我們在這些運動上是不是有過激之處？不，這點沒有人去反思（這時我有短暫的時間沒有錄音，因為達瓦次仁說到了法輪功，他表示不要錄音。他的意思是先不說這個法輪功本身如何，但對法輪功採取的手段就是文化大革命那一套）。

所以我認為，從我們自己來說，最主要的並不是當時個人的恩恩怨怨，還是要多想一想，為什麼自己會捲進去？為什麼自己會成為一個積極的參與者？或者說，——其實我們算不得什麼，我們啥都不是。（達瓦次仁突然很激動）小布丁一個，什麼都不是，我們。（我說，是啊，你們那時太年輕了，但他的語氣更激烈）不不，就算我們是年紀大的人，也是小兵一個，都是裏進去的。（接著他的語氣又平緩下來）但是就我們自己來說，應該嚴格看待這個事情，爲什麼會這樣？

實際上西藏在步子上基本跟全國是一樣的，尤其是五九年以後，在西藏發生的所有的事情跟全國是一致的，沒有什麼不同的，左右曲折我們都經歷了，因此我們有時候在回顧上不承認不行，不承認我們有過這樣的經歷不行，這也就是說，全中國到處都經歷了很大的挫折，偏偏西藏沒有，偏偏西藏在這幾十年裏一直都是欣欣向榮的，這可能嗎？！包括在對待西藏傳統文化和態度上，時而這樣，時而那樣，不就是那樣一種反映嗎？（我開始發覺達瓦次仁是個說話含蓄的人，他的許多話其實都有所指，比如這番話，我認爲他指的是西藏從來沒有清算過文革這件事。）

另外，之所以有那麼多的文化古蹟被破壞，實際上跟我們民族的文化素質和文化水平有關係。這從客觀上看得出來，文化比較發達的中心城市，一般來說不會有太大的破壞，可越是偏僻的地方越是破壞得徹底，這就說明跟我們的素質有關。而這一點，我們必須要有認識。這麼多寺院，大多都是我們自己的那些基層的積極分子，一個比一個積極地去砸的。唉，砸的時候特別積極。當時誰敢阻攔嘛，誰敢這麼說，不要砸了，這是文物古蹟，連這個觀念都沒有。而且即使這麼說了，馬上就會有人說你是保護「四舊」，那不得了啊，肯定會遭到很大的打擊的。因此，要提高整個民族的文化素質和水平確實是很重要的。

當然也不是說只要發達的地方就保護得好。比如現在內地的一些地方，經濟利益第一，結果文化大革命沒有破壞得了的，後來發展經濟的時候把這推倒那推平的不也很多嗎？就像北京很明顯，說是黨中央的所在地，但舊城沒有留下來。中國的七大古都，完完整整的留下來的沒有嘛。這也跟從上到下的文化素質有關係的。江澤民總書記老說我們黨是先進文化的代表者，但沒有做到這一點嘛，眞的是這樣的。

所以我考慮最多的還是我們民族的整體文化素質比較低，這文化素質低了，對傳統的東西說砸就砸，一會兒又哄起來了，像現在有些地方的寺院又搞得太過分了。我對你說句老實話，有的地方確實過分，僧人的人數增加很厲害，西藏還可以，但像康區有些寺院，人數很多，良莠不分，實際上有幾個正兒八經學經的人很值得考慮。眞正修行的其實只占少數，僧人當中連基本的戒律不懂的也有啊，假活佛、假僧人遍地都是，有幾個眞正對佛學有研究的人？眞正身體力行佛法的又有多少？這都很不好說。

總而言之，就西藏的文化大革命來說，具體的很多事情我也不是很清楚，整體來說，大家都捲進去了，都是參與者，都是受害者。

唯：你現在對傳統文化如此關注和研究，是不是在對文革反思的過程中產生的？

達：也不一定是這樣，因爲這些問題從來都是要思考的。當然對傳統文化來說，我們都有一個認識的過程，比如我是上過大學的，按理說上過大學的，知識面要廣一些，對很多問題的看法要全面一些，但我畢業的時候，對傳統文化基本上抱著民族虛無主義的態度，認爲藏族的傳統文化沒什麼東西，其實這恰恰說明我們不知道，不瞭解，是一個無知者，而無知者什麼都敢下結論。對一個文化的價值的認識首先應該是瞭解它，不瞭解就會想當然地下結論。就跟小孩子看見天上的月亮以爲是一個大餅子一樣，一旦掌握了知識就會知道那是一個星球。

今天也有這麼一種看法，認爲西藏一千多年來停滯不前的原因，在於傳統文化，在於宗教，認爲藏族在信仰佛教以後就每況愈下，這甚至是很普遍的一種看法。外界也有這樣的觀點，認爲基督教和天主教所在的地方都是發展的，富裕的，佛教所在的地方都是落後的，諸如此類。因此就我們自己來說，是不是眞正的能夠在內心裏自己說服自己，而不是一種沒有道理的偏愛或者傾向呢？是不是眞正的認識到了傳統文化的價值？這恰恰是我們大多數人在認識上還沒有完全得以解決的。

對於我們民族的傳統文化，不管別人怎麼說，我們自己首先要面對它，認識它，深入地瞭解它，才能夠掂量出它的份量，也就能夠在分辨什麼是精華和糟粕的基礎上，做到「取其精華，去其糟粕」。僅僅是粗粗地瞭解是不夠的。

藏族的傳統文化是以佛教作爲主導思想的，它的價值對於人類是很有用的。人類所要解決的問題中，包括了衣食住行的物資生活方面的問題，重要的是內心的休養和調理這種精神問題，而最重要、最需要關注的是生命最終的歸宿。另外，人在社會上生存如何擺正自己的位置，如何在與自然和同類相處時保持一個良好的關係等等，佛教文化都有其獨到的見解。而這些見解對於當今社會的狀況其實是很有價值的。

藏族在幾千年來，特別是自圖伯特時代傳入佛教文化以來，形成了比較好的社會倫理道德觀念，形成了比較好的傳統。如果我們概括藏族文化的內涵有這麼幾個：利他，律己，忍辱，尙智。而藏族基本的表現形式是：心地善良，富有同情心，就像我們平常最常說的「Ning jie」這個詞，在漢語中無法找到一個確切的翻譯，這意思裏有憐憫、難爲情，有時也可以指漂亮，是小孩子的那種漂亮。它不能簡單地翻譯爲可憐，因爲這裏沒有站在高人一等的角度去施捨同情給別人的意思，而是把別人的痛苦看成是自己的痛苦的那樣一種感同身受的感覺。而且這種同情心是不分民族、不分地域甚至不分人和動物，凡是生命都一視同仁。這也就是藏族的特徵。這世界上有些人群可以做到漠視他人的不幸，但我們不行，我們是絕不能漠視的……

唯：可是文化大革命的時候，爲什麼這些東西都消失了？

達：噢。這是在客觀上有這樣的表現，但還是不會走極端，做得很過分。有一些人就沒法了，他天生就沒有人性。但很多人內心中，我相信還是會有那種感覺，在看見那些被整的、被批鬥的人還是會覺得不幸，而不會去做那種投石下井的事情。怎麼說呢？這個東西是很微妙的事情，特別微妙。

唯：你的意思是不是說，比如在文化大革命那種很特殊的環境裏，西藏和內地相比，相對溫和呢?

達:是這樣。像那些高僧活佛受到批判了,晚上還有人給他送吃的嘛。怎麼說呢?還是要保持一種中立的態度吧。

唯:這種情況多嗎?還是,只是比較個別的?

達:我給你這麼說吧,人是一種非常複雜的生物,人的內心和行爲往往是有很多不一致的。當時那種作法其實很多人並不贊成的,但是沒有辦法啊。

唯:那是一種什麼樣的心理狀態呢?

達:害怕嘛。而且勢不可擋。唉你別說了。人的一個最大的本能就是自我保護。這是最關鍵的。任何一個人他都有自我保護的能力。所以有些地方,相對來說,可能,大概,這也很難說……無論怎麼說,他從小生長的文化環境畢竟是不一樣的。如果是在沒有同情心的環境下長大的,他肯定是什麼事情都敢做的。但要是在一個經常唸叨「Ning jie,Ning jie」的環境下長大的人,他對其他生命是下不了手的。

唯:那麼,你覺得西藏的文革和內地比較有什麼特點?當然,形式上都是一樣的,都是毛澤東發動的文化大革命,與全國是一致的,但是它有沒有它的特殊性呢?

達:發生在西藏的文革絕不是孤立的事件,可以說每一步都與內地,尤其與北京有著密切的聯繫。事實上,在文革期間,北京怎麼說,西藏就怎麼說;北京怎麼做,西藏就怎麼做。

但是西藏最大的特點，在砸寺院、破壞舊的東西方面，比內地徹底。內地你看很多寺院啦舊的東西很多都保留下來了嘛。這是不是跟人的素質有關，還是怎麼回事，保留下來的很多嘛。可我們這裏，上千座寺院都被破壞了。全都被破壞了。

唯：但爲什麼會這樣呢？既然說我們藏族有悠久的宗教傳統，而且全民信教，沒有文化的人也是從小就知道因果報應，有文化的人更不用說了，那爲什麼在文化大革命時候，即使是回應「破四舊」的號召，可爲什麼會表現得，就像格拉你剛才說的，比內地還要徹底呢？

達：一個是大趨勢。還有一個，說句不好聽，還是跟我們自己的文化素質有很大的關係。眞正的懂得佛教內涵的信徒是少數，多數人也只是會唸幾句而已。而且，千百年來，佛教的傳播主要還是靠社會的環境和家庭的環境這麼傳下來的，眞正的理論方面的東西在人們的心目中並沒有紮根。大多數都是文盲。都是文盲。那種基礎是很脆弱的又是根深柢固的。像那種因果報應的思想在潛意識裏存在，但在具體很多問題上，並不眞正理解，並不懂，所以也就很容易採取一個否定的態度，於是怎麼摧毀都可以。

唯：那麼，現在的話，是不是，還是一樣不懂？

達：多數人不懂。所以，還是會有這樣的可能，哪天什麼時候又來一場運動，說這個怎麼怎麼了，還會是一樣的結果。

唯：會嗎？

達：當然會。不是會不會的問題。肯定是這樣的。

唯：為什麼呢？

達：這個……（他想了一會兒）從佛教上來說，人都是被貪嗔癡所左右，無一例外。貪是什麼？私欲，貪欲，生存的願望。嗔就是一種好勝的心。癡就是不明事理，我們說最壞的就是不可理喻的那種狀況。其中貪是最關鍵的。這些跟人的本性有關。所有的藏族也都是這樣，只要是人都有這三毒。在我們的生活中被各種欲望扭曲的人多的是。任何時代都這樣。

唯：格拉，我們的話題繼續回到文革上吧。當時，你是什麼時候回到拉薩的？

達：八月還是九月，我們，……北京和外地的學生就陸續來了。……是六六年八月初。當時西藏這裏基本上沒有紅衛兵。全國正在搞「大串聯」（指文革初期紅衛兵被允許全國各地任意遊走進行造反的活動），就像北京的學生都要到全國各地去傳播文化大革命的種子。我們來了一些人。那時候有好多學校的學生都到這裏來了。就開始揭批自治區黨委……當時各單位，雖然沒什麼組織，但已經有一些大字報了。當時最主要的活動也就是貼大字報。我們就到各單位去看大字報。

唯：拉薩本地是何時有的紅衛兵呢？

達：拉薩本地的紅衛兵是什麼時間成立的？我不太清楚，反正自然而然的就有了紅衛兵。這也其實很簡單。北京在八月十八日毛主席正式接見了紅衛兵以後，全國各地都開始模仿，紅衛兵層出不窮。這以後，拉薩中學等學校也就有了紅衛兵。所以說，發生在西藏的文革絕不是孤立的事件，可以說每一步都與內地，尤其與北京有著密切的聯繫。事實上，在文革期間，北京怎麼說，西藏就怎麼說；北京怎麼做，西藏就怎麼做。

唯：那麼，你們回來的時間是八月？

達：對，是八月初。

唯：有多少人？

達：記不得了。陸陸續續很多。

唯：都是從北京來的？

達：是從北京來的。

唯：你們是怎麼來的？

達：我們坐火車到柳園（位於甘肅省，當時是青藏線上連接西藏與內地的一個很重要的中轉站，在此鎮設立有西藏辦事處），然後找汽車進來的。

唯：你們是怎麼想到要回來的？

達：當時我們都是要回到各自家鄉去的，要把文化大革命帶回去。湖南的回湖南，新疆的回新疆，西藏的回西藏。

唯：你們班上有幾個西藏的？

達：就我和另外一個年級的一個同學，還有在其他學校讀書的幾個西藏的學生，我們是一起回來的。

唯：清華的？

達：清華的是我和另外一個同學，還有師大的，其他的記不清楚了。我們是八月十八日以前出來的，那會兒在北京還沒有看見過紅衛兵。我們到拉薩以後，主要就是到各單位去看大字報。而且我們各學校是各自活動，也沒有什麼統一的組織，像什麼「首都紅衛兵」這樣的組織，也沒有統一的行動。我們只有在吃飯的時候才可以碰得到。

唯：你們來的時候，有沒有內地的學生？

達：我記得我們同時來的一批人好像算是最早的了。最多也就差個一兩天。我們是零零散散的。而且是自發的。想去就去，不想去就不去。

唯：有沒有組織進來的？

達：不清楚。

唯：漢族來的多不多？

達：剛開始來的基本都是藏族。漢族來的少。後來多了，但他們待的時間短。也沒有什麼很多的活動。其實大部分都是在內地、在北京上學的藏族學生。但也彼此沒有什麼聯繫。

唯：當時你們住在哪裏？

達：二所（第二招待所）嘛。就是統戰部前面的那個地方（也即堯西公館，藏語是「堯西達孜」）。也有今天來，過兩天就走的。我們待的時間長，我們待了兩個多月。

唯：二所是專門接待你們的嗎？

達：對，接待從全國各地來的紅衛兵。可能也有很少的一些旅客吧。

唯：是不是還有像北京航空學院來的紅衛兵？

達：有。但他們是後面來的。我們在的時候沒碰見。

唯：大概有多少內地紅衛兵呢？有沒有達到上千人？

達：沒有。沒有。我們在的時候大概有一兩百吧。但要說陸續來的，住上幾天就走的，這樣的挺多的，不過我估計都加起來也可能不到上千人。

唯：後來是不是紅衛兵來的就多了？

達：那可能多吧，不太清楚。我們在的時候，像西藏民院來的最多，中央民院來的也不少。他們還去鬥阿沛，只鬥了一次，阿沛就被弄到北京去了，再沒有回來。阿沛走的時候是十月份。

唯：那麼內地紅衛兵的作用是什麼？

達：主要也就是鼓動作用，尤其在最初。就是鼓動。我們來的目的也就是這個：鼓動。但具體的像成立什麼組織都跟我們沒有關係，再說我也不是什麼領頭的，我印象最深的也就是看大字報。

唯：辯論？

達（笑起來了）：也沒什麼可辯論的。這麼說吧，從五九年以後，我前面說過了，西藏的所有事情都是基本上跟全國是步調一致的。內地的學生到拉薩，也就是起鼓動的作用。而且在最初，這種鼓動確實起很大的作用。但具體如何組織，當地的人都有他們自己的想法。從年齡、經歷等方面，他們肯定是更適合的。

唯：那你們和拉薩的紅衛兵關係怎麼樣？他們的活動你們參加嗎？

達：哦，哦，他們的活動，像哪裏有什麼批判會我們有時候會參加。這樣說吧，那時候的整個活動是很鬆散的，一直到兩派形成以後才有了比較完整的指揮系統。但兩派形成時我已經離開拉薩了（注：其實並未離開），後來的情況也就不太清楚。不過認識其中的不少人，像陶長松陶老師我們早認識，他是我在拉中讀書時的老師。我是六三年從拉中畢業去讀清華的，陶老師早在六〇年就來拉中教書了。

他們的活動，像有時候批判誰，我們就參加一下。那時候是一種比較鬆散的狀況，又是自發的，反正吃了飯又不能待著，得活動唄。雖然我們互相接觸很多，但還是很鬆散。既不能說他們指揮我們，也不能說我們調動他們，總之是平行的關係。而且我們也領導不了他們，說句老實話，我們中間也沒有這樣的能人。也好像沒有什麼矛盾。

唯：其他活動呢？

達：有過徒步串聯，是去堆龍德慶這些比較近的地方，我們從新華書店要了一些書，去鄉村送書，正好是十一月份特別冷的時候（如果是十一月，達瓦次仁就在拉薩待了不止兩個多月）。

唯：你們有沒有參加過拉薩的「破四舊」？

達：沒參加。

唯：都沒有參加過？

達：說起「破四舊」，其實那時候我們就有看法，包括我自己就有看法。我認爲這是與「十六條」完全違背的。「十六條」說，整那些黨內的走資派，這說明重點是打擊走資派。我們要聽主席的話嘛。像重新批鬥那些「三大領主」（指舊西藏的貴族、上層僧侶和貴族代理人），我認爲他們都是早就被打倒了的，何必再揪出來呢？什麼政協裏面的什麼職務，那也是政策讓他們去政協的嘛。應該抓住鬥爭的方向嘛，走資派不抓，抓這些人有什麼意思。這是毛主席說的嗎？明顯是路線錯了，避重就輕。

對於「破四舊」也是因爲這種認識沒有參加，可以說，北京回來的人大都沒有參加。再說漢族也有忌諱，因爲那個時候民族觀念很強啊，民族政策的觀念，這個不能胡來啊。

我自己心裏還覺得這些都是文化古蹟，砸了幹什麼嘛？認爲那麼做是一種低等的、無聊的行爲。

唯：瞭解砸大昭寺的事情嗎？

達：我們在的時候大昭寺還沒有被砸（注：這不對，已經被拉中紅衛兵砸過了）。是六七年以後砸的，而且還是讓那些喇嘛去砸的，你們自己塑的「牛鬼蛇神」你們自己去砸。但具體過程我不清楚。但我們沒有去砸。真的我們沒有砸。

唯：那你瞭解本地的紅衛兵砸寺院的情況嗎？

達：很少，應該說很少。各地的寺院絕對不是紅衛兵去砸的，沒有那麼多的紅衛兵，當時沒幾個學校嘛。都是各地的那些積極分子領著去砸的。而且西藏可以戴紅袖章的人很多，居民，農民什麼的。

唯：是不是要把居民和農民紅衛兵和學生紅衛兵區分開來？

達：那當然。但悲劇也就在這裏。大家都去砸了，大家都參與了很多事情。文化大革命是「極左」路線的產物，給國家、民族帶來了深重的災難，有很多損失永遠是無法挽回的，這我們要承認。但不管你在當時是什麼樣的狀況參加的，每個人都要自我批判。可是，說到自我剖析，別人會以爲你是什麼主謀，其實算什麼嘛，你小兵一個。但我們自己不能這麼看，我們要認識自己的思想，要剖析自己。這也是我們藏族傳統文化中認爲的「自律」，矛頭永遠對準自己，一輩子都在剖析自己，而且莫說他人的過，甚至把別人的過錯當成自己的過錯。這是我們傳統文化的一個內容。

唯：你回北京以後做什麼呢？

達：還在清華。但學校也兩派鬥爭，吵得很，而且學校也停課鬧革命，我就搬到地質學院的一個西藏同學那裏去了。差不多待了一年多。我是學習工科的，但畢業以後從事的是跟社會科學有關的工作。我八十年代才調回拉薩。

阿旺次仁

「什麼樣的幹部路線，就會決定西藏往哪裏去」

阿旺次仁：男，藏人，文革前夕，他也就讀於清華大學精密儀器系，比達瓦次仁低一個年級，在文革初期與達瓦次仁一起返回拉薩。如今他是西藏社會科學院當代西藏研究所所長，曾與副所長陶長松在一個辦公室。我是徑自找上門去的。就我的文革話題，剛開始他不願意談，推辭說「記不清楚」，但在我提到達瓦次仁、陶長松之後，他和我聊了約兩個小時，但不同意錄音，所以以下記錄是我的記憶。

訪談時間：二〇〇三年二月十八日上午

阿旺次仁和達瓦次仁當時都是清華大學精密儀器系的學生，是清華大學僅有的兩個西藏的藏族學生。一九六六年八月，他倆返回拉薩，是從北京最早回來發動文革的紅衛兵。不過當他們在拉薩中學作動員報告時，看見校園裏從老師到學生大多已是臂帶袖章的紅衛兵，看來拉中紅衛兵的成立跟他倆沒有關係。他倆在讀清華大學之前都是拉中的學生，陶長松和謝方藝（時任學校團總支書記）都是教過他倆的老師，所以他們之間的聯繫比較密切。

據阿旺次仁說，大概是一九六六年九、十月份以後，有北京的紅衛兵「大串聯」來到拉薩。他依憑記憶，給我介紹了來拉薩鬧革命的內地幾個學校的紅衛兵，有北京八十中、清華大學、北京地質學院、北京航空學院、北京第二醫學院、北京大學、北京科技大學、北京師範學院、北京工業學院、哈爾濱軍事工程學院、內蒙古交通學校等，基本上都是漢族，陸陸續續的，人數與達瓦次仁說的差不多，全部加起來可能不到上千人。在這些學校裏，最多的是北京八十中的學生，有二十多人，也是一九六六年十一月衝擊西藏軍區最厲害的學生紅衛兵，他們因爲有宣傳車，在衝擊軍區時起了很大作用；其次是清華大學，有十幾個人，這跟他倆有關係。至於從中央民族學院和西藏民族學院返回西藏的學生就更多了，大多是藏族學生，也有部分其他民族的學生。這大概就是內地紅衛兵進藏的情況。

在包括他倆的內地紅衛兵待在拉薩的這段時間，兩派分化。據阿旺次仁說，北京的紅衛兵大部分支持「造總」，而且，北京的紅衛兵和拉中的紅衛兵還聯合成立了「造總」的精銳組織「專打土皇帝聯絡委員會」，把鬥爭的矛頭直接對準張國華。北京紅衛兵一概叫做「首都紅衛兵」，包括中央民族學院的許多學生。日後成爲作家並成爲西藏政協副主席的益希單增，當時是中央美院的學生，是「紅色造反團」的頭頭，屬於「造總」。

一九六七年二月之後，「造總」受挫，益希單增反戈一擊，加入「大聯指」。不久，西藏軍區要把這批「首都紅衛兵」全部遣送回去，一共四十多人，有清華大學、北京航空學院、中央民院等學校的學生，有漢族也有藏族。西藏軍區派了兩輛解放牌卡車，走的是川藏線，在經過瀘定時他們突然被扣押。據阿旺次仁說，扣押他們肯定跟西藏這邊有關係，是受西藏派性的牽連。這期間，他們向自己所在的各個學校發了電報，要求學校給他們寄糧票。一周之後，他們突然被帶到成都，然後獲准坐火車返回各自學校。

不久，中央下達平反造反派的「四一指示」，爲了表示對「造總」的支持，阿旺次仁和達瓦次仁又從北京返回拉薩，一起同行的還有不少漢族學生，其中包括名噪一時的紅衛兵司令蒯大富（當時清華大學的紅衛兵領袖）的兩個同學，一個叫沈有光，還有一個姓孔。在拉薩，他們參加了爲「造總」平反的大會，要求恢復被取消的「專打土皇帝聯絡委員會」。「專打」在拉薩這方的頭頭是陶長松和窮達，在北京這方的頭頭是一個叫聶聰的女老師，她是北京航空學院的輔導員，也是這個學校紅衛兵的頭頭，據說她現在美國。還有一個頭頭叫魏志平，是西藏民院的學生，「紅色造反團」的頭頭，現在好像在山西。這次，阿旺次仁和達瓦次仁待到了七八月份，才又返回學校。

有意思的是，文革結束後被關進秦城監獄、如今在深圳經商的蒯大富，居然認識他倆並且印象深刻。二〇〇三年，蒯與北京幾位學者聚會時，對其中在座的王力雄說，達瓦次仁是回拉薩發動文革的，當時一起去的還有清華大學的幾個漢族學生，後來達瓦次仁從拉薩回北京，還送給他一把「五四」手槍。這一饒有趣味的細節肯定發生在達瓦次仁和阿旺次仁第二次離開拉薩回到清華期間，不過我在採訪中並未聽達瓦次仁提及。但是阿旺次仁說，他倆是「造總」司令陶長松與蒯的聯繫人，進而溝通中央文革小組的渠道。

一九七〇年，阿旺次仁和達瓦次仁畢業，阿旺次仁回到拉薩，起先分配到機修廠工作。令阿旺次仁至今不滿的是，一是「造總」長期被「大聯指」壓制，他形容這是「一派專權」。他說當初他去機修廠報到時，工作組問他，「你是站在老大一邊，還是站在老二一邊？」其中「老大」指的是「大聯指」，「老二」是「造總」。阿旺次仁回答，他同情「造總」，但並沒有參加「造總」，從此以後他便遭到了「很多不公平的對待」。另外，阿旺次仁認為，兩派武鬥以及軍人專權帶來的後遺症極大，始終沒有得到解決，他說：「這是一個幹部路線的問題，什麼樣的幹部路線，就會決定西藏往哪裏去」。

韃瓦

「那一天，大昭寺只是表面被砸了，後來才是眞正的被毀了」

韃瓦（化名）：男，藏人，文革爆發時，是拉薩中學高六六級（一九六六年高中畢業）學生，也是學生紅衛兵的一個頭頭，參與拉薩紅衛兵的第一次革命行動——砸大昭寺，後爲「造總」下屬的「拉薩革命造反公社」負責人。現已從拉薩某機關單位退休。

我們初次見面，是在他的一位同學家裏。我帶去的上百張西藏文革的照片，讓他的同學激動得雙手發抖，立刻打電話叫來了他和另一個同學。他們都是五十多歲的人了。他們都對我講著文革的故事，以至我不知道該聽誰的好。每個人的講述都是充滿創痛的回憶，令我心潮起伏。後來，我多次單獨找過他們，做了詳細的錄音……

訪談時間：第一次，二〇〇二年六月十日上午
第二次，二〇〇二年六月十八日下午
第三次，二〇〇三年二月二十日下午

鞿瓦講述大昭寺是怎麼被砸的？

去大昭寺之前，已經有了紅衛兵司令部，設在文化宮裏面，現在是總工會的「職工之家」。當時司令部要求拉中和師校（西藏師範學校的簡稱）各派一個代表，我是拉中的代表，師校的是一個大個子學生，好像是後藏人，名字我忘記了。軍區的幾個頭頭，像任榮、曾雍雅，好像也是司令部的成員。自治區的領導也參加的有。當時宣傳處的一個處長，好像姓潘，潘處長，由他負責。從文革一開始這個司令部就有了。司令好像不是陶長松，可能是謝方藝，我記不清了。

前一天晚上，司令部在拉中根據上面的意圖開了會。這個「上面」是自治區，但到底是誰下的這個指示我就不清楚了。說第二天要去帕廓街（一九五〇年代以後寫成「八角街」，故居委會、派出所等至今寫成「八角街居委會」、「八角街派出所」）搞宣傳，居委會的群眾也要參加。但也說了不准動手，不要砸什麼東西。當時沒說要砸大昭寺的，只是說要去搞宣傳。這都說得好好的。第二天早上，天不亮就來了好多居委會的人，城關區下面所有居委會的青年人都到拉中來了，差不多一百多人。先是開會，集合，排隊，然後統一從拉中出發的。全校師生加上新生可能有七百多人，總共加起來肯定有上千人。記得出發時太陽很大，路上一邊走一邊呼口號。到了大昭寺南邊的「松卻繞瓦」（大昭寺講經場）就演出，搞宣傳，然後開大會。謝老師在臺上講話，好像還沒有講完，突然就亂起來了。擡頭一看，這大昭寺的樓上出現了好多人，好像都是居委會的群眾，我後來還聽說過，有些人還是各縣來的積極分子。究竟怎麼回事反正不知道，反正都是老百姓，拿著十字鎬、洋鍬什麼的，也不知道從哪裏鑽出來的。我們不是在這樓下的講經場嗎？這牆上都有壁畫，居委會的幾個年輕人，提著十字鎬衝上來就挖壁畫，敲掉了一大塊。我們幾個還說他們，你們怎麼挖壁畫？但沒人聽。就在說話時，樓上已經有人把金頂挖下來了，正往下扔。這下子下面也就亂套了。這一亂就散了，全都散開了，我們也沒有辦法指揮了，人都往大昭寺方向跑去，我也跟著跑，但大昭寺的正門關了，轉了一圈，就轉到東邊挨著「木如寧巴」（一座叫木如的小寺院）的那個門，一看正開著，就進去了。

進了大昭寺以後，到處都有人，什麼樣的人都有。有些人就是帕廓居委會的老百姓。都是年輕人。不少積極分子都喜歡出風頭。其中還有不少漢族。我記得在「松卻繞瓦」時沒看到漢族，但是大昭寺裏有。可能是「三教工作團」（一九六三年九月，西藏開展以階級教育爲重，包括愛國主義教育和社會主義前途教育的「三大教育」運動，派出眾多幹部組成工作團派往各地乃至農村和牧區長達數年）。好像有這個工作團，不過我們沒有接觸，他們早就在裏面了。我還看見有人在拍電影。就是現在廣播電視廳的一個副廳長，叫米瑪次仁的，就他和幾個人。他們是電影學院出來的。當時他們穿軍裝。

我跑到金頂上去了。我們的一個同學過來對我說，現在有點不對頭哦，有的人專門在拿金銀財寶。我第一個念頭就是這些東西都是國家的，至於是不是文物，當時還沒有這樣的想法，但總感覺這是國家的財產，所以我馬上就開始布置了，從樓上一直到樓下都安排了我們同學站崗，要求他們盯住，不讓人隨便進裏面，誰也不准拿東西。我看見有一個老頭，是一個居民，他手裏拿著一頂佛像頭上戴著的帽子正想走。那帽子全是純金和寶石做的。我就問他，你幹什麼？他慌慌張張地說，這是「四舊」，我要扔出去。我就說，你放在這地上，不許扔。他只好放在地上走了。大昭寺主殿旁邊不是有一個「卓瑪拉康」（度母殿）嗎？當時我們一個同學告訴我，「卓瑪拉康」門口聚集了一百多人，有漢族也有藏族，要「規尼拉」（管理佛殿的僧人）開門，「規尼啦」不幹，他們就威脅他，「規尼啦」有點害怕，就準備掏出鑰匙開門，我們同學制止了，說不能開門，因爲那裏面佛像多，金銀財寶也多。結果有幾個人，是藏族，就跟他吵，我們同學就說我是拉中的紅衛兵，這裏面的東西很珍貴，是國家的財產，你們不能隨便進去。他還專門對其中的漢族說，你們漢族不知道，這裏面都是國家的財產。於是那些漢族就走了。剩下大概幾十個藏族，一看不對頭也就走了。所以「卓瑪拉康」在那一天沒動成，保存下來了，但後來聽說還是被砸了。

當時「覺康」（釋迦牟尼佛殿）也沒有動。因爲「覺仁波切」跟前的鏈條門是鎖起來的，那些「規尼拉」不給鑰匙，那裏面也就沒有砸成。所以，後來有人說「覺仁波切」被拉中的紅衛兵用十字鎬砍過，雖然那天拉中幾乎所有的學生都去了大昭寺，但到底有沒有砍成，我不清楚，當時也沒有聽說過。其他那些確實被砸了，就跟這照片上一樣，看上去丟得到處都是。

因爲口渴，我就去了我哥哥那裏。我哥哥在大昭寺當喇嘛，他和幾個身體不好的老喇嘛還留在那，年紀小的已經走了。其實文革期間，寺廟裏面，好多僧人都不敢待了，離開了。像我哥哥，他從小在大昭寺出家爲僧，這時候也待不下去了，後來我想辦法把他接回居委會，沒再當喇嘛了。他們看見一個紅衛兵進屋很害怕，但一看是我又放心了。我喝了兩碗茶又出去了。那時候砸的已經差不多了，才來了上面的指示。記得是自治區的命令，說是讓漢族全部都撤出去，以免影響民族關係之類，結果這些漢族全都走了。接著宣布了總理的指示。可能是下午吧，整個過程就結束了，我們就回學校了。

至於剛開始時，大昭寺的上面是怎麼上去的那些人，我們也不知道。當時司令部講過不要砸寺院的，但我們進去後，裏面已經全是人了。漢族也來了不少。實際上，後來寺院的喇嘛講過一句話，這句話你應該記住。他們說，那一天，砸的只是表面的，只是表面被砸了一下，把一些東西扔到院子裏，就完了，就像照片上的這副亂七八糟的樣子還一直擺著，沒人管，也沒人敢動。但不久就開始慢慢地清理，一直清理了三個月，把寺院裏面眞正的寶貝全部都拿走了。先是收拾金銀財寶，然後是銅的和鐵的，至於泥塑的就扔了，不要了。

當時有一個部門，叫「土則列空」，漢語是「廢舊物資收購站」，是屬於外貿的，專門來收集各個寺院裏面的東西。實際上，什麼廢品，什麼破爛嘛，都是好東西，像大昭寺只有「覺仁波切」沒有動，其他東西在三個月之內幾乎都收空了。所以說，那一天，大昭寺只是表面被砸了，後來才是眞正的被毀了，是國家派工作人員來把全部都「清理」了。這個「土則列空」還收購家裏面的東西。國家廉價收購啊，只給一點點錢。當時很多人都把家裏的寶貝送到那裏去了，有的是害怕，有的是生活無奈，當然也有膽子大的人悄悄地把東西藏起來了，這些人後來就好啦，膽子小的就倒楣了。

甘丹寺也是這個樣子。在沒有砸之前，那裏是糧食倉庫，當時拉薩各個單位的糧食都要到那兒去取，由部隊守著的。後來等金銀財寶都被「土則列空」收走了，部隊就把佛像砸了。當兵的在佛像的脖子上拴根繩子，把佛像拉倒，金啊銀啊，銅啊鐵啊什麼的裝到車上，全都拉走了。最後剩下的是什麼呢？剩下的是木頭啊這些東西，又被從達孜縣、林周縣、墨竹工卡縣、堆龍德慶縣這幾個縣來的人弄走了。山下的老百姓也去把剩下的扛走了，可是最後卻把毀甘丹寺的帽子扣在山下的農民頭上。有一次我碰到一個駕駛員，他就是甘丹寺下面崗托那個村的。當時他還小，跟村裏的其他孩子去甘丹寺玩耍，看見地上堆滿了寺院裏的各種器具，很多當兵的拿著石頭在那裏敲打著玩兒，但他們要拿走的話不允許。他說，沒想到最後卻落了個章多的老百姓毀了甘丹寺的說法。哈！居然就這樣嫁禍到他們頭上了。大昭寺也是這樣，說是拉中的學生砸的，實際上我們事先根本就沒想這麼做，因爲當時司令部說過不准砸的，我也是其中一個成員，我很清楚。

總之，大昭寺被砸，政府並沒有制止。制止什麼嘛。實際上，正如大昭寺的喇嘛說的，那天只不過是表面性的破壞，眞正的毀滅都發生在後來。至於說到後來的維修，國家是撥了一部分款，但老百姓也是捐了很多款的。而且大部分勞動力也是群眾自發付出的。有些拉板車的，一天可以掙十五塊，可他不要，卻願意拿兩塊五的工資去幹維修寺院的活。還有人是無償地去勞動，是誠心誠意的。有些人捐出了自己全部的錢財。西藏的寺廟得以復興大部分都是這樣，基本上都是由信徒們自己捐助修復起來的。國家不好意思了，才掏出一點錢，然後大肆宣傳，結果就變成了好像都是由國家修復的了。

我與韃瓦的對話

唯色（以下簡稱「唯」）：你是拉中高六六級的學生，也是拉中最早的紅衛兵，你還記得拉薩紅衛兵組織是怎麼成立的嗎？

韃瓦（以下簡稱「韃」）：哦，那也是稀里糊塗。內地成立了紅衛兵，我們這邊也成立了紅衛兵。具體時間記不清楚了，反正是毛主席上天安門接見紅衛兵那段時間。只要是學生都可以戴紅衛兵袖章。

唯：都可以戴嗎？不講成分嗎？

韃：都可以戴。剛開始不講成分，沒有劃分這樣的界線，也不知道是怎麼回事，反正都可以戴紅袖章，拿紅纓槍，不管是領主的後代還是窮人的後代。但很快就不行了，要看成分了。說是成分好的才能加入紅衛兵，成分不好的不允許，這樣才變了。那些出身不好的就把紅袖章取下來了。當時成分是很重要的。成分不好的話很受歧視。

唯：紅袖章是自己做的嗎？

韃：是啊，我就印了很多。先在鐵皮上刻好字樣，再印上油漆，塗在紅布上，然後在醫用高壓鍋裏蒸一會兒，這樣就不會掉色了。也有油印的。

唯：我從《西藏日報》上看到，八月十九日拉薩第一次召開慶祝文化大革命的大會時，有拉中和師校的紅衛兵參加，師校的紅衛兵還上臺給張國華戴紅袖章。

韃：我好像沒有更多的印象了。

唯：那你記得拉中有多少紅衛兵嗎？

韃：全校都是啊。

唯：大概有多少人？

韃：新生班加起來的話有七百多人。全部是紅衛兵。當然這是剛開始那會兒。我記得很清楚，先是不管成分好壞都可以是紅衛兵，但很快就講究這個成分了，就把成分不好的人都去掉了。

唯：組織者是誰？是老師嗎？

韃：主要是老師。像陶長松老師、謝方藝老師。主要就是他們兩個。學生裏面領頭的是出身好一點的學生。我也算是一個。

唯：拉中有多少漢族學生？

韃：拉中至少有三個班的漢族學生，如六七（一九六七年畢業）二班都是漢族學生，全部加起來差不多有七、八十個人。

唯：最先成立紅衛兵的，是拉中還是師校？

韃：應該是拉中。因爲當時從各方面來講，拉中的名氣要比師校大。師校的名氣不大，而且年齡很懸殊，有的四十多歲，有的很小。很多是農村的，還有不少僧人。

唯：是寺院裏還俗的僧人嗎？

韃：不叫還俗。因爲當時五九年嘛，解放軍「平叛」的炮聲一響，僧人們都待不住了，年齡小的都跑出來了。

唯：那他們在學校穿袈裟嗎？

韃：不穿。穿什麼穿。都穿跟我們一樣的衣服。師校最早和拉中在一起，所以我們很熟悉，後來就搬到色拉寺東邊一個叫普決的寺廟裏，後來又搬到過去的藏幹校那裏，就是仲吉林卡那兒，現在的西藏大學那塊兒。師校的學生畢業後分到西藏各地，我聽說農村裏那些學校的老師很多都是從師校畢業的。這就和過去西藏不一樣了，那時候，農村哪裏有老師？當時的統治者不考慮這些。我還記得在五九年以前，有一個叫做「孜那扎」的學校，在布達拉宮下面，分爲僧官和俗官兩個分校。說來也怪，培養僧官的學校給各個寺廟下達指標，可以從各寺廟抽人，只要學好了就能當上官，七品官沒有問題。但培養俗官的學校還是從貴族家招生，都是貴族子弟，而且是貴族裏面的「重郭」。這「重郭」指的是世襲貴族。

唯：這麼說來，第一個紅衛兵組織是在拉中產生的？

韃：對。就西藏來講是這樣，接著大家就都一哄而起了。

唯：上次你講了去砸大昭寺的經過，我想再問一次，是不是事先早就有安排呢？

韃：肯定是的。

唯：《西藏日報》上記載的有二十四日那天紅衛兵去帕廓街一帶搞宣傳的事情，不過沒說砸大昭寺。那報導裏提過拉中的學生，一個叫米瑪次仁的，還有師校的一個叫巴桑的學生，當場把名字改了，還提到一個叫崗珠的油漆工人。

韃：叫米瑪次仁的，拉中有好幾個，不知說的是誰。師校那個學生，對了，就是我們一塊兒在司令部開過會的。至於那個油漆工人，就是今天還在當居委會書記的崗珠。他實際上是畫畫的，給藏式家具畫畫。

唯：回憶當天的經歷，你認爲砸大昭寺的是以什麼樣的人爲主呢？

韃：學生，居民，都有。實際上，我上次不是對你說過嗎？就像大昭寺的喇嘛說過的，那一天，只是砸了表面的，大概半個月以後吧，國家派了人來收拾。那個「土則列空」，外貿廢品收購站，聽上去好像是一個收破爛的，實際上，什麼廢品，什麼破爛，都是好東西，可是國家廉價收購啊，就給一點點錢。當時很多人都把家裏的寶貝送到那裏去了，有的出於害怕，有的是生活無奈，當然也有膽子大的人悄悄地藏起來了，這些人後來就好啦。膽子小的就倒楣了。

另外，聽說城關區的一個叫劉方的書記，他拿了「覺仁波切」跟前供放的一盞金燈，「龍東司恭」，樣子很普通，但很貴重，就是這個小子拿的。最後他得到了報應，他內調（指在西藏工作的漢人調回漢地）回去時車翻了，他的箱子也倒了，裏面有很多東西，其中就有這盞金燈。

唯：文革期間，像過去在大昭寺的喇嘛，他們怎麼辦呢？還在寺院裏待著嗎？

韃：文革期間，寺廟裏有好多僧人都不敢待了，離開了。像我哥哥，他從小在大昭寺出家爲僧，這時候也待不下去了，我想辦法把他接回居委會，沒再當喇嘛了。他現在跟我住在一起，六年前因爲青光眼雙目失明了，天天躺在床上唸經、睡覺。他不起來，說是走夠了，也看夠了。

唯：當初拉中的紅衛兵去砸大昭寺，還去砸過別的寺院嗎？

韃：砸大昭寺那天，紅衛兵還去了清眞寺。可是他們進去一看，裏邊什麼也沒有，沒什麼可砸的，只好在牆上貼了些標語，寫了些口號，就走了。他們剛走，聽說回民就來了，拿著棒子、鐵鍬和斧頭什麼的，他們是來打紅衛兵的。西藏的回民人數不多，但是很團結，互相之間很照顧，誰家要是有困難，只要不偷不搶，他們都會來捐助的。西藏的回民和青海、甘肅的回民不一樣，說是回民，但其實和藏族差不多，無論是語言還是生活習慣都一樣，只是宗教信仰不一樣，所以我的一些回民同學說，我們是藏族中的回民，或者說我們是藏族中的穆斯林。可是藏族人彼此就不團結。不光分地區，還要分教派。過去是這樣，現在也是這樣，在國外的流亡社會也是這樣。

唯：這是一個問題，不然當年解放軍要進來也不會那麼容易。

韃：是啊，一九五〇年解放軍爲什麼能夠那麼順利地進入西藏？跟這都有關係。當時康巴人之間流傳著一句話：漢共產就像父母一樣，那大洋就像下雨一樣地落下來。好啦，到了後來就收拾了。像我們當時上學時每個月要發三十個大洋，不管貴族還是平民，統統都要給的，哪像現在的孩子上學要收多少錢啊。當然，當時這麼做也是收買人心，畢竟共產黨那時候還沒有站穩嘛，一旦站穩了就不是這樣了，就要收成本了。

唯：以後，你們拉中紅衛兵還有過什麼活動呢？

韃：有兩次去北京的「大串聯」。記得是九月初吧，拉薩紅衛兵也要「大串聯」，這是西藏的第一批串聯隊伍，其中有我，我們要去參加毛主席十月十八日的接見。我們有五、六十個人，有陶老師，有拉中和師校的學生，還有山南和日喀則的學生。區黨委還派了一個幹部，這人後來是民政廳的廳長扎西平措。他是來監視我們的，必須經常向自治區匯報我們的動向。

唯：爲什麼要監視紅衛兵呢？

韃：可能是不相信我們吧。但是這個人文字不行，就找到我們的一個同學讓他來抄寫，我們同學一看他的原稿，生氣地說，媽那個P，都是告狀的，不抄了。告訴我們後我們也很生氣，就跟他辯論，他辯不過我們，也就很不高興，這樣我們跟他就有摩擦了。

我們坐汽車到了柳園，從柳園坐火車到了北京。我們在北京見到了毛主席。很激動。我還在北京花了五十元買了一套紅衛兵穿的那種軍便服。從北京回來的路上，我們說要從康藏公路走，他不幹，因爲康藏公路比較危險，而且他也可能是出於考慮我們的安全，可是我們當時年輕，懂什麼嘛，非要從那兒走，還說人家修路的都不怕，我們怕什麼之類的話。他爭不過就整我們，本來北京到成都的火車有直達的，他給我們的卻是到西安的火車票。當時火車直接上去就可以，不用花錢買車票的。我們不知道火車坐錯了，一下子被帶到了西安。可是陶老師先上了去成都的火車，我們說好在成都會合的，結果他一個人到了成都。我們上當了，就到西藏民院住了幾天，那幾天我們天天罵他吵他，他都頭疼死了。但師校和專區的學生挺巴結他的，我們又跟那些學生鬧。這樣我們就分道揚鑣了。我們從西安到了成都，找到陶老師，坐車回了拉薩，路上足足走了半個月。康藏公路確實挺危險的，一同進藏的有兩輛客車，一車上是我們，一車上是那些休假的幹部，他們都提心吊膽的，害怕翻車，連個氣兒都不敢出，不像我們有唱有說，很開心。回到拉薩差不多十一月底了。

唯：那麼，內地的紅衛兵是什麼時候進來的呢？

韃：可能是「大串聯」開始以後他們才進來的。北京有個八十三中還是八十幾中，來了不少人，很厲害，算是比較強的力量。還有北航、青海八一八、內蒙古交通學校，等等。有了「造總」以後，他們都住在總部裏面，也就是二所。還有就是在內地民族學院上學的西藏學生，像中央民院、西藏民院等等。從西藏民院回來的人最多，比我們拉中的學生還要多，他們可能有幾千人，一擁而上，拉薩的大街小巷都是。他們大部分是「農奴戟」，是屬於「大聯指」的。我們拉中和中央民院的大部分是「造總」。當然有個別的還是站不住腳啊。除了西藏民院的大部分學生以外，其他的內地來的學生幾乎都是傾向「造總」的。

唯：內地來的學生跟你們的關係怎麼樣？是領導你們，還是互相都是平行的？

韃：應該說是平行的。但也有因爲他們是從首都來的，對很多情況比我們熟悉，所以讓他們策劃什麼的。另外像從清華大學回來的達瓦次仁和阿旺次仁都是拉中學生，就好像自家人一樣。他們倆算是來發動。因爲這裏很多事情都不知道，只能聽聽廣播什麼的。他們一來很多情況都清楚了。

唯：兩派就是從紅衛兵分化出來的嗎？

韃：對。「造總」和「大聯指」裏面都有紅衛兵。反正一個是保當官的，一個是打當官的。就這個意思。所以，軍隊都向著「大聯指」。他們手裏武器多得很，是部隊給的。明著不敢給，就暗地裏給嘛。所以他們還有軍裝，好吃好喝的，糧食都是足足的。我們「造總」不行，窮光蛋，幾乎沒有武器，說是總部，別人聽起來挺害怕的，可整個總部實際上只有一隻手槍，那還是機修廠的一個漢族的。我們都沒有武器，要是眞的攻打的話，只能挨打。所以我們就撿了一些鐵桶桶掛在樓上，好像那是炮似的。不過我們手裏有那種鐵的裝著雷管、炸藥的土手榴彈，當時我好不容易拿到一個，可是被我們在廣播電臺的一個同學看見了，硬拿走了，沒想到回去後他向同事炫耀，不小心點著了，結果炸了，幸好別人都跑得快，他雖然負傷了，但不重。但這件事情被住在電臺的軍宣隊和「大聯指」的說成是「造總」炸電臺的事件。那會兒武鬥已經開始了。先是辯論，接著是拳頭，然後是石頭，然後就是槍炮了。

唯：「造總」後來有武器嗎？

韃：汽車三隊是「三司」，「造總」第三司令部，他們有一個小分隊，都有武器。有的是自己做的，有的可能是繳獲的。但我很少去那裏打交道。第四司令部就是居委會這一攤子。

唯：是不是當時兩派各自下面都有很多組織？

韃：對，很多，「大聯指」下面比較出名的就是「農奴戟」，我們這邊「三司」和「四司」比較凶，其次就是拉中的。拉中的辯論、寫大字報可以，打不行，所以武鬥致死的只有一個學生，是在攻報社的時候，自製的手榴彈炸了，落在他的頭上，就死了。這自製的手榴彈很不保險。當時還有自製的手槍，但我們拿不到。

「造總」下面主要有三個組織：「造反公社」、「造反總部」、「紅衛兵司令部」。這跟「大聯指」差不多，他們也主要是「大聯指」總部、「農奴戟」和「農牧民司令部」。「農牧民司令部」的總部在「居麥」也就是下密院那裏。

我們學生都屬於「紅衛兵司令部」，機關裏的幹部、職工和城市裏的居民、工人屬於「造反總部」，郊區的農民算是「造反公社」。剛辦「造反公社」時，我和拉中幾個學生在那兒稱頭，包括蔡公塘辦事處、拉魯辦事處、東風辦事處（在今天納金路一帶），由這三個農村辦事處中屬於「造總」的農村幹部和我們一起組成。蔡公塘辦事處大部分幹部屬於「造總」，但有意思的是，老百姓大部分是「大聯指」。我們的辦公室在二所裏面，也就是堯西大院東邊的角落上。有兩間房子，我們住在那裏。整個大院是屬於「造反總部」的。陶老師他們也住在那裏。陶老師算是最大的頭頭，還有一個大修廠還是機修廠的漢族也是頭頭。謝方藝主要在拉中，但他也是總部的一個頭頭。

我們在「造反公社」，主要就是給當地的農民發傳單，組織開會，進行各種宣傳和鼓動。還給農民發糧食，總部當時有一點糧食。

兩派「大聯合」以後，「造反公社」就取消了，我們就回學校了，不久「造總」不行了，掌權的幾乎都是「大聯指」，「造總」幾乎沒人能夠上去，所以我們拉中的學生全都被下放到農村了。給了我們糧票、布票和一些錢，也就是塞我們嘴巴嘛，就這麼打發去了，當然不去也不行，這在當時是一個趨勢。我被安排到蔡公塘了，在「造反公社」時認識的農村幹部的幫助下，我去了一個相對較好的生產隊裏，那是六九年九月份，當了整整一年的農民，然後招幹回到了城裏。

唯：你是否覺得你們這些學生紅衛兵其實是犧牲品？

韃：就是啊。都是替罪羊，被人家當槍使。我們十八、九歲的孩子懂什麼？從這方面講，我們是犧牲品。我們班在當時是學校裏最高的班級，六六年就應該高中畢業，分配工作，可是我們堅持要將革命進行到底，不離開學校，結果又多待了三年，六九年才畢業，下鄉當知青，後來工作年限只得從六九年算起。我們是西藏最早的知青。除了文革前進校的新生班，其他學生全都趕到鄉下去了，一兩年後新生班也給放下去了。所以就有這種說法，拉中的那些老一批的學生，把大家都連累得抬不起頭。後來陸陸續續地又回來了，有的一兩年就回來了，有的在鄉下待了六七年，這些都是出身差的同學，層層卡。我正好在農村待了一年，運氣不錯。這也是因爲我的出身好。內地的知青是在我們之後插隊的。可能是七〇年代初期。

唯：拉中是一所什麼樣的學校呢？

韃：學生都要住宿。封閉式的教育。只有周末沒有課，可以出去看露天電影什麼的。藏漢老師各占一半，都非常好，現在可能找不到那種老師了。漢族老師很多都會說藏語，初中的課程如數理化都是用藏語教授，高中以後才用漢語教授。漢族老師裏面謝方藝、鄭國梁、龍國泰都不錯。陶老師雖然沒當過我們的班主任，也沒給我們上過課，但他威信高，也很有學問。他同樣很不順利，所以說文化大革命既可以造就人，也可以毀滅人。大部分人都被毀了。

拉中的名譽校長是達賴喇嘛。校長是達賴喇嘛的大經師赤江仁波切，他還是一小的校長。那是一九五九年以前。

唯：如今，像你對文化大革命是怎麼樣的一個看法呢？

韃：文化大革命不好。大家也知道，毛主席晚年老糊塗了，生怕別人奪自己的權。蔣介石曾經說過一句話，我不是共產黨打敗的，而是國民黨自己把自己打敗的。文化大革命也是這樣，是共產黨自己折騰自己的。

唯：但是對西藏的破壞是不是很大呢？

韃：文化大革命對西藏的破壞那是沒話可說的。全藏地包括康區和安多，七千多座寺廟在五九年毀了一批，可是經過五九年剩下的這些，在文革當中又幾乎全部被毀掉。包括布達拉宮，「破四舊」時雪居委會想去砸，被解放軍給攔住了，據說是周總理的命令。可是後來挖防空洞時，用炸藥炸瑪波日（布達拉宮所座落的山）兩邊，破壞相當大，導致布達拉宮現在經常這個裂縫那個裂縫的，所以爲什麼現在布達拉要維修，不維修不行啊。

布達拉宮第一次維修時，中央給了四千萬，據說當時來了財政部的一個副部長，他在會上不停地說，中央財政很困難，可還是撥款四千萬來維修。當時阿沛也在場，他就說，既然國家財政這麼困難，我們就不要中央撥款了，你們把布達拉宮的金庫打開，用金庫的錢來維修布達拉宮。這金庫叫做「朗色旁准」，過去藏政府在全藏收稅之後，把稅收變成黃金和珠寶，然後放在這個倉庫裏，只存不取，只進不出，有人說有三百年，有人說有五百年，你想一想，這裏面會有多少財富？可是文革當中這個金庫被搬空了，裏面什麼都沒有了，全沒了。據說阿沛其實知道這件事，他是故意這麼說的。這一說，就有人回答，金庫早就空了，哪兒有什麼黃金啊，全都被國家拿走了。財政部的那個領導一聽，再也不吭氣了。

布達拉宮下面現在還有防空洞。西邊的在賣青稞酒，東邊也有一個，我沒進去，但是有。藥王山下面也有防空洞。誰知道爲什麼要選在那裏挖防空洞，可能是離自治區頭頭們近吧。文革前，區黨委還在易貢（位於海拔較低的林芝地區）建黨校，聽說區黨委準備遷到那裏去，這是因爲張國華他們怕死，怕飛機來炸。

所以班禪大師不是說過嗎？西藏沒有一座寺院沒被破壞，最輕的可能是布達拉宮。今天布達拉宮舉行了第二期維修典禮，還要維修羅布林卡和薩迦寺，其實這些地方都在文革時候被破壞過。

唯：可是，關於西藏的寺院被破壞，現在有這麼一種說法，說是藏族人自己給砸的。你認爲呢？

韃：說藏族人自己砸寺院，有沒有這種人呢？有。不過很多人是被迫的。總的來說這個責任還是在於政府。政府若是要制止的話是完全可以制止的。比如像阿沛，群眾要鬥他，中央要保他還不是保下來了。所以只要想保護的話完全可以做到。你有那麼多軍隊，你派軍隊去守著，誰敢去砸寺院啊？誰也不敢去。事後放馬後炮誰不會放啊。不過，當時政府自己的許多官員也保不住自己了，自身難保了。我聽說周總理自己也很困難。但不管怎樣，只要當時派遣軍隊去保護，還是多少都會保護下來的。

唯：我還想問一個問題，當年那麼多運動，如「民改」之後的「三教」、「四清」等，花了很長時間來發動群眾起來革命，所以是不是有不少人已經被洗了腦，以致到文革時有那麼多的群眾參加，其中有害怕的，但也有的是很眞誠的，自發的，是不是？而且，宗教是不是在整個藏地都沒有地位了？共產黨變成了新的神？共產主義變成了新的信仰？

韃：文革期間，宗教的確被壓下去了，但是對於年紀大的老人來說，肯定是口服心不服的。他們對宗教是一直都沒有放棄的。雖然迫於整個社會的壓力不敢公開表示，但是潛伏在他們心中的信仰是存在的。但確實也有部分的年輕人，就像我們這批人，在宗教方面我們並不懂，也沒有人教過，只是有點印象而已。所以在當時很容易被洗了腦。但是宗教的影響力是難以想像的。比如文革結束之後，從那邊（指印度流亡藏人社區）派來的參觀團（一九七九年，中國政府允許流亡西藏人士和達賴喇嘛的親屬回西藏參觀）受到了特別隆重的歡迎，顯示出了宗教在人心中的地位。當時在大昭寺講經場人山人海，這之前各單位以及居委會還開會教育群眾，不要罵他們不要打他們什麼的，想不到事實上的效果恰恰相反，達賴喇嘛的哥哥在臺上每說一句話，人們都歡呼，他一招手全場都安靜得很，鴉雀無聲。沒有別的原因，就因爲他是達賴喇嘛的哥哥。宗教這個東西可不一樣啊。畢竟共產黨教育的時間不長，但是宗教有著上千年的歷史，它的潛移默化的力量很大，哪裏有那麼好對付！又比如今天有很多年輕人很信仰宗教，「薩嘎達瓦」時轉經的人裏面就有很多年輕人，這也顯示了宗教的生命力，宗教是不可能滅亡的。

唯：說到達賴喇嘛派回來的參觀團引起的反響，這是不是還有一個原因？比如這是在文革結束之後，共產黨表示又可以信仰宗教，而且還把在文革中打倒的「牛鬼蛇神」重新扶起來，讓他們享受優厚的待遇，這是不是刺激了那些參加革命的積極分子？另外，經過這麼一番折騰，他們發現毛主席這個神還是不如我們西藏自己的神厲害，他那個神是要死的，而我們的神死了還可以轉世，他們於是後悔自己的行爲，尤其是破壞宗教的行爲，有沒有這樣的可能？

韃：這個有可能。怎麼說呢？文化大革命結束以後，修寺廟最積極的確實是當初打砸搶也很積極的那些人。爲什麼呢？可能是悔過吧。這當中有一部分人是腦子比較滑，看到什麼形勢就跟什麼形勢。但是更多的人可能是出於悔過。其實，別看現在信教的人挺多，每天轉經的人挺多，可是，到底西藏的宗教是什麼？肯定知道的人很少。實際上我們看的話，西藏的宗教主要針對的是人的心靈，信仰宗教就是治療心靈，心治好了那就是宗教的目的。

唯：那麼，你對那些積極分子是什麼看法？

韃：一部分人是無知，緊跟當時的風氣，一部分人是流氓，沒有教養的，還有一部分人是滑頭，想要爬上去當官的，當然也有人是出於眞誠。形形色色的人都有。

唯：積極分子在文革中起了什麼樣的作用？

韃：起了相當不好的作用，而且這個作用還挺大的。像砸寺院呀這些，都是他們帶的頭。可是這些人的素質如何呢？我舉一個例吧。我們有一個鄰居，他的兒子比較調皮，踢足球時把球踢到治保主任的頭上，治保主任就把他抓起來了。當時正在開群眾大會，治保主任就勒令這個小孩子跪在臺上，他爸爸當時去拉板車不知道這回事，回家聽人說你兒子被罰跪，就趕去了。他這個人膽子挺大的，他走到臺上跟兒子跪在一起說，老爺，我的畜生兒子不懂事，竟然敢把球踢到你頭上，眞是該死。他說話的方式完全是過去舊社會時對貴族說話的方式，這下弄得治保主任下不來臺，不好意思地說，算了，算了，回去吧。由此可見這些人的素質。現在這些人還是有。

唯：居委會的幹部有這麼厲害嗎？

韃：有。他們的權力大得很，比過去貴族的權力還大。再舉一個例，居委會裏的那些孤寡老人平時沒人管，一旦死了，居委會就來管了。把門一關，裏邊的東西一搜，好的就瓜分了，剩下的就充公了，或者拍賣了，類似的事情很多，所以居委會的頭頭一個二個都發了。

有些積極分子轉向起來比誰都要虔誠。比如我的一個同學的父親，是康董卓康居委會的主任，聽說他過去很積極，整那些出身不好的人很凶的，以至於這些挨整的人說，就是骨頭生銹了也忘不了這個主任，當然表面上還是對他點頭哈腰的，可現在這個主任變成什麼樣子了呢？日喀則那邊不是有個夏魯寺嗎？他給夏魯寺送過一車的綿羊，還把夏魯寺在文革時被毀的一座佛塔給蓋起來了，可是後來被水沖了，他又花了四十多萬把塔給重新蓋起來了。還有一個人，是納金電廠附近公社的書記，八幾年那會兒，他要退休了，開始去轉經，有人提意見，老頭不高興，向上面交了一份退黨報告說，年輕的時候忠心耿耿爲黨工作了，年紀大了，宗教這個東西丟不了，但是共產黨員是不能信教的，所以要求退黨。但是他的要求沒有批，不過也沒有管他信教的事情。類似的基層幹部其實很多。

唯：積極分子的轉變是不是也跟那些所謂的「牛鬼蛇神」的命運的轉變有關係呢？忽而打倒在地，忽而高高在上，以至於這些群眾認爲搞來搞去都一樣。

韃：是，這點早就公開的說過。曾經拉薩發生「騷亂」之後召開大會，就有人在會上說，你們說「騷亂」表示舊社會要復辟，這舊社會復辟不復辟跟我們有什麼關係？要問去問龍王潭後面的人，這是他們的事情，不是我們的事情。龍王潭後面是自治區政協，裏面住著很多過去的上層人士，所以他要這麼說。其實不管是哪一個朝代，當權者的利益總是大過老百姓的利益，不管是舊社會還是新社會都一樣。除了毛主席那個時代，反正大家的肚子都是空空的，沒什麼油水。而且這個帽子那個帽子的，誰敢搞腐敗呢？反而不管眞心還是假意，總是要考慮老百姓的。

說到「牛鬼蛇神」，這些人大都是過去的上層人士，他們在文革時被整得很慘，無疑是很可憐的，但從西藏的歷史來看，這些貴族實在是太腐敗了，他們擁有一切，土地、牛羊、莊園等等。寺廟也是很有錢的。有的貴族人家、有的寺廟的財產比「甘丹頗章」（西藏原政權）還要多。聽說功德林的財產就超過了西藏政府。老百姓有什麼呢？連土地都沒有。所以有的人被鬥眞的是活該，誰讓他們那麼積極地去當「愛國人士」呢？當然政治的力量很強大，他們也只有跟共產黨合作的命運，所以今天他們的日子又好過了。

唯：文革以後，西藏的官員當中是不是「大聯指」的比「造總」的要多？

韃：基本上都是「大聯指」的。像熱地書記就是一個典型，他就是搞派性上去的。他原來是那曲地區造反派的頭頭。據說在北京給兩派辦學習班時，熱地表態很積極，很會討中央領導的歡心，所以他被看中了，以後就一直得到提拔，提拔到現在這種程度。

唯：是啊，可是陶長松就被說成是「三種人」，抓起來關了一年多，但「大聯指」裏面的似乎就沒有誰是「三種人」。

韃：是，不但不抓，而且官越升越大。如果陶老師是「大聯指」就會升上去，像「大聯指」的頭頭劉紹民還當了山南地委的專員。他後來調到農牧學院，據說在那裏還出了紕漏，說是有一筆錢貸出去了，吃了利息，爲這事還被專門查過，最後不了了之。

唯：你現在回顧兩派，對這兩派的看法是什麼樣的？

韃：當時倒是在說，「大聯指」是保皇派，「造總」是造反派，我到現在也還是認爲，那些當官的，尤其是官越當越大的，說他們狡猾也好，搞陰謀詭計也好，總之有很多手腕的。而「大聯指」的很多是靠這樣方式上去的。「造總」單純得多，對就是對，不對就是不對，不管你是誰，可這一說就糟了，就記恨了，從此你工作再好也上不去。

唯：那麼你第一次看見這批照片時，是什麼感受呢？

韃：很難得啊，文化大革命的這些東西很難見到啊，這些照片太珍貴了，這才是歷史的眞面目，再想說假話也假不了。而且保存的也挺好。

久松

「我們是歷史的罪人」

久松（化名），女，藏人，文革爆發時，是拉薩中學初六六級（一九六六年初中畢業）學生，年僅十七歲，參與拉薩紅衛兵的第一次革命行動——砸大昭寺，現已退休。家庭出身是「資本家」，其實是商人，因爲拉薩並沒有嚴格意義上的「資本家」。父親在一九五〇年代靠近共產黨，文革時卻被打成某某反黨集團遭到批鬥，幾欲自殺。虔信佛教的母親爲了避免抄家，不得已將家中佛像拋往河裏，令老母親至今耿耿於懷。

我們翻看著西藏文革的照片聊了許久，但她不願意錄音，所以以下記錄是我的記憶。

訪談時間：第一次，二〇〇一年十月九日下午

我把照片給久松看。其中拉中紅衛兵在「松卻繞瓦」的合影，讓她回到了那時候。照片上的紅衛兵全是拉薩中學的學生，久松認出有些是她的同學，她也在當中，是個瘦瘦高高、褲子

上兩個大補丁的秀氣女孩。照片裏的她很靦腆，而且不像其他紅衛兵，手臂上沒有紅衛兵袖章，手裏也沒有紅纓槍。久松說，那時候，凡是家庭出身不好的學生都當不了紅衛兵，也沒有拿紅纓槍的資格。但她對照片上的幾個戴紅衛兵袖章和拿紅纓槍的同學不解，因爲她們出身貴族或商人，本都沒有資格當得了紅衛兵的，但不知何故如此。我試著分析，是不是她們的表現好，被批准「火線」加入紅衛兵？

看了照片後，久松談了一些往事。在一九六〇年代，拉薩中學可以說是拉薩的最高學府，雖然有了西藏師範學校，但師校的學生基本上來自地區的農村、牧區，文化水平很低，處於掃盲階段。而建立於一九五六年的拉薩中學屬於正規中學，從初中逐級到高中。而且師資力量很強，除了教授藏文的老師是藏族，其餘都是來自內地高等學府的漢族老師。這些漢族老師有的是因爲出身不好或有問題而被「發配」進藏，有的是回應黨的號召，志願到邊疆作貢獻，像陶長松就是其中之一。陶長松畢業於華東師範大學，一九六〇年進藏，是久松的班主任，教授漢語文。久松至今對陶長松很敬佩，她說，陶老師很有文化，也很聰明，他自學藏語達到較高的水平，在學生中威望很高。拉薩最早的紅衛兵組織就是拉薩中學的，是陶長松、謝方藝等人組建的。如今，久松他們原拉薩中學的同學聚會，還要請陶長松參加。

久松說，文革開始之初，第一個行動是六六年八月下旬的一天（久松母親插話說是一個星期三）砸大昭寺。前一天學校召開動員大會，會上陶長松講到，雖然我們紅衛兵小將都是「翻身農奴」的子弟，但我們並不是歧視家庭出身不好的同學。一個人的家庭出身是無法選擇的，但關鍵在於他（她）的立場和表現，這是可以選擇的。而明天的行動就是檢驗每個同學的機會，你是站在革命一邊，還是站在反革命一邊，就看明天的行動。

久松說，當我們到大昭寺門口，還有信徒在磕長頭，就往他們的身上貼了大字報。大昭寺大門的兩邊各有兩尊護法神的塑像，也用漿糊在塑像上貼了大字報，還用紅筆打上大大的叉。接著就去了「松卻繞瓦」，在那裏開會，宣誓。學校的宣傳隊還表演了節目。圍觀的群眾很多。居委會的紅衛兵也上臺發言，表示一定要向拉薩中學的紅衛兵學習。那天，學生們幹得最多的事情就是砸轉經筒，把裏面的經卷取出來焚燒，但沒怎麼砸佛像。經書都是堆在大昭寺南面的講經場「松卻繞瓦」上焚燒的，燒的時間很長，圍觀的群眾也很多。

久松說，拉薩的「破四舊」活動最早的確是拉薩中學紅衛兵掀起來的，是拉薩中學的紅衛兵點燃的第一把火，但緊接著就是各居委會的紅衛兵加入進來，而且勢頭特別洶猛。比如砸大昭寺，拉薩中學的紅衛兵只有（八月二十四日）這一天，以後沒再砸過，而是由居委會的紅衛兵接著去砸的，他們砸得很徹底。接下來鬥「牛鬼蛇神」也是居委會的紅衛兵幹的。

久松說，實際上，學生紅衛兵都非常單純，滿腔熱情，對毛主席和黨中央都很忠誠，而且並不瞭解社會。居委會的紅衛兵就不同了，都是社會上的人，形形色色，有著各種各樣的用心，所以在砸寺院、抄家、鬥「牛鬼蛇神」時，出現了很多偷、搶、拿文物和財寶的事情。學生紅衛兵就沒做過這樣的事。

久松說，內地的紅衛兵也是在這時候進來的。接觸不算太多，但拉薩的紅衛兵都比較服他們，特別服「首都紅衛兵」，因爲他們帶來的是北京的精神。內地紅衛兵裏面藏族挺多的，像文聯的益希單增就是「紅色造反團」的團長。久松說她和一些同學步行去日喀則串聯時還碰見了正在那裏「破四舊」的益希單增等「首都紅衛兵」。還是因爲出身的問題，像久松他們是不能去北京串聯的，所以去的是日喀則，步行了整整十一天，揹著裝有毛主席語錄的背包，一路上還精神抖擻，堅決不搭要捎帶他們的過往車輛。

久松說，學校裏有過學生鬥老師的革命，像鬥校長劉大道和出身不好或者有歷史問題的老師。她記得有一個從四川來的教英語的女老師，長得很漂亮，就是因爲她是右派被批鬥過好多次，結果自殺了。還有一個自殺的老師是藏族，叫單增，他是因爲出身不好被批鬥，他自殺之前把老婆和三個女兒都殺死了，奇怪的是，他還在牆上用鮮血寫下「毛主席萬歲」和「共產黨萬歲」的遺書，不知道是什麼意思。

久松說，大昭寺後來是「造總」的廣播站，六八年「六・七大昭寺事件」中，死了十人，都是被「大聯指」的解放軍開槍打死的。埋在烈士陵園裏的十二人當中，有兩人是在另一個地方喪生的，其中一個叫扎西次仁的是個孤兒。在這次事件中有個叫「高音」的女同學，腸子被打得流出來了，她把腸子塞進去，用一個搪瓷缸子堵住，居然還活下來了。她的本名叫赤列曲吉，因爲嗓子好，每次在喊口號的時候都很響亮，像高音喇叭一樣，所以都叫她「高音」。她後來在拉薩晚報工作，現在已經退休，每天轉經。

久松說，六九年年底，拉薩中學的學生下鄉當知青。當時拉薩的老百姓都說他們活該，因爲最早是他們去砸大昭寺的，這下革命革到自己頭上來了，活該。

翻看著砸寺院的照片，久松神情複雜地說：「我們是歷史的罪人。」我想安慰她，想了一會兒說了一句並不怎麼樣的話。我說，如果說是罪人，那人人都是罪人。

葉星生

「我認爲『破四舊』眞的是中央、國家給藏族人民造成的一個悲劇」

葉星生：男，漢人，在西藏度過了四十餘年的四川人，以收藏西藏文物聞名的收藏家，也是畫家。一九六〇年代初期進藏，在拉薩中學上過學，「破四舊」時已經畢業。因在繪畫上有一技之長，曾經是「紅衛兵破四舊成果展覽辦公室」的工作人員，而這個辦公室就設在大昭寺。以後他又在主管拉薩各個居委會的城關區區委工作過。我在採訪他時，他是西藏自治區文聯收藏家協會主席，現已調往北京中國藏學中心。

有一本名爲《收藏》的雜誌，在二〇〇二年第一期上介紹過他，其中有一段寫他在文革期間的故事：「一九六六年秋季，他被借到『紅衛兵破四舊成果展覽辦公室』，地點在大昭寺二樓大經堂。展廳裏堆放了很多『四舊』，而其中不少東西竟成爲燒飯用的燃料。葉星生爲此心痛不已。他總是趁無人之際，從爐灰中撥拉出點什麼東西。後來，他鼓足勇氣，從『柴堆』中抽出一些刻有文字的畫面的木板。翻動的響聲驚醒了炊事員兼保管員巴措大姐。這位藏族大姐不但沒有告發他，還扯下了一幅密宗雙修唐卡包住這些『木板』交給他，讓他快走。這些木板其實是明代勝樂金剛藏經書封板。」

我和他的談話就是從這本雜誌開始的。是用四川話來交談的，所以帕廓街都變成了四川話的「八角街」。

訪談時間：二〇〇二年四月二十二日下午

唯色（以下簡稱「唯」）：你曾經講過這個從火裏搶出經版的故事，這是怎麼回事呢？

葉星生（以下簡稱「葉」）：文化大革命當中嘛。益希單增寫過一篇文章，寫我從火堆裏搶經版等等。不過有點誇張，他是寫小說的。那個經版還在，不過已經捐了。砍了一刀，邊上還被燒糊了。那是個歡喜佛。

唯：這是大昭寺的經版啊。那麼，文革時，大昭寺被紅衛兵砸過，這是怎麼回事呢？

葉：我記得很明確是居委會砸的大昭寺。

唯：不是拉中學生嗎？

葉：拉中學生可能參加了。反正我記得最明顯的是居委會，拿著洋鍬挖那個牆壁。

唯：壁畫嗎？

葉：對，就是壁畫。就在轉經路那一圈。就拿著鐵鍬挖。就像挖地一樣在挖，把那個藝術就當作泥巴一樣給挖下來了。都是居民多。就是八角街那一帶的居民。當時各個居委會負責各個居委會的那些東西。那會兒還沒有分派。大昭寺就屬於八角街居委會負責。

唯：那時候，大昭寺是被居民破壞得更厲害，還是被學生破壞得更厲害呢？

葉：居民。居民。我記得最左的一個叫仁增，他好像是八角街居委會的副主任。還記得一個叫做央吉還是央金的。最明顯的是仁增，我親眼看見他拿著鋤頭去「破四舊」。

唯：眞的去砸嗎？

葉：那時候……怎麼說呢？文革那時候大家都跟瘋了一樣，現在想起來好可笑，在毛主席像跟前那副熱淚盈眶的樣子，那確實是眞的感動啊。我們還當敢死隊，衝在前頭，看到槍子打起來，還要捍衛毛主席的革命路線。我那時候眞的感覺爲毛主席而死是値得的。

唯：還有其他原因嗎？

葉：我認爲當時的那些人，有一種人是因爲有更大的利益在驅使著他們，像那些積極分子。那時候我們要給他們排隊的，首先是主任，然後是各居委會的積極分子，要排一二三四，把老百姓排成四等公民，分成各種等級。所以受到這種政治上的驅使，人們都要掙表現。居委會就做這些事情。天天都要學習，每個星期甚至每天都要向上面匯報他們的思想，匯報他們「破四舊」的情況。所以在這樣的壓力下也就發生了那些砸寺廟的事情。

唯：砸大昭寺的，有沒有解放軍？

葉（在想）：解放軍……我想想看，嗯，解放軍好像不動手，我的感覺是。當時總是有軍人在，我的印象是，但軍人好像不動手。

唯：那時候有沒有人敢信宗教呢？

葉：剛開始的時候，我覺得，宗教問題還沒有更多地涉及到老百姓和農民，老百姓該咋個還是咋個，我認爲是這樣的。所以老百姓還是信。悄悄信。轉經的還是有呢，我覺得。

唯：咋個會呢？那時候不是砸寺廟嗎？

葉：砸寺廟眞的是個別，我覺得。我甚至覺得它是一個組織行爲，由居委會帶頭來整。那上邊肯定有指示嘛。

唯：比如說大昭寺？

葉：實際上從組織程序來說，我估計就是八角街派出所啊、八角街居委會啊、城關區啊這些，總之都有指示，當然不久政府機關好多都已經失掉了政府功能。

唯：你說你看到那時候還有人轉經？

葉：我記得「破四舊」那時候，也有看到老太太、老頭子在那裏「嗡嘛呢叭咪吽」地哭。

唯：他們不害怕被紅衛兵打嗎？

葉：他們不怕。但那時候的眼神都不對，偷偷摸摸的，驚惶失措的。

唯：爲什麼會有砸寺廟、鬥喇嘛的事情發生呢？難道不害怕因果報應嗎？

葉：怎麼說呢？我記得，我在勝利辦事處（拉薩市城關區下屬的南城區，有八角街、沖賽康、魯布、繞賽四個居委會）搞「社教」（社會主義教育）的時候，是六五年，經常組織群眾討論。那些發言我現在想起來很「左」，完全跟黨中央保持一致。我還做了很多記錄。那些話我肯定很多都是虛僞。但是呢……唉，你不曉得，那時候中國的那種政治高壓，我是深深領會到的。政治高壓，我是從小就領會到那種政治壓力。那時候是以階級鬥爭爲綱的嘛。人人都要給你掛起，人人都跑不脫，我是小孩子都跑不脫。我在拉中讀書的時候，是班上成績最好的，是學習委員。通知我繼父我媽媽我被報送到清華大學建築系學習搞設計。當然我們那一屆和高六三（一九六三年高中畢業）全部都報送上大學，不興考。後來高六三的張達瓦和我們班的次旺俊美都去了。本來有我。結果沒想到突然通知我父母，說是拉中報了，但教育廳因爲我的家庭出身問題（葉的生父據說有「歷史問題」），把我給「槍斃」了。我難過得很，覺得前途從此沒得了，對我打擊太大了。我那時就曉得政治的高壓，那種強權政治，我覺得沒得活路了。有一次，老師這麼評價我，說，葉星生這個人，什麼樣的家庭生什麼樣的孩子，果然，他繼承了反革命的本性。其實我好老實哦，不曉得是啥子事情把老師給得罪了。

你可以想像這種壓力對一個孩子來說，簡直是一種精神上的重創。所以我參加工作以後，一直是夾著尾巴做人，謹小愼微。所以說葉星生這一輩子，我根本不怕任何人，儘管你背後再咋個說長道短，但葉星生有一點，你不敢在桌子上說（很激動），你抓不出一點東西說我不是。

從小就是很老實地做人，簡直不敢越雷池半步，好老實啊那時候。我猖狂也這幾年猖狂起來的。老子原來在城關區、展覽館的時候，挑廁所第一，爲了掙表現，挖糞、掏糞，最髒的活，都是我，結果還是沒得什麼好處。還是這麼說我，葉星生這個人好是好，但這個人由於家庭出身不好，他受了很多剝削階級的影響，他還要加強思想改造才行。日你媽喲，老子一直沒有伸展過。後來我就橫了，看你要把我咋個。再加上大了，懂事了，勇敢了，或者再說具體一點，有實力了，我哪個都球不拗，看你把我咋個，結果反而沒有人說了。但最根本一點，還是自小到現在，沒有任何人能夠抓到我的把柄。不管政治上還是生活上，都抓不到我的把柄。唉，活得壓抑得很。你不曉得。壓抑。太壓抑了。人人都是這樣。防不勝防。我都是這個樣子，那些藏族就更是了。

唯：大昭寺的佛像是不是幾乎都砸光了，只剩下釋迦牟尼十二歲等身像和那麼一兩尊？

葉：沒有沒有，我倒是覺得老百姓即使砸大昭寺，他們還是留了一個心眼，把那些不重要的砸了，重要的好像都沒有砸。

唯：你覺得都剩下了那些呢？

葉：比如說周邊的那個轉經迴廊的牆就毀得凶，除此之外好像要輕得多。我在文革之前畫過一幅水彩畫，畫的是大昭寺裏頭的那個很大的強巴佛，那個佛像現在還在。不過那些圍欄、供器倒是都砸光了。

唯：那個強巴佛是新的吧，好像是後來才塑的。

葉：是嗎？我不曉得。我感覺是沒有被砸的。我覺得就是小寺廟毀得凶。底下反而比上面鬧得凶。其實像色拉寺、哲蚌寺、布達拉宮，那裏面的佛像被毀的並不多。我覺得這是因爲老百姓不敢砸佛。他敢砸畫，敢燒唐卡和經幡，但他確實不敢砸佛。如果大昭寺文成公主帶來的那個佛像被砸的話不得了哦。那個時候，哪個管你文成公主，但動都沒動。

唯：不對吧，拉中的紅衛兵砍過一下的。

葉：哦，那就不曉得了。不過眞要砸的話，文革是最好的機會，像扎什倫布寺的強巴佛都該砸，但一點兒都沒毀。尤其布達拉宮更完好，當然這我估計是中央有指示要保護。不過當時這種砸是不犯罪的。但確實佛像砸得少，更沒得人去偷。確實沒得人想要。我也不想要。我之所以要也主要是覺得藝術好而不是出於什麼保存，沒有那麼高的境界。甚至三中全會以後，我撿了一些佛像，那會兒遼寧美術學院的老師到我們展覽館畫畫，走之前我給他們一人一個佛像作爲禮物，並不覺得這有多咋個。有一個叫澎波農場的地方，很多人在小佛像的頭上打一個洞，牽根電線，拿來做檯燈，還做得多漂亮的。幾乎沒得完整的。所以那會兒愚昧無知到這種地步。

說實話，我對藏民族的崇拜是通過我的收藏品、那些寺廟和他們偉大的建築等等。我簡直太佩服他們的祖先了。但是我對現在的一些藏族，我發現，除了喝酒、耍、還有就是學了些——

改革開放以後，不管是國外的還是漢族的——一些不好的德行。很純真的那一面反而沒得了。唉，現在想要找到眞正的原汁原味的藏族的影子，還是要下去。城市裏面已經基本消亡了。

唯：那些居委會的幹部你熟悉嗎？我對他們的命運很感興趣。

葉：八角街居委會的肯定我都認識。我在八角街居委會搞「社教」搞過兩年。跟老百姓「三同」，同吃、同住、同勞動。我知道當居委會的主任要有兩個條件，第一苦大仇深，第二能說會道。他們都很能說。現在見了面好多人都認識我，我也認得到他們。不過畢竟是二、三十年的歷史了，名字都記不清楚了。

你還可以去問一個人。這個人當然他是很忙。朗傑。他是我們工作組的副組長，現在是政法委的書記，哦，已經調到檢察院當書記了。他原來是我們拉中同學。

唯：他是工作組的？

葉：他在工作組中是實權派。當時組長是竇京匯（音）。他是副組長，掌管一片。他當時就是八角街派出所的。後來是副所長。他就太曉得八角街的那些積極分子了。什麼仁增啦，央金啦。你可以問他。仁增也是一個居委會主任，好像已經死了。

唯：你還是記得一些嘛。

葉：對。當時我有一個優點，我在城關區工作的嘛。城關區就瞭解各個居委會，它是專門負責居委會工作的。所以說我也是從基層起家。

唯：在大昭寺搞的那個辦公室是怎麼回事？

葉：那是「紅衛兵破四舊成果展覽辦公室」，就是文化大革命剛開始的時候。我也戴著紅衛兵袖章，還拍過一張照片。那張照片我要找出來就好了。照片上，我正在寫一個牌子，叫做「革命無罪，造反有理」。我還穿的是軍裝。那時候是一九六六年秋季，九月份、十月份的樣子。我還寫了一個回憶，是關於大昭寺破四舊的一段故事，不知道擱到哪兒了。

我是展覽小組的成員，我是搞美工的，畫連環畫。我也畫過很多漫畫。而且我記得很清楚，當時辦公室是在大昭寺二樓上的一個大倉庫，肯定是一個大經堂，堆滿了「破四舊」的那些東西。現在的位置是上樓以後的右邊，挨著伙房的那個大房子。我們就住在大房子的對面。我和公安局的一個姓宋的局長住一起。他是拉薩市公安局局長，名字叫宋時科（音），極「左」。我所以在那裏住了三五個月。當時做飯的叫才巴措，青海的一個大姐，還有一個郵電管理局的小美人。我們是一個工作組的。「破四舊」的那些東西都堆在那個大房子裏面。

唯：都有些啥東西呢？

葉：哎呀其實亂七八糟的，還有留聲機之類。搖唱片的唱片機都算「四舊」。這些不是大昭寺的，是全拉薩所有「破四舊」收繳的東西都堆在那裏。一句話，都是抄家抄來的東西。我當時小嘛，就看印度的那些畫報，裏面有些裸體照片，我就悄悄地把照片撕下來，藏起來。好美啊，我記得有一張人體照片。現在當然好多人這麼說，葉星生，你聰明，你覺悟得早。但他們忘記了一個問題。當時開玩笑，如果發現人家在「破四舊」，但你卻在那裏撿，哪怕是撿了一點跟「四舊」有關的東西，那都會把你打死。打死。絕對打死。

所以我後來悲慘啊。記得是七二年還在軍管那會兒，因爲我畫了一張石膏裸體像，被人從廁所裏撿出來了。有一天軍代表找我談話，我一看又是屎又是尿的一張紙，上面是一個裸體女人。軍代表問我，是不是你畫的，葉星生？我說是我畫的。然後就說我是「封資修」。因此我就被抄家了。我那時的房子很小，就把我在「破四舊」時候撿的東西沒收了。我那時沒撿什麼東西，就幾張唐卡，還有版畫，版畫就是那種經卷一樣的畫，一卷一卷的，還有就是藏經版。藏經版他們沒有發現。因爲我把藏經版當門板釘在門背後了，其實我是爲了安全。其他東西都給我抄走了。然後還把我送進了學習班。結果我天天跟那些我平時認爲最可惡的階級敵人一起學習。平時我喊得最來勁，什麼「打倒地富反壞右」之類，沒想到跟他們坐在了一條凳子上。

所以說「破四舊」那個時候，有這樣勇氣的人其實眞的不多。現在好多人回過頭來說，如果那時候撿幾樣東西就好了。哪裏敢啊，你簡直不敢，如果被發現撿了一點兒都不得了。你開玩笑哦。那時候生命面臨著生存危險。我那時候無知嘛。如果我成熟了我也不敢撿。

唯：那你爲什麼會想起要撿那些經版呢？

葉：我可能確實是熱愛藝術。我覺得那麼美、那麼好的東西咋個就化爲灰燼了？再加上自己不懂事，不曉得政治的厲害，從小也沒咋個受到政治的重創，所以一句話，不知深淺。畢竟怪我還是個孩子。

唯：確實是把經版扔到火裏去燒？燒了很多東西嗎？

葉：燒哦。尤其明顯的是我們那個工作組。就把那些經版跟柴火一塊兒碼起在那裏燒。就在做飯的時候燒。不過我沒有發現帶有很多圖案的那種經版。燒的都是帶文字的經版。

唯：帶圖案的經版更珍貴嗎？

葉：那當然。……哦，我發現過。我把它抽出來了，偷走了。他們說我是偷的嘛。

唯：那個巴措大姐還幫過你，拿唐卡把經版包起來？

葉：嗯，對對對，這個故事我好像給過那些記者。

唯：她沒有告你？

葉：沒有告我。她多好的。多善良的一個人。還喊我趕快跑。

唯：那一段兒你主要畫漫畫？

葉：畫漫畫。我在文化大革命的時候畫了很多漫畫。我最主要的一幅漫畫就是，記得那是我剛剛參加工作，好像是六五年，我在大昭寺。大昭寺出門右邊不是一面光牆壁嗎？石頭做的牆壁。當時給了我三十多塊錢，讓我在那裏辦一個「社會主義教育畫廊」。我記得很簡單，就幾根木條子，鐵皮。噢，想起來了，這個原作還在，還剩下兩幅。畫的是拿起鼓啊那些，歡迎解放軍到來等等。每一批是十二幅。全是我一個人畫完。在白報紙上面畫。畫完了我親自去裱，親自去粘。後來因爲報社轉來一封信，說公安局有意見，說是觀眾把交通堵塞了，這樣才沒有繼續辦下去。

其實我讀中學的時候就經常去大昭寺。那時候，還沒有「破四舊」之前，六三、六四年傳昭期間的燈會，都要請我去畫畫，畫那個燈的周邊。那個燈會就跟我們漢族的燈會一樣，要在紙上畫上各種宗教圖案，裏面再點上燈，可能是酥油燈。現在已經很久都沒有看到這種情景了。我最驕傲的是有一次住在達賴的臥室裏，把我當作專家看待，小專家，才十六歲。我和拉薩電影院的一個美工宋永生一起畫。

唯：那時候，拉薩畫畫的人多嗎？

葉：太少了。沒有幾個。記得謝富治到西藏那年，文化局讓我在八角街裏面，左邊的一個迴廊，在「浪子轄」和「夏帽嘎布」的斜對面，那裏過去有一個方磴磴的廟子，現在好像還有。就在那廟子的牆壁上用水泥把它抹平，然後在上面畫了一幅歡迎中央代表團的畫，但是由於說我把謝富治畫得不像，就把畫刷球了。

文革時候我畫的畫太多了。所以我的整個繪畫水平，在文革沒有浪費掉就是這個原因。畫「三忠於」（文革術語，「忠於毛主席、忠於毛澤東思想、忠於毛主席的無產階級革命路線」）、「四無限」（文革術語，「對毛主席無限崇拜、無限熱愛、無限信仰、無限忠誠」）。畫毛澤東，畫林彪，畫各種領袖像。我的宣傳資料上有一張照片就是我站在我畫的恩格斯像跟前。主要畫毛主席。我畫林彪畫得好。他沒有倒臺的時候畫他的正畫，他倒臺了就畫他的漫畫。還畫王其梅和曾雍雅的漫畫，都是「走資派」嘛。可能我現在還找得出來當時的片斷，那些漫畫宣傳品。我有很多原始的東西。我還找得到革委會成立時候的宣傳畫，比如舉著毛主席的像，「三忠於」，「四無限」，等等。

反正我們在大昭寺那一段時間，我們有十幾個人，吃住都在那裏。我們的展覽也搞起來了，但是中途咋回事把我給開除了？哦，就是單位上把我要回去了，說葉星生這個人根不紅苗不正，階級立場不穩。那時候紅衛兵都需要根紅苗正。就把我叺回去了。我哭了，哭得好傷心。但他們不曉得我拿了經版啊那些東西。不過那些東西保存下來的也不多，多數被他們抄家抄走了，但總還是保留了經版和一些卷卷畫。他們覺得那些版畫是廢紙，他們根本不認識那些畫的價值。

唯：槍打起來那時候是分成兩派了吧？

葉：是兩派。我是「造總」。

唯：那你們的司令是……？

葉：陶長松陶司令嘛。還有朱金河（音）。我們是他們的兵。後來陶長松被抓起來了，還差點被判刑了。

現在分析的話，當時一是盲從，二是政治壓力。我們那個時代，即使穿個新褲子，也要專門補個疤疤，說明艱苦樸素。

唯：陶長松是你們老師？

葉：對。但只有他這最後一個老師了，我指的是現在還存在的。我們的班主任謝方藝毅也死了，我們還給他寫了字，捐了錢。他是在內地死的。我們的成長跟他很重要，確實對我很好。謝方藝。老師中還有龍國泰，是個藏漢精通的專家。還有西諾，我的繪畫老師。

唯：據說那時候拉中的老師都是學問比較高的人？

葉：華東師大的，一句話，全是華東師大的。我說的是漢族老師，素質相當高，比現在的老師素質高多了。藏族呢，多半都是出身成分不好的那些，也是受過很好教育的。

唯：那會兒拉薩的漢族多嘛？

葉：不多。我們班上就我一個，我們同學之間關係很好，前年還在羅布林卡同學聚會。當時除了生活習慣不太一樣，其他都不覺得有什麼不同。而且我一直夾著尾巴做人，所以對我還不錯，如果我張揚一點，恐怕藏族同學還是要團結起來整我的。呵呵。但總的來說大趨向不是這樣，我畢竟還是班上的學習委員，還當了一個學生會的啥子，說明藏族對我還是沒有歧視。我有一個藏名叫洛瑪薩吉，就是我的同學次旺俊美給我的。這名字就是葉星生的意思。

唯：你一直是「造總」嗎？

葉：我是「造總」。

唯：你沒有變成「大聯指」嗎？

葉：是這樣的，我開始是「大聯指」。我還爲此跟我的繼父打起來了。他是「造總」，而且是鐵杆「造總」。他最喜歡朱錦輝，北京來的那個學生。還有益希單增，他們也是好朋友。所以他是鐵杆「造總」。我呢，那時候也不懂事，「左」得很，比他還「左」。我說他你這個「老保」（「保守派」之意），說著說著還互相用枕頭打。不過我後來也參加「造總」了。

唯：爲啥子呢？

葉：主要是受了煽動吧。那會兒年輕，不懂事，還有就是覺得熱鬧嘛。那時候還是一腔熱血。還是覺得，怎麼回事呢？思想根源是什麼呢？我想一想……（足足想了半分鐘）一個可能受我繼父的影響；第二個我經常去二所，二所是「造總」總部，那種語言聽得特別多；第三個，我看見「造總」裏頭的美女特別多，你不曉得那些女娃子好漂亮。西南秦劇團有一個演小旦的女娃子，我一直默默地喜歡她，她就是「造總」的。「造總」裏頭的女娃兒比「大聯指」漂亮多多了。

唯：那你的意思是說你是爲情所動？

葉（大笑）：這也是一個因素。那二所，經常是美女如雲。

唯：那陶司令不是很安逸哦，被很多美女包圍？

葉：那當然啦。不足爲奇。不足爲奇。不過陶長松不好色，我發現他。要是我是他就對了，那我就是「黃司令」（「黃」指與性有關）。

唯：那時候內地來的紅衛兵多不多？

葉：多，多。就是內地小姑娘來的特別多。

唯：他們是「破四舊」之前來的，還是「破四舊」之後來的？

葉：串聯嘛，都是那段時間來的。我記得最清楚的是益希單增，他經常手裏拿一根皮帶，穿一身軍裝，他長得又魁梧，那個樣子很兇狠的。他說一不二，每天早晨喝一杯鹽開水就到我們家來。那時候我很崇拜他，因爲我聽說他是從中央美院來的。

唯：他是個頭兒嗎？

葉：他是頭兒。是串聯小組的頭兒。我感覺。

唯：那他畫不畫？

葉：基本不畫。有一次他畫牆壁都沒有畫好。他是學美術理論的，不學繪畫。

唯：內地紅衛兵當中來得最多的是哪裏的呢？

葉：我看，那時候最明顯的是西安的「紅造司」，好像就是這個名字，「紅色造反司令部」。還有「紅色造反總隊」還是「紅色風暴」，我記不清楚名字了，反正是西藏民院的。也有北京的，主要是北航。那時候造反派的內部也是矛盾多得很。各個派別又不一樣，但我們最崇拜的是北航的。因爲是從北京來的嘛。我覺得北京的紅衛兵當中漢族多，西藏民院的是藏族多。而藏族當中我記得最積極的是話劇團的那批。他們參加的是「造總」。他們編各種歌舞，跳得很好看。

唯：拉薩紅衛兵跟內地紅衛兵有沒有矛盾呢？

葉：我想一想。我總覺得整個感覺還是被北京的紅衛兵牽著走。因爲他們總是打著啥子北京最新消息、中央最新指示的旗幟，拉薩哪裏曉得這些哦。到處煽風點火的。所以總是感到他們的資訊最快。

唯：「破四舊」時北京紅衛兵在不在？

葉：我想一下……「破四舊」是斷斷續續的，實際上整個文革時期，一直不斷地在「破四舊」。當然「破四舊」基本上集中在文革開始階段，到後來重在揪「走資派」。重在一種無形的東西。揪鬥「走資派」。革命「大串聯」。分派。最後就是武鬥了。我記得「造總」幾個頭兒，一個是陶長松，一個是朱金河。朱當時是西藏機修廠的一個技術員。還有一個現在還在，林業廳的副廳長還是啥子主任，名叫俞明高。

唯：「造總」後來就不如「大聯指」了？

葉：不行了。「造總」後來就不行了。該抓的都抓了。因爲「造總」後來反對任榮。任榮是西藏軍區的司令兼革委會的主任。一個四川人。很帥。穿軍裝。穿馬靴。濃眉大眼。他是支持「大聯指」的。既然陶司令都被抓起來了，「造總」也就奄奄一息了，「大聯指」也就得勢了。

唯：像軍管會那時候所起的作用是咋個樣的呢？

葉：武鬥以後一發不可收拾，基本上都快要衝「長城」了。所謂衝「長城」就是衝軍隊。

當時全國都是這樣。那個時候我倒是眞正感覺到確實有一小撮混水摸魚的人，打土豪分田地的人出現了。這些人還是有眼光，他曉得這個時候再不抓緊就來不及了。這些人在這樣的亂世當中主要還是爲了權。於是整個局面沒有人能夠控制得住。不管哪個講話，包括任榮講話，喇叭都給他砸得稀爛。我記得最明顯的就是工委院子裏有一個高音喇叭，軍區門口也有一個高音喇叭，霍喲，那個聲音只有那麼嚴重，簡直是最高貝數，警告這個警告那個的，就有好多人扔石頭，雖然打不著，也是一種直接騷擾嘛。不服嘛。所以局面就到了那種地步。毛主席感覺到了，就開始往回收，於是就把軍隊派到各個地方，「三支兩軍」（支持「左派」、支援工業、支援農業；軍管、軍訓）。建立革委會。也就是革命「左派」和部隊和革命領導幹部聯合起來，組成一個革命領導小組，由軍管會控制全局。我們那個城關區軍管會實際上是武裝部來執行。也就是武裝部部長和政委。我還記得部長姓牛，長得也像牛。政委叫郭政委，是個河南人。

唯：文革期間，在西藏，民族之間的關係如何？

葉：那會兒主要是階級鬥爭，「親不親，階級分」。

唯：六六年過後呢？有沒有不同？

葉：六六年過後也沒得啥子變化。我記得城關區都沒得啥子變化。反而那時候藏族見到漢族多尊重的，下鄉的時候見到漢族，那些老百姓還要伸舌頭。當然這不是好現象，但起碼說明了一點，漢族的形象和地位。當時城關區的領導很多也是漢族，但有些很壞，像曹書記那些，大多數還是好的。那時候的主旋律是「親不親，階級分」嘛。人也單純得多。我也單純。想起別人也單純。

唯：那後來是咋個回事，民族矛盾就多了呢？

葉：我覺得是這樣子，後來陸陸續續培養了一批藏族大學生，他們從內地學習回來以後掌了權，就是這批人。他們把一些問題，說好聽一點，看得很明白。現在回頭來看，不要說藏族恨，我都恨狗日的當時那個「破四舊」。不管咋個說，我認爲「破四舊」眞的是中央、國家給藏族人民造成的一個悲劇。現在我回想當時的情節，那種毀滅，再看我收藏的這些東西，我眞的覺得太不可思議了，太可怕了，太可惜了。這種確實會激起一定的情緒。當時嘛，人在廬山中，不見廬山眞面目，都在狂熱之中。就像我們當時在文化大革命當中，你要喊我覺悟毛主席那種做法不對，我根本不可能。不是出於政治壓力我不可能，而是我眞正覺得他是對的。很多人都認爲他是對的。就像法輪功一樣，很多人都認爲法輪功是對的，因爲他們進去了，但一走出來，再回過頭去看很多事情，這下子就猛醒，甚至憎恨，情緒就起來了。

再加上隨著文化程度的提高，生活水平的提高，最主要的原因就是敞開了大門。中國原來要看世界門都沒有，我們只曉得全世界最富的就是中國，像臺灣人民都生活在水深火熱當中，我們還要拯救全世界還有三分之二受苦受難的人民。我眞的這麼認爲。都窮，全世界只有中國最好。

唯：其實那時候你們也過得不好啊。

葉：我們沒有比較就不存在好和壞。就像聽革命歌曲我覺得好好聽，突然有一天我收聽到墨爾本的一個澳洲廣播電臺播放的鄧麗君的歌曲，無法想像世界上還有這麼好聽的音樂，於是每天都聽。當然是偷聽，抓到不得了。那時候誰要是聽了鄧麗君的歌兒，像我們這種出身不好的人，絕對會把你抓起來，甚至把你判刑。就這麼嚴重。靡靡之音的嘛。

唯：是不是就因爲這以後，當人們醒悟過來，回想文革時候諸如「破四舊」等行爲，既懺悔又痛恨，民族間的隔閡因而也就拉大了？

葉：也不是，他們現在有一句話，就像我在八角街買東西時，看到一個殘了的佛像，我就問，這個佛像咋個殘了呢？它絕對值不到那麼多錢。而他們經常就要說：這是文化大革命，那些漢人給砸爛的。但是，說眞心話，這個買佛像的人說不定當時他龜兒子也在砸。他也在砸。而且那個時候，拉薩的漢族並不多。眞的。藏族確實是主旋律。但是掌權的都是漢族。不過做事的是藏族。確實是這個現象。那時候拉薩街上漢族小孩很少。

唯：不過還有一點，是不是當時內地來的紅衛兵很多？是不是這些來串聯的紅衛兵是一路砸起走的？

葉（沈吟半晌）：可能……有是有過，但這個現象不明顯。我覺得我對內地紅衛兵最大的印象就是來煽動。煽動。霍，那個煽動力量之強，舞蹈，音樂，然後演講。宣傳隊。長征是宣傳隊。做這種事的多。你要說他們在行動上付諸於實踐，最明顯的是揪「走資派」，煽動一批人把當官的一個個整下來，當時沒得哪個敢整當權派，他們敢。至於參與其他事情，我沒有親自見到過，也就不好說。反正無事可幹，每個人都跟瘋了似的。而且也不上班了，不幹工作了。停產鬧革命。大家都圖好要嘛。反正都年輕。你要說誰有眞知灼見，那個時候這種人太少了，包括我在內都沒得，好在我會畫畫。要不然我也可能多積極的。

唯：那麼，你收藏了很多文物，是不是這些文物很多都是文革期間流失到民間的？

葉：對。這個我敢肯定。我記得最痛心的就是在澎波農場，那裏有一個甘丹青稞寺，可能有千年的歷史，但已經完全沒有寺廟的痕迹了，寺廟的所有東西都放在一個庫房裏頭。我和韓書力（畫家，北京人，現爲西藏自治區文聯主席）去過，當時給我們把寺廟倉庫打開，哇！說是讓我們隨便撿的嘛。隨便拿。不過那時候我們對這些東西也不覺悟。現在都說我聰明，其實我沒有覺悟。那時候只是覺得哪個好看，就拿一個作紀念。眞要是那時候拿什麼東西，太容易了，農具廠都把那些佛像拿來化銅的嘛。化了銅來做農具，做配件。

唯：幾千年、幾百年的文物就拿來做這些？！

葉：啊，就是。這種情況其實各個地方都有。

唯：這麼說起來，我覺得你捐贈的那兩千三百件文物，其實就是文革時期流失到民間的。

葉：流失了。流失了。絕對。

唯：還不曉得有好多東西永遠都找不回來了，你這兩千三百件文物只是極少極少一部分。

葉：九牛一毛。九牛一毛。而且現在我在八角街上時常發現，不一會兒又冒出一個老佛像，不一會兒又冒出個老唐卡。據說文化大革命以後，有些康巴人跑遍西藏收購這些東西。所以說，可能在一些偏僻的地方，還有一些老百姓保存的有文革的這些東西。當然家傳也是一部分，但一般來說只能是大貴族家才有，老百姓家、窮人家哪裏有呢，所以很多都是文革時候流失的。

唯：大貴族家肯定沒得啥子了，文革時候都被當作「牛鬼蛇神」給抄家了。

葉：不見得，我聽說有一個大貴族家的房子的牆壁是夾縫，兩層的嘛，很多東西都藏在第二層裏頭的。

唯：但這也是屬於微乎其微，極其個別。

葉：是，確實是極少數。還有些人家是不敢。那時候不少人家是這麼做的，明明家頭有佛像，但怕抄家的抄到家裏來，就把佛像扔到拉薩河裏頭。所以三中全會以後，人們膽子大了就說，哪天到河邊去，撿得到佛像。也有埋的。比如說這個佛像（葉指著放在他家桌子上的一尊不大的釋迦牟尼佛金像），我就懷疑是埋在羊圈裏頭的。剛開始我們以為是仿製的，後來經過考證，認定它絕對是老佛像。老佛像埋久了就成這樣子了，鏽了。可能是埋在羊圈裏頭。但他埋起來並不是保存它。而是怕。怕軍管會來了。怕革命派來了。要揭發你的嘛。那個時候藏族之間也在互相鬥。比如說在居委會，他們經常互相揭發。向工作組揭發說，你們要到那個家去，那個家在咋個咋個。實際上工作組也鼓動他們互相揭發。揭發了誰，誰就立一功，就可以當積極分子。這個我曉得，我就是工作組嘛。所以相互揭發。

唯：當了積極分子有啥子待遇呢？

葉：哎呀，有啥待遇哦，那個時候。就是榮譽嘛。就覺得可信嘛。就不動他（她）嘛。

唯：那不是人人自危啊？

葉：唉，中國這幾十年，混帳就混帳在……不是這幾十年，是「極左」的路線下，混帳就混帳在，就是說，那種與人鬥其樂無窮上。人與人之間相互殘殺，包括無形的殘殺，所以人與人之間長期沒得信任感。直到現在還是這樣。佛教中所說的三毒「貪嗔癡」都具備。什麼嫉妒、愚昧、仇恨都有。他不想你太好。這就是文革的影響把人的性格都扭曲了。「與人爲善」這四個字在文革當中是看不到的，啥子善哦，沒得善，只有一個階級鬥爭。

唯：你是否瞭解，像那些當年砸過大昭寺的人，現在有沒有後悔呢？

葉：像在拉薩，爲什麼今天有些藏族轉八角街那麼狂熱，我覺得他們可能有很多懺悔心情，但是這種心情又苦於不能告訴任何人，因爲作了很多孽吧，這種苦連兒女都不能告訴。他（她）只能自己默認了。只能使勁地拜佛轉經，表示懺悔。其實，文革期間，鬥「三大領主」也好，鬥「走資派」也好，鬥「地富反壞右」也好，最積極的還是藏族。藏族有兩種表現，一種是所謂的積極分子，居委會主任之類，帶頭幹革命，在批鬥會上像辯經一樣的，拍著巴掌，跳著腳，在那兒發言。我覺得他們血氣方剛的嘛。還用角鐵做牌子，給「牛鬼蛇神」掛在脖子上。那些挨鬥的人多可憐的。我記得我們院子裏有一個叫朗色的領主，三天兩頭揪出來批鬥。更多的人採取的是不怎麼介入的態度。裝病之類。算是「逍遙派」。

眞的極「左」啊。當然這跟中國政治的大趨勢有關，也不能完全怪他們，包括我在內，那種政治巨壓之下我也很「左」的嘛，幫我繼父寫檢查全是革命的話，一開頭就是「東風吹，戰鼓擂」之類，連寫日記都要寫目前階級鬥爭的狀況如何，簡直不可思議。可以說全體人民都捲進去了，大勇大謀的人、能夠在這種浪潮裏不被捲進去的人、保持清醒頭腦的人可以說極少，而且不容易。除非他很狡猾。我們是做不到的。既要革命派不揪鬥你，又要堅持正義，太少了。包括當官的都是，鬥慌了他還不是要說假話。就像我繼父被說成是「東藏民青」（一些追求共產主義思想的藏族青年，於一九四九年成立的共產黨的周邊組織「東藏民主青年同盟」的簡稱），後來把他實在是鬥狠了，他就說他們當年曾經對著蔣介石的畫像殺雞祭血，喊國民黨萬歲，等等，這純粹是說假話嘛。可是你說他是爲了啥？還不是企圖在那種高壓下保護自己而已。

米瑪

「居然看見倉庫的一半全亂堆著佛像」

米瑪（化名）：男，藏人，文革爆發時，是中央民族學院學生，畢業後留校當老師，一九七〇年代返回拉薩，如今在自治區某文化部門任職。

「文革」時我在北京，在中央民族學院藝術系學習。因為我的成分不好，當時不讓我參加紅衛兵，我就和一些成分不好的同學成立了「紅藝兵」文藝宣傳隊，自己做了「紅藝兵」的袖章戴上。有三十多人。

我們也搞串聯，是一九六八年回到拉薩的。我們進來時算是很晚了。記得我們剛到柳園的時候，中央就下令停止「大串聯」，但我們已經到了柳園，還是想辦法到了拉薩。當時正是武鬥最厲害的時候，「造總」被「大聯指」打敗了，我們是屬於「造總」的，就趕快回北京了。這是在「六・七大昭寺事件」之前。

當時拉薩有很多內地來的紅衛兵，主要以北京爲主，有中央民院的、清華大學的、北師大的、北京地質學院的、北京航空學院的，等等。基本上都是「紅色造反團」，藏族居多，可以說，在北京學習的藏族學生基本上都打回來了。益希單增最早是「紅色造反團」的一個頭頭，兩派出現的時候他是「造總」，後來「造總」不行了，他反戈一擊，又成了「大聯指」。

拉薩本地的紅衛兵主要是拉薩中學、師範學校的學生和居委會的年輕人。整個拉薩戴袖章的人很多，什麼什麼組織的造反派之類，到處都是。

文革在我的記憶中，印象最深的一是班禪大師被鬥，二是被劫往內地的佛像。

班禪大師在北京挨鬥的時候，「上頭」（指上級部門）有規定是不能把他遊街、不能給他戴「高帽」的。當時在北京體育館批鬥他時，我們都參加了。他還是穿著黃色綢緞的藏裝，挺威武的樣子，那些漢族都說，喲，藏族這麼神氣啊。他是單獨批鬥的。後來拉到中央民院，關在一排平房裏面，可能有一個星期。他和他的家人一人待一個房間，開著門，門前拉了一根繩子，不讓人進去，但可以參觀。參觀班禪大師的人特別多。這麼大的活佛，平時誰也沒有見過，所以很稀奇。

當時有很多從西藏拉到內地去的佛像，很多集中在柳園的一個巨大的露天倉庫裏。那是一個鐵器倉庫。後來有一年我從北京回西藏，沒有買到機票，坐火車到了柳園後搭貨車進去。那時司機都願意拉建築上用的鋼材鐵絲之類，因爲這種貨大，不容易在路上丟失，所以我就跟司機一起去那個倉庫裝貨，居然看見倉庫的一半全亂堆著佛像，多得很，都是從西藏運出來的，就那麼在露天裏亂堆著，也不管。聽說這些佛像是要熔化了做鋼材什麼的。也許也有留下的，但都不知道最後拉到哪裏去了。唉，那麼多的佛像，我一輩子也忘不了。

扎原

「我們兩個學校的紅衛兵師生，……一起去國子監班禪大師的住處抓他」

扎原：男，藏人，日喀則某局副局長，已經退休。
訪談時間：二〇〇一年九月二十一日上午

我是中央政法幹校二期學員。五九年入校，六四年畢業留校當老師。當時學校有兩個少數民族班：西藏班和新疆班。藏族學生有二六〇多人。其他班級都是從全國各公安機關來培訓的幹部。六六年「五・一六」通知（一九六六年五月十六日中共中央召開的政治局擴大會議上通過的《中國共產黨中央委員會通知》的簡稱，被認爲是文化大革命的開端）發表以後，學校裏有了紅衛兵。這時我二十四歲。作爲老師的我曾被學生貼過大字報，說我缺乏無產階級感情，因爲有一個學生的父親病故了，她特別悲痛，老是哭，但我這個老師沒有給予關懷，事實上是我擔心她因此耽誤學業所以批評過她。不過只是一張大字報，我也沒什麼事。

當時在北京的藏族學生主要集中在中央民族學院，也成立了紅衛兵組織，而且跟我們學校的聯繫比較多。八月份，在中央民院召開了揭批班禪大師的大會，我們學校也參加了。我們兩個學校的紅衛兵師生，有七、八十個人，都是藏族，叫了幾輛公共汽車，一起去國子監班禪大師的住處抓他。他就在屋子裏，很鎮定，沒有什麼張皇失措的樣子。紅衛兵們把班禪大師一家子都抓走了。其中還有他的弟媳白央，以前是我在日喀則念書時候的同學。我記得在公共汽車上，白央被勒令跪在車上，天氣很熱，她穿得也單薄，那車上鋪的是木條，車一顛她的膝蓋就很重地落在木條上，我看她很疼的樣子，就悄悄地把自己的腳伸出去，讓她的膝蓋壓在我的腳上免得疼，結果被中央民院的人發現了，後來告訴我們學校說有個老師同情剝削階級。當然我否認了，也沒什麼事。

我們這輛公共汽車上有班禪大師的弟弟、弟媳和他的大鬍子廚師。班禪大師在另一輛車上。一下車，我看見等在校園裏的紅衛兵們蜂擁而上，對班禪大師又推又搡，很快變成拳打腳踢。白央的頭髮也被剪得亂糟糟的。在批鬥大會上，紅衛兵們還用皮帶抽打他，連皮帶上的鐵扣都打掉了。班禪大師也不吭聲，因爲天熱，他滿頭是汗水，就這樣整整批鬥了一天，然後把他關在了一間屋子裏。可能是中央瞭解到這個情況吧，第二天，突然有人把班禪大師轉移到了我們學校。我們這裏沒有人批鬥他，保護得好好的，我們吃什麼給大師吃什麼，我還去給他送過吃的。但是他吃得很少。接著又是第二天，大師和他的全家都不見了，這次不知道轉移到哪裏去了。

大概是八月底，我和還有兩個老師帶著五、六十個學生去全國串聯。我們去了重慶、武漢、上海、廣州、延安等等，特別好玩。那時候到處都有紅衛兵接待站，吃飯、睡覺、坐車都不要錢。這麼串聯了幾個月，回了一趟學校，六七年的春天就回到拉薩來串聯了。人少了一點兒，四十多個。我們坐客車到了柳園，接著坐客車到了拉薩。拉薩亂哄哄的，內地來串聯的紅衛兵已經不少，不過我們相互之間沒什麼聯繫。我住在尺覺林寺院裏，那時候早已經改成了公安學校，讓學生們白天積肥送肥到農田，晚上回各自的家。他們都是拉薩人。

我還記得我們在柳園車站看見過這樣的幾幅標語，有一幅是用藏文寫的，意思是「保皇有罪，罪該萬死」；有一幅是用漢文寫的，「看你張國華往哪兒跑」；還有一幅也是用漢文寫的，「青松不老，造總不倒。」這些都是「造總」寫的標語。最後那幅標語跟「造總」總司令陶長松的名字有關，在當時被翻譯成藏語，至今還有不少人記得。

閻振中

「那時候沒什麼民族情緒，藏族和漢族都一樣在鬧革命」

閻振中：男，回族，河南開封人。文革時作爲西藏民族學院的紅衛兵進藏造反，一九六八年畢業後分配入藏工作，現已退休返回內地。

他是我的同事。確切地說，他是《西藏文學》雜誌的主編，而我曾在《西藏文學》雜誌當了多年的編輯，所以我們很熟悉。就文革話題，第一次如同閒聊，他對當時住在大昭寺的往事記憶很深，我做了筆記；第二次我則是錄了音的。

訪談時間：第一次，二〇〇一年九月十九日上午

第二次，二〇〇一年十月八日上午

閻振中講述被改成招待所的大昭寺

據閻介紹，一九七〇年代初期，大昭寺除一樓殿堂被封閉之外，二樓的殿堂和寺院的僧舍皆設爲拉薩市委第二招待所的房間，從各地區和附近各縣來的幹部、群眾皆可投宿，最初〇・一三元／床，後來〇・三元／床。

閻說，他每次從墨竹工卡縣出差來拉薩都住在這個招待所。在他住過的房間中，牆上還繪有壁畫，被燒酥油茶的火苗和水汽給熏得破損不堪。住宿的旅客中有男也有女，有藏族也有漢族或別的民族。閻就是回族。服務員也是有男有女，多爲藏族。沒有一個僧人。

閻說，有一次遇上一位原十八軍軍人，是安徽人，姓張，五十多歲，在進藏後不久轉業任某縣某區的區長，由於家庭出身地主一直不被重用。文革前期他把地主母親接到西藏，地主母親在院子裏種蔬菜，還種了一些罌粟花，結果在文革時被揭發，全家趕回內地接受批判教育。七十年代初，老張到西藏跑他的平反，也住在大昭寺內，但平反久落實不下，所以一直待在寺內，閑極無聊，常在寺院的陽臺上擺一副象棋等人應戰。閻當時二十多歲，愛下棋，故經常跟這人一塊下棋，有一天，聽說老張住的屋裏有人自殺，閻大驚，以爲是老張想不開走了絕路，趕去一看卻不是，原來老張已經換了一個房間，而自殺的是個剛搬去不久的藏人，自殺原因不明。

閻說，當時拉薩城裏下午三四點就已經沒什麼人了，六七點以後簡直空無一人，空城一座。如果是十點返回招待所，那已是相當晚了，需得使勁拍打寺院沈重的大門，撕破了嗓子喊，好半天才會有人來開門。

在今天藏醫院對面的批發商場的左角，當時是拉薩很有名的「拉薩飯店」，一盤紅燒肉四毛錢，味道不錯。

閻振中講述第一次進藏

我第一次進藏是一九六六年十月，當時我是西藏民族學院學生，二十二歲。那時我們學校已分成兩派：「農奴戟」和「紅色造反團」。「農奴戟」得名於毛主席的詩詞中「紅旗捲起農奴戟」一句，這一派在當時有保守派的性質，以藏族爲多。「紅色造反團」當然就是造反派了，我加入的就是這個組織，以漢族比較多，還有納西族，藏族中多爲康巴人，不過我是回族。我們學校的這兩個組織實際上都與拉薩的兩派有關聯。

說起我是怎麼參加「紅色造反團」的，其實文革一開始我就去串聯了，當時出去串聯的人並不多，像一個班上也就七、八個人，或一、二十個人，都是平時就喜歡跑的人。我是差不多把全國都跑了，還去北京待了二十多天，接受毛主席的接見都有三次，記得是第二、三、四批。等我回來的時候，學校已經分派了，當時我們班上只有三個人是「農奴戟」的，其他人都是造反派，特別是平時和我要好的同學，他們一見我就說，你快表態，你參加哪一派？我就問，你們是哪一派的？他們說，當然是「紅色造反團」，我們是堅持毛主席革命路線的。於是我就說，那我就參加你們這一派。這也是因爲在全國跑了一圈，當時的那種熏陶肯定是傾向造反派的。

接著學校不知怎麼回事要到西藏鬧革命，我們應該說是西藏民院進藏的第一批紅衛兵，人不少，好幾百，光是漢族就差不多兩百，藏族也多，但想不起來有多少了。實際上我們在學校的時候已經發生過武鬥，當然先是文鬥。我倒沒參加，因爲當時我弟弟在西安跟人打架，被人打傷了，我就去看他，所以學校的武鬥就沒有參加。不過武鬥之前的演練我參加過，我們每個人還發了一根棍子。有一次說是「農奴戟」的人來打我們，還以爲是眞的，拿著棍子就衝出去了，結果卻是演習，自己人跟自己人打起來了，是眞打，我的手還被棍子給打傷了。我們還要巡邏，「農奴戟」走在這條路上，我們走在那條路上，相互碰見了就叫陣、對罵。

我們是從柳園坐車進藏的。坐的是大卡車。是由同學中幾個當頭頭的去聯繫的，聯繫好了，說上車了，我們就稀里糊塗的跟著這麼來了。再加上當時西藏這邊也分派了，「造總」裏面的司機比較多，一看見紅衛兵來了，是要給他們助陣的，都很熱情，趕快就把我們拉過來了。也不要錢，其實那會兒有什麼錢啊。一路上很順利，我們也沒有什麼高原反應，那時候就沒聽說過到西藏會有高原反應，翻唐古喇山的時候都不知道是什麼時候翻的，而且每到一地，幾個同學還約著去爬山。

我們到拉薩的時候，北京紅衛兵早已經到拉薩了，有好幾個學校的。包括益希單增他們這一批。我記得後來在離開西藏之前還看過益希單增寫的大字報，當時在人民路（今宇妥路）上貼滿了大字報，益希單增的一張大字報給我留下了很深的印象，那題目好像是《論「造總」的發展和必然滅亡》，他跟「造總」好像有分歧，可聽說他最早是「造總」的。北京來的紅衛兵中有不少藏族，像舞蹈家協會的才珍當時是宣傳隊的，我見過他們在街上演出。後來我還同她提起過這件事。還有宣傳部的部長格桑朗傑也是其中一員。那會兒他們都很年輕，很漂亮，每次演出都有很多人圍攏來看。其他人我記不清楚了。

我們剛到的時候住在功德林（是個寺院）裏，不久就搬到二所了。二所以前叫做「堯西公館」，是達賴親屬居住的大宅院，這時候是紅衛兵接待站，準確地說，是造反派接待站，包括北京紅衛兵和我們這一幫。「農奴戟」住在報社的對面，好像也是哪個貴族的房子。我們的主要活動也就是寫大字報，集會，另外就是衝擊區黨委和軍區這一類單位。我們有一個女同學去軍區貼大字報，人家部隊不讓貼，可那會兒的造反派很厲害，其實也是稀里糊塗的，啥球也不懂，就在那裏胡鬧，說我們是毛主席的紅衛兵，好像不得了的樣子，結果被軍區給關起來了，於是我們就去衝擊軍區，去要人。

現在想起來覺得文化大革命挺好玩的，而且也挺投入的，絕對很投入。比如我們有一個同學，山西人，叫魏志平，這人很豪爽，有點英雄主義的氣質，他是我們的頭兒。他曾經被抓過。

抓他的時候我們就住在二所。是公安局要抓他，理由就是他是「造總」的頭頭。那時候一會兒是「造總」掌權了，一會兒是「大聯指」掌權了，哪一派掌權了都要收拾對立的那一派，兩派互相收拾。而且「大聯指」這邊很多是部隊、領導和公安局之類，「造總」就沒有這些人，基本上是工人、「翻身農奴」和學生。記得抓魏志平的那天有意思，一輛吉普車停在二所的門口，從車上下來幾個人在院子裏喊：「魏志平在嗎？」那會兒都知道正在抓「造總」，魏志平也知道叫他的意思。於是他手裏抱著紅皮兒的「毛選」四卷，脖子上圍著長圍巾，頭髮也梳得很光，加上他個子高大，站在臺階上非常醒目。「我就是魏志平」，只聽他字正腔圓地回答了一聲，然後把圍巾往後一甩，「起來，饑寒交迫的奴隸……」，就高唱著《國際歌》一步步地走向抓他的人。當時有很多紅衛兵都趴在二樓的欄杆上送他，都跟著一起唱起來了。那情景很悲壯，就像電影《紅岩》裏的英雄一樣，哎呀，那個年代挺戲劇化的，像演戲一樣。魏志平被關過好幾次，放了沒多久，遇上什麼事情又會被抓，可他從來都革命鬥志很高。其實他這個人屬於衝鋒陷陣的那種，他不會使壞，有革命浪漫主義色彩。而且他有很多優點。他喜歡讀書，也有很多書，都收拾得整整齊齊的，借書給人都有時間限制，而且還不能折一個角。當時我們都沒有書看，但他有，像《斯巴達克思》我都是從他那借來看的。他曾經保存的有一套《紅色造反報》，可惜被抓的時候給搜走了。

那時候我們跟拉薩的紅衛兵接觸不算多，多是自個兒學校的在一起，但只要是造反派，就是戰友，比親兄弟甚至比父母還要親，相互之間分享的都是自己最好的東西。那時候的紅衛兵也沒有錢，可以說身無分文，走到哪吃到哪。作爲我們來說是紅衛兵中的小兵，接觸最多的也是造反派裏面的工人、司機等等。但像陶長松，知道吧，他是「造總」的總司令，是整個拉薩造反派裏面最大的頭兒。他的威望很高，這個人很有水平，但在當時我就見不到他，當然現在成朋友了。當時我要見到他的話，我就不可能是一般的人了。而我屬於小兵、嘍囉一類，還見不到那麼大的頭兒。他很有名，拉薩人人都知道陶長松。直到八十年代，他調到社科院編《西藏研究》的時候我們才認識。

那時候雖然喜歡玩，但我們沒有想過要專門去看寺廟什麼的，也不想去看，腦子裏就沒有這個概念，因爲知道那些都是「四舊」。大昭寺也只是到過門口，沒有想到要去裏面看看的。所以到後來看見什麼文物、古董，根本不覺得寶貴，而是不屑一顧。最早去串聯的時候，比如去上海，也哪裏都沒去轉，只是去了幾個大專院校。我喜歡跑，到拉薩沒多久，就和兩個男同學去了日喀則。當時扎什倫布寺已經被破壞了，佛殿都被砸了，佛像呀經書呀等等堆的滿地都是，都是破破爛爛的，不過裏面也有好東西，像小金佛或者肯定是年代很久的佛像，那會兒我要是撿個什麼東西就不得了啦，但不懂啊，不懂哪些是金的哪些是銅的，要是葉星生當時在，肯定會拿不少的，結果我只撿了一個木頭的裝飾品，揣在兜裏。

在日喀則聽人說亞東的風景不錯，我們三個人就又去亞東了。在這之前已經有兩批人去過了。我們一到亞東，就跟當地的造反派接上了頭，住在招待所裏。還碰上了一個藏族女同學，她是「農奴戟」的，在學校時候是互不理睬的，但在這裏遇見還是很熱情的。她是這裏人，就帶我們去她家喝茶，她還告訴我們下亞東的風景更好。所以兩天後我們就去爬山，沒想到早就被部隊給盯上了，用望遠鏡看得一清二楚。幸虧我們沒有往下亞東的方向去，否則肯定會把我們當成偷越國境那一類，那就不是一般的錯誤了。當時邊境上是不准串聯的，不准搞文化大革命的，但不知道亞東怎麼會有造反派。而我們這三個外來的紅衛兵很顯眼，實際上一到亞東就被注意上了，但部隊沒有半點流露，反而說要幫助我們找車，十天後我們坐上部隊的卡車回拉薩了。路過布達拉宮時我還敲車板，說停車，我們到地方了，要去二所。可當兵的回了一句：不行，首長說了，要把你們帶到軍區去。我覺得不妙，可等到了軍區才明白是被抓了。我們被搜身。我的身上除了那個木頭什麼也沒有，幸好沒有拿金菩薩，不然一定會有災難的。就像七九年爲了寫電影劇本，我在羅布林卡達賴的宮殿裏獨自住過一段兒時間，那屋子裏的金佛像多得很，可我一個也沒有動過，其實如果我要拿了誰也不知道，因爲究竟有多少佛像並沒有數的，但我就絲毫沒有產生過這種雜念。民協的次丹多吉住過另一屋，他也沒有拿。所以他後來說，幸虧我們兩個誰都沒有拿，身體一直很棒，否則就會像葉××和汪××，他們把洗的襪子、內褲什麼的晾在菩薩身上，結果現在都病得很厲害，葉××都半癱了。

因爲從我們的身上搜不出什麼來，所以也沒怎麼懲治我們，但還是被送到拉薩市公安局給關了將近一個月。我還被審訊我的人打過。他們問我，你們去亞東幹什麼，有什麼特殊使命？我說沒有，就是去玩兒。他們不相信，又說我的態度不對。那當然，我們是紅衛兵嘛。我還說，你們這麼對待紅衛兵將來要遭到懲罰。於是一個人他龜兒子上來就踢了我一腳。我也不示弱，也踢了他一腳。可公安局的會打人，他狠狠地朝我脖子上砍了一掌，我的兩隻手臂一下子就麻了，而且發抖發冷。我害怕了，嚷道：怎麼辦，你把我打成這個樣子？那人也有點慌，說你不要怕，然後端來一盆熱水，讓我把手放進去，我趕緊老老實實照做了，不一會兒就好了。這個人後來從公安局調到組織部，我還見過，那是我在墨竹工卡工作的時候，他來考察人員，我一見，耶，這不是打我的老王嗎？他也認出我來了，我們後來成了朋友，而這一建立起關係倒還好了，我的這一段被抓的經歷可以說清楚了，不然就說不清楚了，因爲凡是被公安局抓過的都被備案、歸檔了。而這我是以後才明白的，爲什麼我入不了黨，提不了幹，原來都是那玩意在檔案裏頭搞的鬼。直到八〇年代初，我對組織上說，我這個情況組織部的老王最瞭解，於是經過調查，我才好不容易地入了黨。

我們被關在一起的都是「造總」，有北京來的紅衛兵，還有一個東北的女紅衛兵，嘴巴很能說的，記得還有一個本地居委會的頭頭，是個回族。但我們精神還不錯，在外面的戰友們還經常來監獄看望我們，送的禮物都是「毛選」。記得就是在監獄裏的時候，發生了「造總」衝擊報社奪權的事情。好像還有摩擦。那會兒還沒有武鬥，但已經在醞釀之中。不久氣候又有利於「造總」了，於是我們都被釋放了，然後就返回學校了。我們是六七年一月底走的，在拉薩待了差不多三個月。

六八年底我被分配進藏，先在三〇八炮團接受工農兵的再教育鍛鍊了一年，這也是當時一個規定，所有大學生畢業了都要到部隊鍛鍊一年。我養了一年的軍馬，然後被分到墨竹工卡縣去了。這時候拉薩的武鬥已經不多了。記得當時有一個照相館的師傅，沖洗技術很好的，他是「造總」的人，在二所的路上被流彈打傷了，就癱瘓了，一直搖輪椅，妻子也跟他離婚了，挺慘的。

我與閻振中的對話

唯色（以下簡稱「唯」）：西藏文革當中有無民族主義的影響？

閻振中（以下簡稱「閻」）：在拉薩的文化大革命中，藏族和漢族的關係不是以民族來決定的。那時候一是分階級，也就是「親不親，階級分」，二是分派別，看是不是一個派裏的戰友，只要是一派的，啥話都可以講。那時候沒什麼民族情緒，藏族和漢族都一樣在鬧革命。當時帕廓街的牆上有宣傳欄，畫的盡是揪出達賴和班禪的漫畫。在我的印象中，那個時候，達賴在拉薩一點兒影響也沒有，因爲已經搞過很多運動，宗教基本上沒有什麼地位了，我們就沒有聽說過什麼宗教問題，都是階級問題這一類。而且至少在表面上也看不到有人敢信佛。

唯：西藏文革的特點是什麼？

閻：比較內地的文革，我認爲西藏文革的特點之一，比如兩派中的「大聯指」在受到官方支持這一方面，比起內地來要厲害些。若從活動能力來講，「造總」要強些，但「大聯指」要穩一些，而且有軍隊和上層支持，安全係數高一些。而內地，在力量對比上，造反派占優勢，但在西藏就不是這樣，像我們那時候作爲造反派處處感覺到壓力很大，覺得施展不開。畢竟這裏是邊疆地區，我估計可能上面也不希望讓西藏太亂，有一種儘量往裏收的趨勢，而內地是完全放開了，想怎麼搞幾乎沒人管，但這裏就要管，主要體現在軍隊的立場上，雖然其中有些如一師是支持「造總」的，但是怎麼支持我們也稀里糊塗。

像我們這樣憑著一腔熱情投入革命的人，在造反派裏占八〇%以上，而不是出於什麼利害衝突參與進去的。學生紅衛兵基本都是這樣，被別人利用，與單位上爭權奪利或有積怨而分派的人不同。所以說我們盲目也就在這裏，被抓被什麼也是活該。即使文化大革命造反派得勢了，我們也不可能得到什麼好處，不過當時也沒有想到自己會從中得到什麼好處，只想著爲了捍衛毛主席的革命路線。現在看來這口號又大又空，可當時是毫不懷疑的。我的同學當中，那些藏族同學更單純，更堅信，他們絕大多數都是「翻身農奴」，那種感情傾向是非常絕對的，對新社會的熱愛和對舊西藏的仇恨一樣強烈。我有一個很要好的藏族同學，是個昌都人，串聯時候我帶他一起去我的老家開封，正遇上武鬥，他問我哪邊是造反派，然後就要拿著石頭加入進去，實際上他跟誰都不認識，只是憑著，用當時的話來說，憑著樸素的無產階級感情而已。

唯：那麼今天，如何認識文革或者反思文革呢？

閻：說起文化大革命，我直到現在還沒有認眞地去思考過。其實文革有著一種很複雜的心理狀態，絕對不是那麼簡單。其中有胡鬧的成分，但還有著潛在的什麼東西在裏頭。比如對主席和共產黨的熱愛、崇拜和忠誠，對社會主義和共產主義的認識，在學習雷鋒或者批判各種所謂的反動、落後的觀念中形成的一種精神上的境界，已經達到一種不加思索的狀態，意思就是，是這樣就這樣，叫你怎麼樣你就怎麼樣，所以在武鬥中就敢打人甚至殺人。可如果現在讓我去打人，我肯定不敢，但在當時就敢，你說怪不怪？那時候爲了捍衛毛主席的革命路線，以及類似的東西，那就是比自己的生命、比別人的生命都重要，犧牲了或者消滅了都無所謂。我見過很多武鬥場面，那都是很英勇悲壯的，儘管很愚昧，或者很那個，但在當時看來，確實如此，如今而且以後我想都不會也不能再出現這種狀態了。

文革在我的記憶裏感覺就像一場夢。那時候整個時空都是超越了的，所有的概念包括民族等等都改變了，個人的東西也沒有了，全集中到革命上去了，直到這一切過去以後，冷靜下來了，再加上後來的改革開放之類，文革好像一下子就被甩過去了，你說怪不怪？基本上再也沒有那一類事情了，即使是當年的造反派在一塊兒也最多是回憶一下那時候的經歷而已，但再也沒有感情的糾葛了，人的命運也不與你是不是造反派有什麼牽連了，也不影響你什麼東西了，感覺就像一陣風刮過去了。畢竟那時候的觀念已經和現在再也對接不起來了，格格不入了，再也沒有存在的理由了。並不是說，若與過去有牽連的話，你可以獲得精神上或某些方面的的什麼東西。好像人生又重新來過了。何況，如果還要抱著文化大革命的那些想法，這個人肯定是不太正常了。所以說文化大革命作爲歷史已經過去了。

但它在人們心裏留下的東西應該還是有一些。比如說人的忠誠，人對組織的服從，以及對信仰的信念。這些在我們這一代人心中還是有影響的。或者說，文革雖然過去了，但整個的那種東西還是潛移默化地影響著人，但已經不具體了，不是就事論事了，而是大的觀念上的那種東西留下來了，包括人的工作方法和生活習慣。就像當時有一句話，「從靈魂深處鬧革命」，確實如此，這是不可能去掉的，刻印在人的精神深處。就像前幾天，我和兩個阿里的朋友在一起聊天，我說我從來沒有敢想過現在的生活這麼好，從來也沒有想過拉薩能變化到這種程度，原來的拉薩，原來的墨竹工卡，哪裏是現在這個樣子。其中一個人是藏族，原來是阿里宣傳部部長，退休了。他說，我也沒有想到阿里會變得現在這麼好。還說，我從來沒有想到我有一天會有自己的房子，工資會這麼高。這也就是說，我們這些人對現在的生活有一種滿足感，而且總怕這種生活保持不住，畢竟過去吃苦太多了，但那時候吃苦並不感覺到苦，因爲大家都苦，不過回憶起來要再回到當時那種生活狀態確實受不了。但我的兒女們就對現在的生活不滿足，反而還說自己苦。另外我們在工作上也很認眞，讓做什麼就做什麼。這都是那些年代的影響。

拉巴

「別看他們今天的位置坐得高高的，全都是文革當中兩派爭鬥時候上去的」

拉巴（化名）：男，藏人。文革期間，從上海戲劇學院畢業，「造總」成員，如今就職於自治區某文化部門。他是一位民俗專家，我們早就認識，但從未談過這麼多話。

訪談時間：第一次，二〇〇二年六月十日上午
第二次，二〇〇二年六月十五日下午
第三次，二〇〇三年三月四日下午

拉巴講述拉薩文藝界中的兩派

我們是六七年七月份從上海戲劇學院回來的，兩派已經很對立了。我曾經看見益希單增在木如寺（當時是話劇團和豫劇團的駐地）跟那些演員作宣傳，後來又在迎賓館（原來叫交際處）

廣場召開的會上發表演說，很活躍的。聽說他最早是「造總」，而且是鐵杆，在拉薩到處鼓動，後來不知怎麼回事，他又跑到「大聯指」那邊去了。他在那時候，在這方面的表演就非常充分，他可是個人物。我們回來時，內地的紅衛兵已經不少了，有北京的「紅色造反團」，青海的「八一八」等等。他們就是到處鼓動嘛。

當時在文藝界的兩派，一派叫做「紅藝司」，意思是「紅色藝術司令部」，屬於「造總」，有西藏歌舞團、話劇團和藏劇團等文藝團體。另一派叫做「五·二三司令部」，得名於毛主席延安文藝座談會的講話（毛澤東發表該講話的時間是一九四二年五月二十三日），屬於「大聯指」，有話劇團、秦劇團和豫劇團等文藝團體。兩派各有各的宣傳陣地，各有各的宣傳隊，各有各的報紙，各有各的頭頭。我們加入的是「造總」。每逢毛主席的指示下來了，我們就要把指示編成節目，編成歌曲，到處去演出。我們屬於小宣傳隊，人不多，就在拉薩周邊演出。我們還要學樣板戲。話劇團學的是《沙家浜》，歌舞團學的是《白毛女》，都是藏族，全用漢語演出。那時候演出都是漢語，是當時的社會風氣，談不上什麼少數民族語言。倒是藏劇團把《紅燈記》改編成了藏戲，用藏語演出。旋律是藏戲的旋律，不過是自己編的，屬於現代藏戲，但是整個故事的結構和臺詞都是翻譯過來的。記得當時爲參加全國大匯演，西藏幾個文藝團體都帶了節目在保定集中排演，要排演三四個月，話劇團帶的是話劇《前哨》，有我；藏劇團帶的是《紅燈記》，歌舞團也帶了節目。我們還給當地的部隊演出，但是藏劇團的《紅燈記》人家部隊聽不懂，可能是擔心他們溜走吧，還把禮堂的大門給鎖了，其實部隊很有紀律的，聽不懂也坐在那兒。

那時候也不知道從哪裏來的這麼好的精神，簡直是一咕腦兒全捲進去了。兩派都浩浩蕩蕩的，對立很鮮明的，動靜也越來越大，慢慢地就走向了武鬥。拉薩有一段打得很凶，那是六八和六九年。兩派都打，各自有司令部，各自有武裝，也不知道是從哪些渠道搞來的，都很神祕。作爲「造總」方面來講，能夠搞到武器的渠道很少，但是「大聯指」因爲得到所謂「支左」的駐軍的支持，這方面力量強多了。

作爲我們來說，最好的年華就浪費在那個時候。我從上海戲劇學院畢業時二十二歲，文革十年都是我的黃金歲月啊，想演戲又沒有戲，演的是樣板戲《沙家浜》，倒是把這戲給全套都學下來了。我還記得當時爲了學《沙家浜》，我們去了六個人，住在北京西園旅社。除了樣板戲，幾乎沒有其他戲劇作品。不過不管怎麼說，我們還算幸運，沒有在武鬥中被打死或者打傷。市歌舞團有一個叫達瓦的人，他的一隻眼睛在武鬥中被打瞎了，是被子彈打飛的石頭濺在眼睛上弄瞎的。當時我們一起走在人民路上，他就在我旁邊，是我把他送到醫院去的。

拉巴講述「六・七大昭寺事件」

那時候可不得了啦。西藏軍區的大門上有一個高音喇叭，是那種戰場上使用的大喇叭。另外，「大聯指」有自己的廣播站，一個在小昭寺，一個在策墨林寺老歌舞團的駐地。「造總」也有廣播站，一個在大昭寺，一個在希德寺，當時我們的小宣傳隊就住在希德寺裏面，除了演出我們就坐在院子裏不敢出門。也不敢回家，怕在回家的路上被對方那一派抓住打個半死不活的，算你倒楣。那個時候很厲害，到處都是廣播喇叭在響，而且還有宣傳車。那邊哇哇叫，這邊哇哇叫，尤其是軍區的大喇叭，那個時候的拉薩可不得安寧了，簡直是！而且還到處打冷槍，死了不少人，這些人死得挺冤枉的。可當時都是捍衛毛澤東思想，捍衛毛主席路線等等。兩派都水火不容，一碰就著，打得很凶。那一段歷史簡直不堪設想。

要說「六·七大昭寺事件」，我很清楚，因爲我的妻子，當時是未婚妻，她就是設在大昭寺的廣播站的廣播員。還有一個廣播員「高音」，其實她的名字叫赤列曲吉。她倆都是拉中高六八級的學生。記得那天我未婚妻和「高音」來總部找我，急匆匆地，說是馬上要去大昭寺。我們互相還叮囑了幾句話。我告訴她，現在打「黑槍」厲害得很，不要亂跑。快到晚上時，我聽說大昭寺發生了慘案，打死打傷了好多人，我嚇壞了，趕緊跑去找我未婚妻。我以爲她已經被打死了，就去放在藏醫院門口的屍體堆裏找，那些屍體被打得很爛，據說是被手榴彈給炸的。也有的是被槍打死的。我翻來覆去找，沒見著她，後來才聽說她被打成重傷了，在人民醫院。那個時候，人民醫院是「造總」最重要的據點，所以我未婚妻及時得到了治療，不致於被截肢。如果不是這個醫院，她肯定被截肢了。她在人民醫院住了很長時間，後來又轉送到軍區總醫院，要在那裏取鋼針。記得我最初在醫院看到她時，她已經面目全非了，全身包紮，腳被吊起來，還打了麻藥，整個人像死人一樣。我還帶了一瓶酥油茶。幸虧她那時年輕，二十歲，挺過來了。

聽說那天大昭寺先是被「大聯指」包圍，主要是住在索康大院裏的秦劇團的演員和拉薩市歌舞團的演員。後來「支左」的解放軍衝進大昭寺，他們是支持「大聯指」的，聽見還在廣播，很氣憤，就衝廣播室開槍，還扔了手榴彈，打死了十個群眾，打傷的人就更多了，其中就有我的未婚妻和「高音」。我未婚妻差一點被打死了，子彈穿過她戴的軍帽，從她的頭部擦過，腿被手榴彈炸斷了骨頭。後來我就把她當時戴的軍帽和剪下來的頭髮都保存下來了，一直保存到今天，作爲紀念。她的腿一條是粉碎性骨折，一條沒這麼嚴重，做了兩次大手術才好了。因爲她受傷了，所以就沒有去下鄉安家落戶，分到群藝館當會計。赤列曲吉的腸子被打出來了，用一個搪瓷缸子堵住才倖存下來。她以後在《拉薩晚報》藏文編輯部工作，現在已經退休了，經常轉經。幸虧她倆沒被打死，後來她倆被認爲是「造總」的「保沃」（藏語：英雄）。

解放軍占領大昭寺以後，「大聯指」的人也衝進去毆打「造總」的人，主要是秦劇團的演員們。

打死在大昭寺裏的有十人，另外還有兩人打死在附近的大街上，都很年輕，全是居委會的群眾。拉薩很震動，連北京也知道了，毛主席和林彪還都作了指示，所以把他們作爲烈士埋在西郊的烈士陵園裏，可是一陣風過去以後，居然被掘墳，全被暴屍野外。當時我去看的時候，已經有五六個棺木被挖開了，屍體已經腐爛了，成了骨頭，生了蛆，蒼蠅在上面亂飛，又噁心又慘不忍睹。有幾個屍體後來被他們的家庭認領拿走了，其他的，又重新埋回去了，其實已經空無一物。本來藏族沒有這樣埋葬的習慣，但是當時非得要這麼做不可，因爲說他們是烈士，可是竟然又弄成那樣一個慘狀，當時我們看了以後，那心裏簡直是……（拉巴語調哽塞）而其他的人呢？如今在拉薩，因爲武鬥死亡的、變成殘疾的，有的是。還關在監獄中的，也有的是。

我與拉巴的對話

唯色（以下簡稱「唯」）：當時你們爲什麼選擇「造總」而不是「大聯指」呢？

拉巴（以下簡稱「拉」）：當時我們認爲「大聯指」比較保守。我們的看法是這樣的，認爲「大聯指」有奴才的意識，所以我們就很自然地選擇了「造總」。當然也有各種情況，比如這個居委會全部都是「造總」，或者這個居委會全部都是「大聯指」，這樣捲進去的也很多。自己就隨大流了，這樣的多的是。大部分都是隨大流的。

唯：「大聯指」獲得軍隊支持主要體現在哪方面？

拉：武器方面。那些武器的來龍去脈現在可以審查的。後來我聽話劇團裏當年加入「五・二三」的人講，他們打開那些武器箱子時，看見武器都是嶄新的，有的還是抹上油的，還沒出過箱子。那些武器有些是部隊送的，他把地點告訴你，你去取就是。有些是自己去部隊倉庫裏搶，那種搶也是假裝的。這是文革結束後，我們彼此之間很好了，他們親口講的這些事，我們聽了都懵了。「造總」沒有這樣的武器。「造總」裏面工人比較多，大修廠，機修廠，等等，因此有的只是自製的土槍。

唯：當時不是在扎木的軍械庫被「造總」搶過嗎？

拉：有這回事。但是畢竟「大聯指」有部隊支持，還是不同。

唯：武鬥期間還在「破四舊」嗎？

拉：比較少，「破四舊」是最早的事情。說到「破四舊」，有些是千古之謎。比如到底是誰去煽動砸的大昭寺，現在說不清楚。雖然照片上可以看見是拉中學生拿著紅纓槍，實際上眞正砸寺院的人是居委會的居民。我們同學都這麼說。但是最後卻被說成是拉中的紅衛兵砸的。其實他們在周邊，眞正在裏面的很多是居委會的。如果是居委會的話，那肯定是城關區帶頭的，城關區具體又是誰負責，這實際上應該能夠找得到的。記得有個叫劉方的書記，在他之前是一個姓曹的書記。又比如布達拉宮，當時雪居委會打算要砸的，這倒是部隊做了好事，如果不是部隊攔著，布達拉宮就完了。雪居委會特別積極，現在還「走紅」的洛桑書記就是當年領頭的人，他是「大聯指」的。但是他們雖然沒能上去砸，卻在下面挖防空洞，把那些成分不好的子女召集起來在布達拉宮和藥王山下面挖防空洞，放了很多炮。所以爲什麼現在布達拉宮有裂縫，老是要維修，就是因爲當年雪居委會幹的那些事。去年夏天下暴雨時裂的縫，至今也沒能補上，還支著支架，技術問題解決不了，這都是當年挖洞造成的隱患。

我去年七八月份參加了社科院舉辦的格薩爾千年紀念活動，郭金龍書記（時任中共西藏自治區黨委書記，現調任中共安徽省委書記）也來了，他談到了關於砸寺廟的問題。他很生氣的樣子說，國外不是說我們破壞了西藏文化，破壞了多少寺廟，難道是我們嗎？是解放軍去砸的嗎？是漢族去砸的嗎？哼，現在不過就拿文化來說事嘛。

可是，那樣一種潮流是誰發動的呢？難道也是藏族人自己嗎？要知道那樣一種潮流來勢洶猛，誰也沒有抵擋的能力。當時我不在拉薩，在上海戲劇學院，我們親眼目睹了（上海）靜安寺被燒毀的場面。那可是漢族人自己去砸的。很多人是在那種宣傳下，相信要創造一個新世界的神話，所以把過去的東西都當成了反動的和腐朽的，所以要砸爛。

但是儘管這樣，還是有人信仰宗教，把酥油燈放在藏櫃裏點。

唯：當「大聯指」和「造總」幾個回合下來之後，最後對待「造總」的態度是怎樣的？

拉：幾乎把它看成了反動組織。

唯：就你自己來看，這兩派怎麼樣？

拉：其實都是隨大流，都是一哄而起。當時在那樣的背景下，你必須兩個選一個。一個不選？沒有這樣的人。但有些人很聰明，從來不參加武鬥。兩派的性質都一樣，都捍衛毛主席的革命路線。都把毛澤東當作神來拜。全國的背景是這樣，西藏的背景也是這樣。

唯：那爲什麼不少人說自己是「大聯指」就很驕傲，是「造總」就很難堪呢？

拉：原因很簡單。文革後期，凡是「造總」的幹部幾乎都下臺了，而「大聯指」的一個個爬上了高層。像熱地，巴桑，洛桑頓珠，等等。每次換屆都是換湯不換藥。這些人從來不會換，除非太老了。而他們在工作中還是「左」的那一套，好像不「左」就不會工作了，所以西藏的路線方針老是出偏。

唯：你怎麼評價陶長松？

拉：陶老師不錯。第一，陶老師是我們的老師，拉薩中學，教漢語的。他跟我們藏族學生的關係很好。第二，他們這批漢族老師眞正執行毛主席的民族政策，教課用藏語教，甚至當時的幾何、物理、代數等課全是用藏語教的。所以在文革中他也比較有威信，就這麼推上來了。作爲他本人，肯定還是想保衛毛主席的革命路線，保衛毛主席的紅色司令部。我沒有聽說過陶老師煽動過哪一次武鬥，而對方有，劉紹民親自在哪個地方指揮武鬥，有這樣的事。我們對陶老師都比較尊敬。因爲他對西藏也比較通，也有學問，所以後來他調到社科院把自己的價值體現出來，這算是很幸運的。另外他不投機，堅持自己的選擇，不像有些人，比如益希單增，變得很快，隨時都在看風向，反戈一擊。

唯：軍隊在文革中的作用很大，你是怎麼看待的呢？

拉：兩派大聯合之後，軍隊還是起了穩定的作用。當時既有軍宣隊，還有工宣隊，到我們話劇團的工宣隊是水泥廠派來的工人。但在武鬥中，軍隊還是起了推波助瀾的作用。軍隊在曾雍雅那個階段靠近「造總」多一點，在任榮那個階段靠近「大聯指」。但是任榮那時候槍斃人也很多。一批一批槍斃人。其中有兩個拉薩中學的學生，都是我們同學。女孩平時學習挺好的。她是半藏半漢，是雲南那邊的藏族，出身也是大戶。男的叫圖登晉美，在我們班上，是一個小貴族。文化革命時候他們兩個產生愛慕了，想跑到印度去，結果被抓住了。當時任榮當政。那時候中央把殺生權全部交給地方，槍斃人隨便得很。槍斃圖登晉美那天，我們看見了，我們在街上的時候看見了，他五花大綁，背上插一塊牌子，人已經快被勒死了。其實人已經勒死了。只是看見一張慘白的臉。臉都這麼大（比劃了一個很大的圓圈），慘白。那時候他可能二十歲的樣子。那女孩，華小青，也差不多同歲。她在監獄裏，管制人員很不好，對她實行了……可能強姦吧，她一氣之下，把床單撕碎了，弄成繩子，勒住脖子自殺了，不過也有人說是不是自殺鬧不清楚。

當時拉薩的流沙河就是刑場，在流沙河上有一座橋通向總醫院，就在那裏槍斃的「尼木阿尼」赤列曲珍（一九六九年在尼木縣領導民眾暴動的尼姑，「阿尼」是藏語的「尼姑」）。我們都去看了的。公審大會結束之後就被押送刑場，群眾也要去現場接受教育的。這樣的殺人刑場在拉薩歷史上是沒有過的。如今在新華印刷廠和北郊安居園附近。

唯：你覺得「尼木事件」是派性引起的武鬥，還是蓄意的暴亂呢？

拉：可能更多是因爲派性引起的武鬥。因爲我們有個同學，出身貴族車仁家族，叫索朗旺堆。他人很老實，拉中畢業後，知識青年上山下鄉，他去了尼木。他因爲有文化，藏漢都通，當了區裏的文書。他在拉薩時參加的就是「造總」。「尼木事件」之後，因爲他是「造總」被調查，可能被打過，他就瘋了，至今都是瘋的。當時他才十九歲。他其實跟「尼木事件」沒有關係，但是卻成了「尼木事件」的受害者。如今他和母親、姐姐生活在一起，也沒有結婚，也不說話，一個勁地吸悶煙，牙都黃黃的。他十九歲就被毀掉了。

不過我認爲這個「尼木事件」是一個謎。包括邊壩縣的事件。甚至是歷史上最大的一個疑案。五九年的「叛亂」確確實實是「叛亂」，但文化大革命中發生的這些事件究竟是「叛亂」還是兩派武鬥，現在很難說得清楚。當然也有可能這中間存在著演變過來的問題。

唯：那麼，文革中挨鬥的那些上層人士呢？

拉：西藏在文革時整了很多人，不過當時中國多少元首、元老都被整死了，像劉少奇、彭德懷、賀龍等等，比起他們來也就不算什麼了。但人家後來都有傳記之類的書，把在歷史上蒙受的不白之冤都寫下來了，可是咱們西藏卻不提，成了一個空白。再加上西藏的歷史背景很複雜，對於西藏來說，首先是安定團結最要緊，所以過去的那些不愉快的事情就不提了。我想，當年在文革中受到迫害的那些上層人物，心裏肯定不那麼舒服。在這批人中，像霍康（霍康・索朗邊巴，貴族，文革被鬥）和拉魯（拉魯・次旺多吉，貴族）是兩種不同的類型。拉魯是「叛匪」司令，被抓了，關進監獄了，文革前落實政策把他放了，交給群眾監督勞動，如今更是待遇很好，在政協當副主席。前一段電視裏採訪他和他的夫人索朗德吉，他很坦然地說，我現在可以問心無愧地說，我對藏政府沒有欠帳，現在我的生活很好，我看見我周圍的老百姓的生活也很好，我心裏很高興。等等。當時西藏「平叛」之後，有一個「參叛」（參加叛亂）或者不「參叛」的界線，這對所謂的上層人士就有一個區別對待。但是，黨的這樣一個很好的統一戰線的政策在文革中遭到了徹底破壞。不管你「參叛」不「參叛」，「愛國」不「愛國」，全都一鍋粥，煮在一起了。

唯：是啊，本來共產黨和解放軍的形象還可以，結果文革這麼一搞，把形象都搞糟了，而且很難恢復。人家不信任你了，人家不敢相信你了，因爲當初那麼信任你結果落得這個下場。

拉：這用老百姓的話來說，就叫做沒良心。

唯：而且仔細分析的話，當時擁護共產黨的上層人士裏面，有的是出於害怕，有的是出於私心雜念，但有些也眞的是出於眞誠。因爲他認爲這是新的事物，有可能讓西藏變得好一點，他覺得共產黨可能帶來了希望，所以他就表示支持，甚至積極地投入進去，可是沒想到文革時卻遭到這樣的打擊。

拉：是的，是的。當年還有一個重大的政策界線，那就是對這些上層貴族，凡是沒有參加過「叛亂」的，對他的莊園、土地和農奴實行「贖買」政策，但如果「參叛」，就沒收。你看這個政策很明確吧？可是文革時啥也不管了，都抄家，沒收。像霍康他們家就這樣。當時那些基層幹部素質很低，有些就跟強盜一樣，又是搶又是偷，順手牽羊的事多得很。

唯：就像這些積極分子，也就是基層幹部，你對他們是什麼樣的看法？

拉：這怎麼說呢？隨著西藏歷史的進展，產生了很多歷史的產物。當時培養幹部主要是在這幾個學校：一個是中央民院，一個是西藏民院，一個是我們拉薩中學。當然在「平叛」階段，大批幹部短訓以後就下放到各地區去搞「民改」，各地區也出現了很多幹部，有的是群眾選舉的，有的是上級選拔的，不過那時候思想很單純，沒有走後門之類的事情。但是這些從基層上來的幹部，一文化素質很低，二工作經驗不足，他完全是靠歷史把他推上了這個舞臺，比如積極分子次仁旺姆、崗珠、雪居委會的洛桑書記，這些當年紅得發紫的人物至今還當著居委會的幹部。

居委會的幹部是土皇帝，權力大。這些人在運動中起了很大作用。有些人品性很不好，還在「平叛」時沒收「參叛」人家的過程中手腳不乾淨，而他們都是「翻身農奴」，是過去受壓迫、受剝削的奴隸、「差巴」這樣的人。其中有不少人其實都是不堅定的，這陣風強跟這個，那陣風強就跟那個，挺勢利的，政治投機都習慣了。有些人犯下了很大的罪行。無法彌補了。

至於比他們地位高的幹部很多也一樣，別看他們今天的位置坐得高高的，全都是文化大革命當中兩派爭鬥時候上去的。所以形成了這樣一個怪圈：有權的沒文化，有文化的沒權。

但也有很多積極分子走向另一面。這是一個怪現象，原來文化革命當中最「左」的那些居委會的幹部，原來別說他們自己唸經，看見別人唸經就罵，說人家搞迷信，鬥爭你，居委會裏甚至有殘酷鬥爭致死的，可等他們退休了，一手拿著轉經筒，一手拿著念珠，轉帕廓、轉孜廓、轉林廓（帕廓、孜廓、林廓爲拉薩的內、中、外三條轉經道），我經常見到。全部又是另外一種樣子，另外一種思想。這說明這些人本身就不堅定，也許那時候他們並不是眞的想那樣做，而是有自己的打算，但最後該怎麼樣就怎麼樣，表明他們還是需要這個。很有意思，這些人原來又是居委會的幹部，又是黨員，又是貧苦出身，可到年紀大了，全都成了這樣。唸經，轉經，進寺廟比誰都積極。

唯：班禪大師在《七萬言書》裏講過這些積極分子。雖然當時文革還沒有開始，可是他已經對很多積極分子的品性看得很清楚。實際上班禪大師很反感這些積極分子，尤其是在農村和牧區，積極分子很多都是當地的二流子、小偷之類，人品極差。

拉：是的。這些人都沒有文化，只不過他們感激共產黨。但實際上很多都是腐化分子。他們就是這樣。上午在辦公室裏，這個陪笑，那個倒酥油茶，送「夏帕勒」（藏語：肉餅），什麼的。下午就搓麻將，然後喝酒。雪居委會的洛桑書記他可以坐「牛頭」牌（西藏對日本豐田越野車的稱呼），他的車上還有警燈。

唯：他不過就是居委會的書記嘛。

拉：但是權力大得很。他曾經壟斷布達拉宮廣場「雪」居委會搬遷的事情，威脅政府說不給他交通廳的地皮他就不搬，雖然政府生氣說，是你書記大還是政府大，可是後來還是讓步了。

他的子女現在圍著布達拉宮開飯館，開茶館，占了很多便宜。

唯：他以前是個什麼樣的人呢？

拉：據說是一個趕驢的。給功德林寺院趕驢的，出身很低微。

唯：居委會究竟是一個什麼樣的組織呢？

拉：是個基層群眾組織嘛。屬於拉薩市城關區下屬的基層組織，不過是一個區級單位。但居委會有權有勢，因爲它要管這一攤子人，這裏有多少戶人家的吃喝拉撒都歸它管，比如中央給基層群眾的肉食補貼被居委會掌握了，某人某戶若不參加居委會的會議就會被扣除肉食補貼。

唯：你如何看文革中的居委會？

拉：眞正執行「極左」路線的一個典型的機構，比任何一個單位都過份。誰不參與居委會組織的活動，不是打成反革命就是說立場不堅定。

唯：所以文革中肯定發生了很多悲劇。

拉：當時有很多悲劇。就在崗珠所在的沖賽康居委會，有一家被鬥爭得實在不行了，他帶著全家人投河自殺。他揹著小兒子跳的河，全家死了，可是他背上的小兒子還活著，被人救了，只有這個小孩子倖存。還有一個老太太，也是沖賽康居委會的，她在路上撿到一個毛主席像章，上面有糞便，她認爲這是階級敵人搞破壞，就去居委會告發，但沒有查出來，反而認爲是這老太太搞的鬼，就鬥爭她，結果把她給整死了。這也是挺可笑又可悲的一個事例。

強巴仁青

「我砸過塔，沒有資格再穿袈裟了」

強巴仁青：男，藏人，拉薩人。從小出家，是十四世達賴喇嘛的一位經師的侍者，一九五九年以後至「文革」時期當過沖賽康居委會民政委員、紅衛兵、民兵和造反派，一九八六年自願留在大昭寺當清潔工長達十七年，二〇〇三年十一月去世。

我們本不相識，我的一位長輩與他沾親，於是我聽到了一個普通藏人的生平故事，充滿無奈和辛酸的反諷。

他會用藏語說很多革命術語，如無產階級、資產階級、糖衣炮彈、帝國主義。會背誦不少毛主席語錄，如「反對自由主義」。還會用藏語唱《國際歌》：「朗學，朗學，……」

訪談時間：第一次，二〇〇三年二月十二日上午

第二次，二〇〇三年二月二十三日下午

那天，先是在合作社（居委會下屬的勞動組織）開大會，那是一個動員大會。沖賽康（拉薩市城關區下屬居委會之一，「文革」時改名為「衛新」居委會）的頭頭都來了。說無產階級司令部要向資產階級司令部開炮，所以我們要成立一個組織，要「破四舊」、「立四新」。開炮？這是什麼意思呢？軍區的一個「金珠瑪米」（藏語：解放軍）說，要和「劉書記」（指劉少奇）、達賴喇嘛作鬥爭，不能掛他們的照片。我就站起來問，「劉書記」是我們中央的領導，批判他，這樣行嗎？這個人就拿出來一份文件，說你們看，意思是可以批判「劉書記」，但文件是漢文，我們也看不懂。反正從那時就開始了。沖賽康居委會也召開了大會，說是要進行無產階級文化大革命，這是毛主席的教導。那麼，毛主席說了什麼呢？他說在我身邊睡了一個「希魯曉夫」（指的是漢人說的「赫魯雪夫」，但強巴仁青的音不准）。「希魯曉夫」？當時我們聽了以後，就想這個「希魯曉夫」到底又是什麼呢？是不是頭上長著牛角的那種很可怕的魔鬼呢？當然啦，那時候我們並不知道是怎麼回事，後來才知道原來說的是「劉書記」，原來毛主席要向「劉書記」的司令部開炮。反正當時開過很多會，我們那時候是年輕人，沖賽康成立了民兵，我也加入了。

有一天晚上我們去拉薩市市委，給市委領導送大字報，表示要奪他們的權。當時敲鑼打鼓的人裏面我是敲鑼的，一起去的有繞賽、帕廓、沖賽康等居委會。當晚我和一些年輕人留下來值班，因為第二天還有更多的居委會會來。我們都是民兵，有男的有女的，大約十五個人，領頭的是崗珠。當時還有幾個市委領導也在場，我們命令他們把市委的印章都交出來，放在桌子上。然後把他們趕進禮堂裏關了一夜。崗珠交待我們，如果這些當權派想要跑，或者來搶大印，就用繩子把他們捆起來，馬上派會騎自行車的人去報信。半夜裏，有幾個民兵打瞌睡，但我沒有睡，我很擔心這些當權派會跑，或者會去搶印章，所以我就使勁敲鑼，把打瞌睡的同伴都驚醒了。早上，市委的食堂送來稀飯和油條，但是我們的頭早就提醒過我們，如果他們送吃的，千萬不要吃，那是糖衣炮彈，是他們想要拉攏我們的。我們當中有一個女的，她現在已經很老了，她說，哎呀，給這麼好吃的，我們爲什麼不吃？我勸她，不要吃，那是糖衣炮彈。我們當中有人帶了糌粑，我們就吃了糌粑。過了一會兒，太陽出來了，其他居委會的人來換班，我們就回去了。

不久我們又參加了一個會議。會上，勝利辦事處（也即南城區，當時拉薩市城關區分成三個區：東城區、南城區和北城區）的張書記說，要把「劉書記」和達賴喇嘛的照片取下來，還說要砸爛「蘇西」（拉薩老城四個方向的角，以矗立的經幡旗杆爲標誌）和「厥西」（四個護法：布達拉宮的護法，大昭寺的護法白拉姆，丹傑林寺的護法，還有一個護法，強巴仁青說忘記了）。說這些都是「四舊」，是四個舊東西。還說，「蘇西」和「厥西」在哪個居委會的地盤上，就歸哪個居委會去砸。這時候還沒有開始砸大昭寺，正在動員群眾。當時就是這樣布置的。

我們沖賽康的任務是砸「嘎林古西」。「嘎林古西」是在帕廓北街「郎孜廈」和「嘛尼拉康」旁邊的一座白塔，有四個門，意思是白色四門浮屠。「嘎林古西」是怎麼來的呢？要說它的歷史的話，在這佛塔裏面有一個大商諾布桑波的遺體，他當時從漢地回來，要到拉薩賣茶，路過林周的一座山時，遠遠看見拉薩很小就流淚了，擔心自己的茶葉賣不出去，結果沒想到一到拉薩他的茶葉全賣完了。這是爲什麼呢？這是「覺仁波切」的恩賜啊。所以他後來對佛的供養很大，修建甘丹寺的時候他捐了很多錢財。這座塔就是他修建的（據說，這座四門白塔是十五世紀早期的帕珠王朝內務大臣米旺達孜倡修的，供奉諾布桑波的骨殖，塔裏有個十字形的空間，往往是苦行僧和無家可歸者的藏身之地。），歷史很長，差不多有五百多年了。塔裏面還有來自尼泊爾的很多珍貴的東西。

當時我是民兵裏面的小幹部，相當於班長。我們的頭頭是崗珠，他現在還在，是沖賽康居委會的書記。他帶著我們到了「嘎林古西」跟前，讓我和一個叫索朗的小伙子（他現在已經死了）爬到塔上去了。反正當官的讓我們做什麼，我們就得做什麼，所以我們就爬到塔上面了。塔的頂是那種有月亮和太陽的裝飾。我和索朗用十字鎬挖，挖不動，因爲釘得很結實。然後就用繩子套在上面使勁拉，這下拉倒了，露出裏面的很多寶貝，有九眼石、綠松石、珊瑚、翡翠等等，還有金子和銀子。我就用哈達包起來，還告誡同伴說，不要拿啊。然後就把哈達交給居委會的一個頭頭羅羅拉。然後我心裏想，唉呀，不管怎麼說，我過去當過「扎巴」（藏語：普通僧人），現在我去砸佛塔是有罪孽的，可是不革命又不行，所以我就默默地許了一個願：但願我的來世投生在一個很富有的家庭，修一座跟這一樣的塔。這時候，拉薩中學的學生來了，敲鑼打鼓的，還喊了很多口號，說是要「破四舊」。

不過我們沒有砸完這個塔，因為城關區建築隊的頭頭來了，說這個塔不是屬於沖賽康的。接下來砸塔的事情就由他們接管了。他們還把塔裏面已經縮得很小的諾布桑波的遺體，拿出來遊街示眾，然後不知道扔到哪裏了。佛塔裏面的所有寶貝也被他們拿走了。我記得塔身裏面有一個寶瓶，整個塔內的四周全部都是用銀子雕塑的馬、騎士等，中間有一個石頭，石頭邊上有尼泊爾的水牛、大象等神像。後來這石頭居然到了桑耶寺，不知道是被誰搬過去的。但其他東西，不知道是被建築隊的人上交了還是私吞了總之再也找不到了……就在這天，大昭寺被砸了。但砸大昭寺，主要是八角街居委會幹的。因為大昭寺是屬於八角街居委會的。

接下來我們馬上被帶到拉薩中學去了。在拉薩中學參加了大會。我們舉著毛主席的像片，是我舉著的。在會上宣布了任務，號召我們去砸。什麼都要砸，連門和窗戶兩邊漆成黑框的傳統式樣也要砸。我就說帕廓街的這些黑框不要砸，上面塗染上一層白灰就行了。這個意見他們聽從了。然後回到自己的家「破四舊」。當時我的老師還在，我和我的老師住在一起。我的老師郎傑是達賴喇嘛的四個經師之一。一九五九年他沒有跟著達賴喇嘛逃出去，因為他相信共產黨。其實五九年「平叛」以後，我和老師從羅布林卡被解放軍帶走了，當時江措林活佛也在。老師被帶到軍區，我被帶到納金電廠幹活，我還當過隊長，後來回到居委會當民政委員，幫助殘疾人、老人、困難戶等等，做了很多事情，一直很積極，還幫助過孤兒和乞丐，所以被人說成是

「小雷鋒」。記得「平叛」後，我老師從布達拉宮悄悄地把一些經書運下來，都是很珍貴的經書，像傑仁波切（宗喀巴大師）寫的《松崩》（《宗喀巴語錄》）等一整套。我把這些經書都燒了，和一個尼泊爾人在院子裏燒的。然後把燒了的灰燼裝在麻布口袋裏，倒在拉薩河裏了。老師還有一尊泥塑的千手千眼觀世音菩薩的塑像，是過去很早以前塑造的，上面鑲的有很多珍貴的寶石，在額頭上還有一顆鑽石，過去一直放在寺院裏。有一天我去開會，我的老師很害怕，就叫了一個人揹著佛像扔到拉薩河裏去了。沖賽康的領導還到每家每戶來察看，牆上畫的那些畫、家具上的花紋全部都要塗掉，漆上白色或者其他顏色遮蓋住。我當時是居委會裏面「扎巴」組的組長。

我們還去班欽仁波切住在自治區的房子（指的是修建於一九五〇年代的班禪新宮「德欽頗章」）那裏貼過大字報。有一天說又要去鬥阿沛，我們又去給阿沛送大字報。有一個魯布居委會的老頭子拿來了一大捆文件，說是阿沛莊園的帳單，要求把阿沛交給群眾批鬥。我很想擠到前面去看。但是我的個子小，又舉著紅旗，擠不到前面去，怎麼辦呢？我就放了一個臭屁，周圍的人趕緊捂著鼻子躲開，我立即擠到前面去了。當時阿沛在拉薩，但沒有跟群眾見面，另有人主持大會，答應明天一定把阿沛交給群眾，可沒有想到阿沛第二天就被接到北京去了。有一次我們又被帶到文化宮開會。路上遇見很多人遊行，喊著打倒王其梅的口號。我還去買了一些點心放在衣服兜裏。文化宮的小禮堂關著門，我們進去後，看見裏面亂哄哄的，一些人正在打一個漢族女人，可能是王其梅的老婆吧，我不認得。圍觀的人很多，擠的不得了，就像是腳要踩到頭上了。大會開了很久，我餓得不行，就想吃點心，可沒想到點心早就變成碎渣渣了。

後來有了兩個派。我加入的是「造總」，用藏語來說，是「坎諾學嘎」，簡稱「坎諾」；我的一些同伴加入的是「大聯指」，藏語叫作「良則」。有一天我們被帶到西藏日報，有很多居委會的人在裏面。當時報社的那個當官的（指的是西藏日報總編輯金沙，是西藏「文革」最早揪鬥的走資派）叫什麼名字呢？說是要把他揪出來。我們也不知道他叫什麼名字，也聽不懂漢話，反正說是要把他揪出來。然後我們把他們圍成了一圈鬥爭。當時我們在報社待了很多天，好幾個居委會，像沖賽康、帕廓、勝利路、繞賽等等輪流派人監守那些當權派。我們沖賽康居委會領頭的是歐珠和崗珠。後來解放軍「嚓、嚓、嚓」地來了，把我們包圍了，結果我們出不去了。當時我很害怕，想起五九年「平叛」時我和老師在羅布林卡，解放軍也是這樣「嚓、嚓、嚓」地把我們包圍的，所以我就想我眞不應該來啊。本來我可以是尼泊爾人的，因爲我的母親是尼泊爾人，來拉薩朝佛時與我父親認識就定居在拉薩了。文革時候讓我們選擇國籍，我選擇的是中國沒有選擇尼泊爾，因爲那邊沒有親戚了，再加上捨不得離開拉薩，所以就留下來了。但因爲猶豫過，所以本來可能當幹部結果沒當上。那天晚上我們圍著火坐在院子裏，我因爲剛動過手術不久，身體很虛弱，就吃了隨身帶著的藥。我披了一件破大衣還是覺得冷，就起來到處走，走到門口，外面有一撥紅衛兵喊我「出來，出來」。當時我們和紅衛兵戴的袖章不一樣，我們戴的是三角形的袖章。我的身上還揣著居委會和供銷社的鑰匙，我就把大衣敞開，拍著胸脯，對我的同伴們說，我先出去，要殺就殺我吧，如果我沒有回來，那就說明我被殺了，你們就不要出來，如果我沒有被殺，我就回來接你們。然後我就出去了。結果沒人殺我，反倒讓我回家，看見我身上還帶著藥就說你跑到這裏來幹什麼，快回去。我回去後就通知同伴們的家人，讓他們去送茶、送飯。然後我又想返回報社，但這次不讓我進去了，我就站在門口往裏喊，讓同伴們出來，不會被殺的。於是有幾個人出來了，但還有一些人還是不敢出來。後來慢慢地，出來的人越來越多了，因爲裏面沒有吃的，我們還把揉好的糌粑往裏扔過。最後所有人都出來了。

我們是「造總」。我們的頭頭是巴多拉，只有三、四十個人。當時我們心裏想奪了權以後，把原來的領導全部都打倒，群眾就可以得到政權，自己也可以當很大的官，所以就很積極。當然現在什麼也沒有撈到。自從分成兩派以後，到處都是高音喇叭，大昭寺的頂上有，木如寺的頂上也有，賣點心的房頂上也有。那時候我的家住在沖賽康北邊，晚上簡直睡不著，耳朵都快被震聾了，心裏就想這在說什麼呢？究竟是怎麼回事呢？後來有一天被帶到文化宮，說是要大辯論，當時我是敲鑼的。我們還喊著打倒「牛鬼蛇神」的口號。那天一直在爭著說周仁山。周仁山是我們這一派的，可是那一派要打倒周仁山，那不行，我們要保衛他，所以就辯論了。那時候，人都跟著了魔一樣，什麼都砸爛，什麼都要大鳴大放大辯論大字報。開始時用嘴巴辯，辯不過就打起來了。先是用「烏朵」，後來就用槍，是自己做的土槍，過去藏兵用的那種土槍。

魯布居委會那邊用的是眞槍。

我們沖賽康起先「造總」最多，但後來「大聯指」的就多起來了。沖賽康「大聯指」的頭頭是駝背歐珠，他現在還在。他當時還鬥過我的老師。而且還對我說，不要和你的老師一起住，分開住，要劃清界限。可是老師是我的老師，是一個很普通的僧人，他又沒有莊園，又沒有屬民，政治上也沒有任何權力，只是一個從事宗教的僧人，只不過後來當了一個政協委員，佛協的領導。「叛亂」以前他的工資是三百一十塊大洋，後來是一百元，再後來就沒有了。而我呢？在六一、六二年舉行「默朗欽莫」（格魯派創始人宗喀巴大師在拉薩大昭寺創立的祈願大法會）時，班欽仁波切還在穿袈裟，那時我的老師和我也可以穿袈裟。我們的袈裟都留著。其實歐珠和我過去很好。他也是一個喇嘛的傭人，可是他反倒說我不是一個簡單的傭人，而且天天都帶人來抄家，還說我老師是一個「假統戰」，把我說成是一個代理人，把我跟「阿達」（藏語：指的是被視爲專政對象的貴族、舊官員、上層僧侶等人）劃在一個組裏接受批鬥，在開會時我就說自己過去吃過很多好吃的，因爲老師是達賴喇嘛的經師，所以老師吃的什麼自己都享受過，剝削過群眾。不久，又有人說我不應該在這裏，我是群眾。於是我又說其實自己過去吃過很多苦，幹的全是苦勞力活。這些話不說不行，不然自己會吃虧的。

有一次在「松卻繞瓦」開批鬥會，是鬥城關區的一個領導，是一個漢族女人。她很生氣，說，當時每個月給群眾只供應一斤酥油，過年過節我還想辦法給你們多分一兩斤，你們眞沒良心。帕巴拉也被鬥過。還被遊街，頭上套著麻袋，手上拿著罐頭盒，邊走邊敲，說自己是一個「反革命分子」，我的老師就跟在他的後面一塊兒遊街。有一次開批鬥會，是鬥爭一個漢族幹部，我一看是「四清」時候工作組的組長，叫什麼名字我不知道。我悄悄地買了饅頭遞給他說，你現在快把饅頭吃了，不然會挨餓的，待會兒鬥爭你的時候會受不了的。我還給看管他的民兵交代不要打他，可是等鬥爭的時候我看見連那些老太婆都在使勁地掐他的屁股。第二天，再開批鬥會時，他們不再叫我去了。很多年後，文革結束了，這個當官的平反了，還把我叫去表示感謝，請我喝茶。

居委會裏面有不少人是小偷。像巴多拉就是。他過去是專門做馬生意的人，「羅若巴」（藏語：算是一種地位低下、被視爲骯髒的職業）。有一天晚上巴多帶著我們去一大戶人家裏，這家的人因爲去了國外所以已經被封了，但有很多東西，見巴多他們拿東西，我當時是一個小組長，我說「不要拿東西啊，人家還有人留在這裏的喔」。但是巴多是主任，也就是幹部，其他人就說風涼話，「有的嘴巴裏有蒜味，有的嘴巴裏有蔥味」，這意思是諷刺我像一個漢人，我就沒說什麼了。於是他們把東西分了，還分給我一件披的毯子和「溜」（藏語：一種被子）。後來來了工作組調查這件事，巴多說是居委會裏的阿佳達娃偷的，我就給巴多拉背上打了一拳，說，誰偷的誰要承認，你要老實交代，你到底從那家偷了多少東西？於是巴多才交回去了一些。後來才知道，光是馬鞍子巴多就偷了二三十個。這時候還沒開始文革，是「四清」那會兒。

就我自己來說，我們是下面的，人家讓我們幹什麼，我們就幹什麼。我們被帶著到處去。到處都去過。但是像偷東西之類我沒有幹過。如果我沒有從小出家，沒有在寺院裏受過佛教的教育，那我在文化大革命時候肯定是一個小偷。居委會裏有很多這樣的人。有些人趁機偷了不少東西。有的人已經死了。當時沖賽康的領導裏面只有一個還活著。他就是崗珠。他是無產階級司令部的人。而資產階級司令部包括些什麼人呢？就是領主、喇嘛和黨內的當權派。

崗珠是最積極的。文革時候發動群眾、指揮群眾都是他，至於有沒有拿東西就不知道了。像我老師的很多東西，用品、法器和袈裟等，包括我的袈裟，後來在落實政策時都退回居委會，但被居委會的哪些人吃了我就不知道了。是被崗珠吃了還是被歐珠吃了就不知道了。崗珠是一個黨員，向資產階級司令部開炮都是他發動的。當時他也說要砸「四舊」，現在他有些變化，可能是爲了懺悔還是爲了什麼吧，在色拉寺一個康村獻了一尊很大的佛像。還曾經給痲瘋病人發布施。以前還經常轉帕廓，早早的，天還沒亮就去轉。不過現在好像不去了。他的心地還算是不錯。我記得那時他還悄悄告訴我，要我好好照顧我的老師，說狗活一輩子也就十年，你老師年紀很大了，你要好好照顧他。他對我也不錯。「小雷鋒」就是他給我的名字。

有個叫旦巴的，當過我們主任的，他是崗珠的助手。他過去是打刀子的。他現在已經死了。這人很壞。爲什麼說他壞呢？他說過這樣的話：我們是鐵匠，是黑骨頭，現在我們翻身了，我們當了領導，我們要把達賴的肉一塊塊用刀子割下來。當時正在批鬥達賴喇嘛和班禪喇嘛。

有一段時間，大昭寺的二樓上，包括達賴喇嘛的「甚穹」（指大昭寺裏的日光殿）內都住著「造總」。有一個歪嘴巴年輕人還住在「甚穹」裏面。裏面的佛像被偷了。結果是這個人偷的，後來被關進軍區監獄裏。

大昭寺裏面的佛像都被砸了，樓下只剩下「覺」一個，光光的。「覺」的腿上有一個洞。不知道是誰砸的，反正是誰用斧頭之類砍的洞。其他的佛像一個也不剩地全部都被砸沒了。佛像裏面裝的青稞都被運到糧食局倉庫裏，以後磨成糌粑了。當時居委會還問合作社的人去不去揹糧食，可以計工分，但我沒有去。那裏面除了糧食，還有很多寶貝和藥。都被拿走了。我沒有去。我留在居委會燒火燒茶，看見他們拿回來很多寶瓶和法器，裝在一個大箱子裏面。那些寶瓶裏面裝有很多貴重的「琴典」、藥物，我就一邊燒茶一邊從寶瓶裏吃了不少「琴典」。大昭寺不久成了豬圈，在「土幾欽波」裏面養豬。豬多得很。樓上住著當兵的。樓上和樓下之間弄了一個梯子。二樓只有松贊干布像還在，沒被砸。所以現在佛像都是新的。

我們居委會有一個合作社，是做藏式服裝和藏鞋的。我當時也在合作社。有一天來了一個領導，說這些服裝和鞋子都是「四舊」，不能再做了。那麼這樣我們就沒活可幹了，就沒有生活來源了，所以我們就把那個被砸爛的塔「嘎林古西」的土做成土坯，賣給報社了，這樣我們就有吃的了。全是過去做塔的土，我就對一個夥伴說，我們這樣做是有罪孽的。等土坯賣完了，又做什麼呢？我就建議合作社買一個縫紉機，花了一百元買了縫紉機，用紅布做了很多裝毛主席語錄的小包，想不到賣的很好，人們排著長隊來搶購。我們還悄悄地做了藏靴悄悄賣，十元錢一雙，結果被發現了，全部被沒收了。

那時候生活很困難，經常挨餓，記得大會上說毛主席講蘇修是土豆燒牛肉，不許放屁，可我還沒有聽到後面那句，口水已經快要掉下來了。因爲那時候沒什麼好吃的，可是土豆燒牛肉，多香啊。

七十年代後期，我沒在合作社工作了，去了少年宮和幼稚園看門並且打掃衛生，工資九十五元。那時候，大昭寺的佛像修復了，當時流傳一句話「拉的確涼，規尼北依拉」。「拉」的意思是佛；「規尼」的意思是管理寺廟的僧人；「北依拉」是對回族的稱呼；「的確涼」既不是純的毛料，也不是純的棉布，比喻不純的東西。這句話的意思是，佛像不是純粹的佛像，管理寺廟的人也是外道的人。確實是這樣，因爲當時是一位姓馬的回族作爲宗教局的領導在管大昭寺。「規尼北依拉」這句話就是我說出來的。少年宮（一九七五年左右成立的）就在「松卻繞瓦」（大昭寺南面的講經場）附近的一座兩層樓的房子，現在還有。那裏還有八角街幼稚園。文革時「松卻繞瓦」的講經臺也被砸爛了，那些石頭和土都被拿走了，有的修廁所，有的修商店，土填了水坑。當時砸講經臺時，在中間最高的法座的下面發現一塊顏色類似玉石的大石頭，上面刻有藏文、蒙文、漢文文字，這石頭被八角街居委會拿走了，最後下落什麼樣，就不知道了。還有一塊長石頭，上面是尖尖的，下面很大，兩個人才能擡動，這樣的石頭羅布林卡也有，這石頭被拿去修公共廁所了，後來我悄悄去搬回來，放在一個叫扎西卓瑪的阿佳那裏，她現在還活著，讓她好好保存，她在那石頭上面糊了很多泥巴藏好了。我還找回來很多石頭。後來班欽仁波切八二年第一次重回拉薩，需要重新主持祈願大法會，在重新修建講經臺時，我藏的那些石頭都派上了用場。

班欽仁波切回到拉薩以後，要把少年宮遷走，我以爲會失去工作，公安局的一個王主任讓我去一支隊那裏守倉庫，從八三年到八六年工作了三年，工資有一百五十。八六年因爲班欽仁波切回來，他的隨行人員都認識我，宗教局又把我調回來，在大昭寺做一些打掃衛生的工作。當法會結束以後，要讓我回一支隊，我不願意回去，想留在大昭寺，我說我不要工資，讓我留下吧。從那以後，就一直住在「松卻繞瓦」樓上，成了大昭寺的人，和大昭寺的僧人一起吃飯，每個月先是九十元，現在有三百五十元。

從我的經歷來看，我是很革命的。可是內心深處來說，唉，我感到自己造了很多孽，所以我經常祈禱，下輩子千萬不要投生爲漢人，不要投生在有漢人的地方。但是對毛主席我比較喜歡。爲什麼喜歡毛主席呢？過去有張照片，達賴喇嘛坐在這邊，班欽仁波切坐在那邊，毛主席坐在中間，看得出來他對他們很尊敬。另外他對老百姓扶貧，這些都是毛主席做的。但是砸寺廟那些不是毛主席號召的，而是「四人幫」號召的。毛主席只是說了要砸爛一個舊世界，建設一個新世界。他的意思是大字報、大辯論就可以了，沒說過要砸寺廟，那都是下面的人幹的。

毛主席說過，宗教信仰自由，今天信教明天不信教也可以，今天信這個教明天信那個教也可以，這是毛主席說的。毛主席還說了，共產黨是工人階級的，是爲群眾服務的，沒有群眾就沒有共產黨。所以我對毛主席很有感情。我生病住在人民醫院時，那時候的醫生都好得很，我手術後醒過來，一看病房裏面燈火輝煌，就激動地喊「毛主席萬歲」。

記得六一、六二年，開始搞無神論教育，政府說沒有「桑傑」（佛菩薩），沒有因果報應，還說人是怎麼來的，領主是怎麼形成的，農奴是怎麼形成的，現在看來那時候文化大革命的頭已經冒出來了。晚上都要帶著鋪蓋去居委會學習。還要做遊戲，擊鼓傳花，一邊敲鼓一邊傳花，花傳到了誰的手裏就要站起來回答問題，都是這些問題。我有一次回答過人是怎麼來的問題。我說人是從猴子變來的。但是幹部們說不是西藏的那種說法，認爲人是觀世音菩薩化現的猴子和羅剎女生下的，他們說不是這樣的，而是猴子進化的。這樣改造思想很有效果。女人本來是不能進色拉寺的護法殿的，有些積極的女人就硬要去，還說如果當天晚上做了惡夢，就說明護法顯靈了，結果沒想到晚上睡得特別好，所以她們更不信了。而且後來砸佛像的時候，居然沒有看見佛像顯靈，於是懷疑的人更多，越來越敢作敢爲了。

但是這樣子是不會長久的。起先我們認爲革命會帶來很好的生活，跟以前完全不同的生活。不是說讓我們當家作主嗎？那意思是不是說我們也可以當官，也可以有很多的錢？總之肯定將會有一個特別不一樣的生活。可是越到後來才發現並不是這麼一回事。人在這一世有什麼樣的生活其實是因果決定的，都是前世的因才有了今天的果。有福氣的人照樣有福氣，沒有福氣的人照樣沒福氣，這都是「勒」（藏語：因緣）。再加上年紀大了，離死亡越來越近了，人要到快死的時候才會想起宗教，可是以前年輕，不懂事，做了那麼多破壞宗教的事情，眞是罪過啊。趁現在還沒死，趕緊懺悔，不然以後去天葬臺連鷹鷲都不會吃，那才眞可憐。

我小時候在尼泊爾人的一個學校裏學習，家裏做點小生意，賣涼粉、酸蘿蔔之類，生活還過得去，不久就被家裏送到哲蚌寺出家了，那時候我七歲。我有一個哥哥也是哲蚌寺的僧人，他考上了格西，解放以後送到水泥廠當了工人，直到去世（水泥廠的很多工人過去都是哲蚌寺的喇嘛）。

我過去是哲蚌寺的僧人，但這麼多年以後，我再也不穿袈裟了。爲什麼呢？這是因爲我幹過革命，在居委會工作過，當過民兵，文化大革命時又做了很多不好的事情，再穿袈裟的話就不合適了。穿袈裟是要遵守很多戒律的，比如做一個比丘的話要遵守七十多條戒律（其實是二百七十多條戒律），做一個普通的僧人也要遵守四十多條戒律。不殺生，不偷盜，不撒謊，不欺騙，不淫亂等等，這些是最基本的。可是我過去當民兵的時候殺過蒼蠅，我還是打蒼蠅的頭頭，雖然讓殺狗的時候我沒殺，但我去登記過那些被殺死的狗，蒼蠅也是生命，我殺過生沒有資格再穿袈裟了。我砸過塔，沒有資格再穿袈裟了。

其實我很想穿袈裟，但是我不能穿，因爲我覺得自己沒有資格了。爲什麼沒有資格呢？在

「破四舊」的時候，我砸過「嘎林古西」，我還把我老師收藏的經書全都燒了。那些經書都是老師在一九五九年以後悄悄從布達拉宮裏搬出來的，是宗喀巴大師的語錄，再珍貴不過了。可是文革來了，不敢收藏，只好燒了。當時有一個尼泊爾人跟我一起燒，我們都流淚了。我們把燒完的灰倒在了拉薩河裏。唉，那時候我們就這樣把宗教放棄了。

如果沒有革命，沒有文化大革命，我想我的一生會是一個很好的僧人，會一輩子穿袈裟的。寺院也會好好地存在，我會一心一意地在寺院裏面讀經書。可是革命來了，袈裟就不能再穿了，雖然我從來沒有找過女人，沒有還俗，但還是沒資格再穿袈裟了，這是我一生中最痛苦的事情……

某居委會組長

「有的當官的家裏還有兩三個保姆，他們跟過去的剝削者有什麼區別？」

某居委會組長，女，藏人，是在採訪韃瓦時偶然遇上的，不知其名。
訪談時間：二〇〇三年二月二十日下午

當時批鬥那些「牛鬼蛇神」，雖然我還小，十六七歲的樣子，不怎麼明白，但還是被叫去跟著去看。在那些照片的人群中就有我。我們不過是隨大流，叫我們去我們就去了，心裏也沒想太多。不去是不行的，那屬於政治任務。如果要問我們對此說點什麼，實在是沒什麼可說的。當時把那些人打扮成魔鬼似的，還稱呼他們是「牛鬼蛇神」，可是現在又完全變了，顛倒過來，他們還是高高在上，所以有什麼可說的呢？一會兒說他們是剝削階級，要打倒在地，一會兒又說他們是「統戰人士」，要落實政策，這讓人怎麼去理解呢？這可能就是所謂的政治吧，我們不懂。

當初那樣說，現在說的又相反，所以沒什麼可說的。

過去說那些傭人啊僕人啊是被剝削的，讓他們起來革命，要當翻身的人。現在呢，保姆不是挺多的嗎？有的當官的家裏還有兩三個保姆，他們跟過去的剝削者有什麼區別呢？名字不一樣，實際上卻是一樣的，所以現在這個世道啊，越來越不明白了。

至於文化大革命，實在是太壞了，砸的砸，扔的扔，什麼都破壞了，如今又要重新來，但是能跟以前一樣嗎？說是宗教是不能信的，必須要砸爛宗教，很多藏人就這樣去把自己的宗教破壞了，當然這裏面有害怕，也有的眞的不信了。再加上從共產黨到西藏以後，已經十多年了，宗教的影響一天天小了，很多年輕的藏人不懂得宗教，只有年紀大的藏人堅持信，這又有什麼用呢？文化大革命一開始，年輕的藏人衝在最前面，讓他們砸哪個他們就砸哪個，不會覺得有什麼不好的。當然後來隨著年紀大了，經歷的事情多了，又反過來覺得還是宗教講得對，所以轉經的有，磕頭的有，朝佛的有，這裏面好些人當年就是那些不信的人，現在信了，非常後悔。

你問我阿尼拉珍（我父親拍的文革照片裏的一個造反起家的積極分子），她在文革時就是居委會的主任了。她還是居委會派駐合作社的主任。這個合作社是菜農爲主，種的主要是蔬菜。她不光能言善辯，做起事情來也很能幹。可能是沒有家庭和孩子的原因吧，她的心思全放在合作社，一心爲了合作社的發展。她這個人也很厲害的，人人都怕她。合作社裏有人不聽話，她會狠狠地處理這樣的人。她後來還是辦了不少好事。居委會有三個存摺在她手裏，這誰也不知道，可是她沒有獨吞，去世之前都交還給居委會了。上面共有十三萬左右的錢，這在當時是很多的。這是集體的錢，可如果她吃了也就吃了，沒有人知道，這樣的人不是沒有，所以她最後給居委會留下了不少財產，現在還有很多人感激她。

當時說她貪污公款，把她關進監獄裏，這其實不對，這裏面有誤會，她沒有貪污而是轉一筆帳時有回扣，她雖然沒有自己吃這個錢而是把錢轉到合作社，但按照當時的政策可能是不對，所以把她關起來了，但不久又把她放了。她出獄的時候，提著酥油茶來看她的人很多。她的威信還是挺高的。

她是屬於那種忠心耿耿、大公無私的人。她不信宗教。雖然她剪了頭髮，人們也叫她阿尼，但她是不信佛的，至少在表面上是一點兒也不信的，因爲我們畢竟不知道她的心裏在想什麼。可能她信的就是共產黨吧，所以她入了黨。她什麼都沒有。孩子也沒有，男人也沒有，所以，雖然她是不是阿尼我們不知道，但是她什麼也沒有，跟一個阿尼差不多，大家也就叫她阿尼了。她是一個康巴人，很早以前從康巴老家來到拉薩，可能是朝聖吧，跟著親戚一起來的，就在河壩林這一帶給「卡幾」（藏語：穆斯林）的家裏當傭人。

她去世之前可能有六十歲的樣子。大概是八五年、八六年左右。文革時有三十多吧。一般當面都叫她「主任啦」的，不會叫她「阿尼拉珍」的。

她有一個親戚，有時候來看她。但是幫她幹些活的都是我們。生病時送飯什麼的都是我們。

她家裏也沒什麼好東西。她喜歡喝點兒酒。她的房子是分給她的，後來她死了，因爲她給合作社做過不少好事，就把這房子給了她的親戚，現在這人把這房子蓋成三層樓了，出租給外人。

洛桑尼瑪

「我們在扎木搶的武器，聽說在拉薩和昌都的武鬥中起了很大的作用」

洛桑尼瑪：男，藏人，拉薩人。一九五九年以前是色拉寺的僧人，後還俗，當了工人，現已退休。

訪談時間：二〇〇三年二月十九日晚上

解放前，我是一個「扎巴」，在色拉寺出的家，屬於且扎倉（扎倉是藏傳佛教寺廟中的僧侶組織），不過只當了三年的扎巴。五九年發生「叛亂」後，不能再在寺院裏待了，我的家在拉薩城裏吉崩崗那一片，我就回去了。那些年紀大的、家也不在拉薩的喇嘛被安排去學開車、學木工這類事情。我那時小，不到十四歲，我回到家裏待了一段兒，先是做些家務事，後來就去修路了，還去今天的拉薩大橋那裏參加修橋去了，還去林芝工布那兒建橋去了。我在幹活的人裏面是最小的。最後就在房建隊裏當工人了。屬於交通廳的。那時是六二年。

在這個單位工作時去了很多地方，又是運輸站，又是道班上，到處都要去。大概是六五年，整個單位都調到林芝去了。記得那會兒運動很多，一個接一個，我們正好趕上「四清」運動，進行無神論教育，然後就是「破四舊」，說是過去的一切都是舊的，不好的，要清除出去。這裏面說得最多的是舊文化、舊習慣、舊風俗、舊什麼的，這就是「四舊」，說是要把它們都掃出去。當時是這麼說的。還要看每個人的出身成分，這都要弄得清清楚楚。比如你的出身是貧下中農還是農奴主，這些都是要審查的。我們當中有人過去當過扎巴的，年紀比較大，悄悄地躲著唸經，被發現了就批判他們，警告他們不准唸經，也不准給別人講宗教的事情，把經書啊、佛像啊、達賴喇嘛的照片都搶了，用火燒掉。像麻將、撲克牌那些玩的東西，也說成是封建農奴制留下來的東西，被搶走沒收了。對有些不聽從的人就開批鬥會，有的人受不了就自殺了，我記得有一個當過扎巴的人就上吊自殺了，當時他可能四十多歲，他是一個平時就不愛說話的人，也沒有一個親人。他的工作是用電鋸鋸木頭。這也是文革開始的時候了。

這時候聽說內地的紅衛兵來了。他們在拉薩宣傳、發動。說這個文化大革命是毛主席親自發動的，要把那些走資本主義道路的人揪出來。就這樣，運動就開始了。對當權派有兩種看法，是不要，還是要，這樣在群眾中就產生了兩種觀點。有些說要鬥，有些說不能鬥，這樣當時幾乎所有的領導都受到了批鬥。

扎木那裏有寺院，但是我們從來沒去砸過，不用我們去，當地有很多群眾，他們自己成立了紅衛兵，去把寺院砸了。砸寺院這些事情是他們去幹的。我們就在本單位內部搞革命，比如黨總支書記和廠長這些當權派是走資本主義道路的還是走社會主義道路的，是無產階級的還是資產階級的，需要對這些人認識清楚，然後再確定要還是不要他們。還要讓他們承認錯誤，交待自己都做了那些不好的事情，也就是批鬥他們。在批鬥的過程中，有些群眾認為他們是錯誤的，有些群眾認爲他們是正確的，這樣就有了兩派。

到扎木的紅衛兵大概有二十多個。都是從內地來的，是從昌都過來的，到了扎木就宣傳發動。然後從扎木去了拉薩。都是二十歲左右的漢族人。後來我們單位也成立了紅衛兵，但沒戴紅衛兵袖章，戴的是兩派袖章。最早我哪一派也沒有參加，屬於中間派，但是不久聽說不參加是不行的，必須要參加兩派中的一派，參加哪一派都行，但如果不參加就是不關心國家大事，這樣我就參加了「造總」。「造總」的組織在西藏到處都有，山南、那曲、昌都等等。我們扎木司令部是「造總」第十七司令部。司令部的頭頭有漢族也有藏族。我是下面的一個積極分子。

我們單位大約有六百多人，藏族和漢族差不多。藏族可能要多一點。漢族的話，各個地方的人都有，四川、上海、北京、河南，哪裏來的都有。分成兩派後，加入「造總」的要更多些，四百人左右。「大聯指」的二百多人。有了兩派，就開始辯論，針對領導好還是不好爭個沒完，還貼大字報，你貼上去一張我也貼上去一張，互相貼來貼去，越來越激烈，就出現了罵人、吵架，接下來就武鬥了。大概是六七年了。先是互相用「烏朵」扔石頭。沒有「烏朵」，就把單位上發的手套拆了編成「烏朵」，裏麵包上石頭互相打。

我們附近有很多軍人。在我們單位的河對面有一個軍醫院，還有一個一二四團。在公路邊上還有部隊的兩個倉庫，一個是糧食倉庫，一個是武器倉庫，就是扎木軍械庫。武鬥中，我們並沒有武器，除了「烏朵」，就是幹活用的鋼釬、鐵鍬等一些勞動工具。鐵匠還打了很多刀子，做了類似於紅纓槍之類的東西。那時候人都積極得很。那時候還沒有槍。互相打石頭。記得那邊的人還扔過來一種瓶子，裏面裝著黃黃的水，那瓶子一破碎，那裏面的水就開了，味道很難聞，可能是一種毒性很強的毒藥吧。我也受過傷。

那時候我們已經聽說在內地開始用武器了。當時「造總」勢力很強，把「大聯指」的人都打跑了，跑到河對面軍隊那邊去了。一二四團是支持「大聯指」的，就把他們給保護起來了，還悄悄地送給他們十二支槍，這樣他們就打槍過來。我們和他們之間有一個鋼絲橋。那河水很大。他們就在橋那邊向我們打槍，打死了我們的五六個人。這樣我們雖然人多卻沒有槍，而他們人少，但是有當兵的給他們槍，所以打死了我們的人，因此我們很氣憤，有一天中午，大概兩點鐘的時候，我們扎木司令部的一個頭頭來了，說必須進行革命的行動。

這個革命行動是突然叫我們去的。我們不知道要幹什麼，群眾誰也不知道，只有他們幾個領導才知道，他們已經計劃好了，突然把我們集中起來，這樣說了之後，我們馬上就排著隊出發了。我們的車也去了。這就是去搶武器倉庫，我們到了那裏才知道。

當時是一九六八年的夏天，天氣挺熱的。我們到了武器倉庫之後，因爲我們的車也開去了，看守武器倉庫的解放軍就不讓我們進去，要阻攔我們搶倉庫。但當兵的人少，人太少，沒辦法阻攔我們，爲了不讓汽車開進去，這些當兵的沒有辦法，先是手挽著手，後來只好躺倒在地下。他們不敢動手打我們，因爲軍隊是要站在兩大派群眾組織的中間，不能公開動手。我們也沒有動手，我們中的一些人就把他們抓起來，把他們抬到一邊去，我和一些人就把他們圍起來，不讓他們阻攔我們。所以他們只好眼睁睁地看著我們的車開進去了。那倉庫非常大，裏面那種長排的房子大概有六七排，武器也很多，還有大炮。我們在汽車上裝滿了很多槍支彈藥，還把大炮也推出來了。

我們沒有去搶新的武器倉庫，我們去搶的是舊的武器倉庫，裏面的武器有鐵把衝鋒槍、步槍、重機槍，還有手槍像是解放戰爭用過的，有些可能是蘇聯援助的吧。其實搶新的倉庫還是舊的倉庫，我們並不知道，那些房子都一模一樣，怎麼分得清嘛？我想可能是裏面有人在帶路吧，可能是當兵的裏面也有支持我們的人吧，不然怎麼知道應該搶舊倉庫呢？估計這跟軍隊裏邊那些人的觀點也有關係吧。當然這是我們自己這麼估計的，究竟軍隊裏邊有沒有這樣的人，我們也不知道。

當時安排我在外面看守那些當兵的，看見我們的人運出來那麼多槍，我就想搶了這麼多的槍，可能會打很大的仗吧，那麼自己沒有一支槍也不行，當然不一定要殺人，但有一支槍的話也可以嚇唬別人。不管怎麼樣，還是自己要保護自己。這麼一想我也就進去了。我想找支手槍，但不知本來手槍就不多還是已經被搶光了，我找不到手槍，長槍倒是很多，可是長槍太長了，我的個子矮，揹著長槍那不行。我找啊找，找到一隻鐵把衝鋒槍，這就好揹了。但有槍還不行，沒有裝子彈的梭子和子彈，又找啊找，找到了梭子和子彈，這樣我就出來了。出來一看，好幾輛車上都裝滿了槍支彈藥。可能有四五輛車。大炮也推出來了，後來推到我們附近的一個地質隊裏去了。槍支彈藥也放到那裏去了。

那天去搶武器的單位，除了我們單位，還有地質隊、機械隊、橋工隊。橋工隊大部分都是「造總」，有四百多人，都是年輕人，都是後藏日喀則來的男孩。那天去搶武器的人也很多，大概有一千多人吧。人人都搶的有槍，而且遠遠不止。搶到的槍支彈藥太多了，我聽說還運往拉薩、昌都、波密，給那裏的「造總」送去了。所以「造總」後來的槍支彈藥很多，拉薩和昌都的武鬥就很厲害了。我們在扎木搶的武器，聽說在拉薩和昌都的武鬥中起了很大的作用。不過在我們扎木倒是沒有發生更大的武鬥，因爲「大聯指」本來人就少，現在看見我們搶了很多槍，非常害怕就跑了，我們就拿著搶來的槍打靶玩耍，子彈浪費了不少，我自己就可能打了二百多發子彈。我們在樹林裏打靶，有些人打獵。

其實我們搶武器倉庫之前，軍隊裏邊有一個農墾師，是軍人種田的那種部隊，他們去搶了糧食倉庫。他們不是兩派的，不知道是什麼原因，可能是沒有吃的吧，他們去搶了糧食倉庫。

這件事可能對我們扎木的「造總」有影響吧，既然糧食倉庫可以搶，那我們「造總」沒有武器，我們就去搶武器吧。這可能就是我們搶武器倉庫的原因。

那時候只要是一個派的話，藏族和漢族的關係好得很。如果不是一個派的，連過路都不讓過。怎麼辨認對方呢？各派都戴的有袖章。我們的紅袖章上有毛主席的像，還有藏文和漢文寫的「造總」，還有十七司令部的印。

文革時候我基本上待在扎木，很少去過拉薩。從扎木到拉薩，路上要四天。有一次我休假去拉薩，在郎孜廈看見一個漢族，他是「造總」的一個小頭頭，三十多歲的樣子，他被打得很慘，被打死了，頭上和身上都釘著釘子，腳板心也釘著釘子，膝蓋打爛了。這我看見了。太嚇人了，我沒敢多看就走了。

後來兩派大聯合，軍宣隊來了，說是要把槍都收回去，所有的武器都要上交上，一支槍也不能留下。這樣我們就把槍都交上去了，但子彈基本上打完了，所以沒交多少子彈。

革委會成立之前，因為我們單位當時分成了兩個部分，一部分人在昌都，一部分人在扎木，所以要把昌都那邊的人都調回來，就派人去昌都做他們的思想工作，「造總」這邊的有我，還有幾個人，「大聯指」也派去了幾個人。但是我們心裏並不願意大聯合，因為武鬥中兩邊都打死了不少人，昌都的「造總」死了不少人，他們埋葬在昌都大橋那裏。打傷的人也很多，不少人沒有了腿或者手，很可憐。我們就在橋頭開了追悼會。

革委會成立後，兩派都派了代表參加，軍宣隊的人是主要的頭頭。我呢，是三排的一個組長。

普卜

「我覺得兩派都一樣，半斤八兩……都是『極左』分子」

普卜（化名），男，藏人，我的長輩，現已退休。

文革期間在西藏武鬥最厲害的昌都地區工作，瞭解昌都的武鬥情況。七十年代初期，隨工作組赴邊壩縣調查一九六九年的「邊壩事件」，比較瞭解所謂的「再叛」情況，故做了以下訪談。

訪談時間：第一次，二〇〇一年十月十五日上午

第二次，二〇〇一年十一月十三日下午

普卜講述一九六八年昌都軍械庫被搶

文化大革命期間我在昌都地委工作，是一般幹部。剛開始我當了很久的逍遙派，因爲我的

成分不好，就不想參加兩派中的任何一派，後來兩派都來拉攏，我覺得「大聯指」不錯，於是在六七年下半年加入了「大聯指」。

那會兒武鬥已經開始了。最早的武器是石頭，接下來是土炸藥包、土手榴彈，後來就升級到槍了，除了沒有用大炮以外，什麼槍都用過了。那些槍都是從軍械庫裏搶的。

這個軍械庫在昌都城外兩三公里的江邊。其實軍隊裏面也是分兩派的，守軍械庫的部隊裏堅持「大聯指」觀點的人多，頭頭都是「大聯指」，兵裏面可能有一些「造總」，但總的來說是「大聯指」說了算。這樣搶槍就好搶了，他們儘管說什麼「要文鬥」啦，「不要武鬥」啦，「不准搶槍」啦，但也只是說說而已。

每次去搶槍都有四五百人。男男女女都有。藏族漢族都有。都帶著麻袋，用來裝搶來的槍支和子彈。當時是冬天的晚上，我們從山上下來就到了軍械庫。軍械庫跟監獄一樣，警戒很嚴，四周用鐵絲網圍著，探照燈也晃來晃去的。駐守部隊雖然和我們是同一個觀點，其實是裏應外合，但也不能馬上就讓我們進去，還得擺出一副對抗的架勢，大聲喊著：「你們不要衝過來，不然我們要開槍了。」我們一塊兒去的那些女的很厲害，衝到最前面拍著胸脯說：「來吧，朝這裏打吧，我們革命群眾是不怕死的。」男的就用帶來的鉗子把鐵絲網鉸斷。那幾道門，有的是部隊自己打開的，有的是我們砸開的。進去以後才看見那院子特別大，全是一排排庫房，根本不知道哪一間裏面有我們要搶的東西，就有當兵的悄悄給我們指去搶哪間。我們把門砸開以後衝進去一看，那庫房裏面全堆放著各種各樣的槍，五四手槍、七九步槍、過去藏兵用的英國槍，還有很多長短刀。我搶了一支二十響駁殼槍。但光有槍不行，還得要子彈。又有人去別的庫房找，結果找到了，就「有子彈，這裏有子彈」地大叫，我們跑去一看，一個個木箱子裏全是滿滿的子彈，於是就往麻袋裏倒。反正想搶多少是多少，隨便搶，但不能搶太多，不然揹不動，還要翻山呢。我裝了一箱子彈。然後我們就往回返。走著走著果然揹不動了。很多人都把子彈扔了。我沒有扔，不過確實挺沉的，一箱子彈就是一千發，起碼有六七十斤。回到總部以後，我們就把搶來的槍支彈藥都上交了。

頭一回去搶槍沒有經驗。那些手槍、半自動槍，槍和槍栓是分開放的，可是去搶槍的人不懂，結果搶的都是沒有槍栓的槍，那有什麼用？等於木棍子一樣。於是過了幾天又去搶槍。這回部隊看守軍械庫的人也多起來了，而且還在大鐵門裏面碼了高高的一堆石頭，澆上水泥和土，結結實實地凍在一起，砸了半天才砸開一個半米左右的口子，只能一個個挨著勉強爬進去。接著我們又搶了一個庫房，裏面全是手榴彈，但不可能一箱箱地扛出去啊，不過也有辦法，倉庫裏不有的是窗戶嗎？那些窗戶都在差不多二三十米高的位置上，被鋼筋和玻璃擋著，就把玻璃打碎，從鋼筋的縫隙那兒往外一個個地扔手榴彈，叫外面的人去撿就是了。就這樣我們在裏面至少扔了十幾箱的手榴彈出去。那次我們有經驗了，還搶了不少槍栓回去。部隊也料到我們會搶槍栓，早已把槍栓埋起來了，但可能還是有人通風報信吧，槍栓都被找著了，這下好了，「嚓嚓嚓」一裝，一把把都是能用的槍了。機槍也搶的多。重機槍、輕機槍、歪把子機槍都搶的有。還有火箭炮，就跟我在電視裏看到的塔利班用的武器一樣。我們總共搶了三四次，我參加過兩次。

「造總」當然知道「大聯指」去搶槍，他們也去搶。我們今天搶，他們明天搶，都搶的是那個軍械庫。反正武器多的是，搶不完的。部隊一方面因爲派性各自支持各自的派，一方面也人數太少，起先只有一個排，那算什麼？去搶槍的都是幾百號人，剛開始部隊想要阻攔，結果兩三個人擁上來抓住一個兵，動都動不了，也就順水推舟，由兩派去搶了。

這以後的武鬥就不得了啦。昌都武鬥最厲害的時候是六八年夏天和六九年四月成立革委會那段時間。什麼槍都用上了，雙方打得很慘，死的人很多。昌都在武鬥中被打死的人據說有兩百多，按當時中國的城市人口比例算是很高，畢竟昌都本地就沒有多少居住人口。昌都的「大聯指」和「造總」各有自己的「烈士陵園」，死者既有藏族，也有漢族，那時候是不分民族的。大多是兩派中的小分隊，也有打冷槍打死的，我們地委院裏就死了好幾個，白天人家去打水，走著走著就「砰」一下，被對面招待所放的冷槍給打死了。昌都地區各個縣也都在武鬥，芒康縣的「造總」炸藥包爆炸，還把自己人炸死十多個。

但六八年夏天的武鬥我沒有參加，我去拉薩休假了。不過我在昌都估計也不會死的，因爲打的時候我不會衝到前面去的，我們都不去，眞正一打起來，我和幾個同學都待在屋子裏喝酒、打撲克牌，其實我們常常拿著槍去玩兒，到山溝裏打獵或者打靶子，對著人打的話我們是不參加的。我們可能比較狡猾吧（笑）。現在的（拉薩）市委書記（後爲西藏自治區政府主席）向巴平措就是昌都「農奴戟」的司令，他從來不參加武鬥，每次武鬥時他出都不出來。

普卜講述一九六九年的「邊壩事件」

六八年八、九月份，扎木有個兵站的軍械庫被「造總」給搶了，「造總」的力量一下子得到了很大的加強。扎木軍械庫被搶是個很嚴重的事件，裏面的槍支彈藥之多，據說可以裝備一個師。好像這個兵站是「造總」觀點，可以說是他們把武器送給「造總」的。但這些武器流失了很多，像流失到一山之隔的邊壩縣裏的槍支就特別多，在六九年「暴亂」時起了作用。因爲槍支流失，一九七〇年全區辦學習班時，「造總」有好多人被抓、被處罰。

邊壩縣的這個事件很複雜。怎麼發生的呢？應該說起因還是派性武鬥。邊壩縣也跟西藏其他地方一樣，分的有兩大派系，從縣機關發展到整個農牧區。邊壩縣雖然牧業不多，但也是農牧業並存，它有二十四個鄉，凡是鄉長、書記和文書都是造反派的司令、政委、副司令、副政委什麼的。一般都是這樣，鄉長是司令的話，書記就是政委。當時沒有一個領主、代理人或者戴有「帽子」的這類那類分子參加兩派，也絕對不會允許他們參加的。「造總」沒有，「大聯指」更沒有，因爲「大聯指」還更講究成分。總而言之，鄉鄉都是這麼發展起來的，都有造反組織。

剛開始不是到處都在奪權嘛，拉薩奪權，昌都奪權，縣裏面也有小型的奪權活動。這一奪權就有爭鬥，先是文鬥，然後是武鬥，連縣裏面也有很小的武鬥。邊壩縣也是如此。那時候邊壩縣有一個群眾代表，「造總」的一個小頭頭，還是一個喇嘛，在拉薩參加自治區革委會成立時，被曾雍雅說成是「紅色喇嘛」，回去以後他大肆宣傳，到處說曾司令、曾主任接見我啦，這是對我們「造總」的肯定等等，這就爲邊壩縣「造總」的進一步發展起了推波助瀾的作用。不久，縣裏的「造總」通知下面的各個造反司令部，說是某月某日到加日來參加群眾大會，要批鬥當時的縣委書記叫王什麼來著，這樣那些鄉里的司令、政委都來了，在大會上把那個王書記鬥了幾下，然後就打起來了。

在加日召開的這個大會是一個分水嶺，後來全縣參加大會的二十三個鄉都被說成是參加了「暴亂」，全都被非常嚴厲地甚至擴大化地處理了。只有一個在怒江邊上的鄉，鄉長和書記沒等大會結束就早早回去了，因此就沒事。但只要參加了這個大會，就有「反革命分子」的嫌疑。可那都是非去不可的呀，除了戴「帽子」的人，鄉里的人都要去的，不去不行啊。西藏的老百姓又很聽話，好多人都是稀里糊塗的，究竟怎麼回事根本搞不淸楚，就參加那麼一個會變成了「反革命分子」，然後就進了監獄，可那個會究竟是什麼意思很多人並不明白。

七三年落實政策時我跟工作組專門去邊壩縣進行調查，可是究竟有沒有「叛亂」這回事情，其實我到現在也沒搞淸楚。而且邊壩縣的這個事件究竟是怎麼定性的，這裏面肯定是有問題的。

剛開始時說是「暴亂」，完全屬於「反革命暴亂」的性質，由部隊來「平暴」，但沒多久又有「叛亂」而且是「再叛」（相對於一九五九年的所謂「叛亂」）的說法，部隊的行動就成了「平叛」；但後來又說是「暴亂」了。西藏有幾十個縣被定爲「反革命暴亂」，其中昌都地區是兩個半縣，邊壩、丁青兩個縣和洛龍半個縣，……好像是三個半縣，另一個縣不記得了。

反正說是這麼演變過來的，要成立什麼「護教志願軍」之類。說是有這麼一個口號：「趕走共產黨，消滅紅漢人」，可是到底有沒有我不清楚。還有一個口號，「吃糌粑的團結起來，打倒吃大米的」，這個口號是有的。但是我去的都鄉沒有這樣的事，連反動文字的任何東西都沒有看見，儘管都鄉是「暴亂」的重點鄉。不過這裏面，我想過激的言論和行爲是有的，比如說要殺「甲突日嘎嘎」。這個「突日嘎嘎」什麼意思呢？那是一個揚青稞的工具，分叉的，兩個叉叉，被比喻成漢人，穿褲子的漢人。有的區也確實殺了漢族，像俄朱卡區的文書逼他承認什麼東西他不承認，就被摔到怒江裏去了，他是漢族人。這樣的人打死了那麼幾個，藏族好像沒有。當然也把藏族的區長、書記等幹部抓起來了，問他們：「你是要吃糌粑還是要吃大米？」說吃糌粑的話那可以，就不打了；說吃大米，好，那就打。還有一個區委書記，問他「你信不信教？」還說「你唸這個」，他們指著山上用石頭堆的「六字眞言」，意思是，你唸了就表示你信教，那就不打你；如果你不唸，那就表示你不信教，那就打你。這個區委書記只好唸了一遍，他們就沒打他，但是後來就爲他唸「六字眞言」的事情，被認爲是向「叛亂分子」投降，結果他被判了刑，判了七年還是八年。這是眞事。實際上當初的確有過激的言論和行動，可能也借機混進去了個別的壞人，圍攻了一些區，打死了一些人，搶了一些東西。

於是，中央下令「平暴」，軍隊就來了。昌都軍分區的部隊、獨立團和從內地調來的一些部隊就開進了邊壩。可是邊壩本身也有槍，有些槍就是從扎木軍械庫流散過來的，於是就跟部隊打起來了。部隊原本就是來「平暴」的，那麼殺的人就特別多。解放軍倒是死的不多，老百姓死的就太多了。反正他們又不知道誰是「叛亂分子」，只要看見藏族就打。而且，去的那些人氣得很，部隊的，工作組的，都是「大聯指」的，這之前被「造總」這麼整，一氣之下，再加上添油加醋的，肯定要報派性的仇。據說當時奉命去「平暴」的昌都某獨立營，全是「鐵杆」的「大聯指」，營長的外號叫「歪嘴巴」，他公開宣稱「這下到了我報仇的時候」，所以他簡直殺紅了眼。可是部隊裏面除了翻譯全是漢族，而阻擋部隊的又全是藏族，打著打著，最後完全成了兩個民族在打。

邊壩縣有一個那孜區是「暴亂」的中心區，那裏地形險要，一條簡易公路經過一個叫那孜崗的懸崖峭壁，中間一條小河，另一邊也是山，當時就在那裏打得最厲害。幾個女人勒死一個解放軍的事情也就是在那裏發生的。那眞的是確有其事。那時候是冬天，十一、二月份，當時部隊在那兒被堵住了，那些村民在空空的汽油桶裏面裝上炸藥、石頭什麼的，部隊一走近，就把點燃了的桶從山崖上滾下來，這一炸把部隊炸死炸傷好些人，有些解放軍還被打散了，有的兵稀里糊塗到處亂走，天亮了被村裏的人看見了，是四個女人，因為男的都上山參加戰鬥去了。她們裝著對他很友好，給他吃的、喝的，還讓他洗腳。就在那個士兵洗腳的時候，突然用繩子套住他的脖子把他勒死了。這是其中兩個女人幹的這事。後來她們都被抓了，那兩個女人一個被槍斃，一個因為懷孕判了緩刑，最後好像沒殺成。那個被槍斃的女人其實才十八、九歲。是在那孜區上由解放軍槍斃的。那些解放軍都是被勒死的士兵的戰友，特別氣憤，說老鄉居然殺我們，覺得非常想不通。那時候槍斃人都很簡單，部隊「噠噠噠」的，有殺人的權力，是上面同意了的。我後來聽老百姓講，那個女的被捆得五花大綁，解放軍在槍斃她之前，先用刺刀朝她狠狠地捅了一下，那刀尖都從她的胸口冒出一截，據說那女的叫都不叫一聲，還轉過頭來狠狠地瞪了解放軍一眼，最後挨了好幾槍。當天那次由解放軍公開槍斃的就有三十多人。

那兩年槍斃了很多人。我記得我們在學習班的時候，第一批槍斃的人光是邊壩、丁青兩個縣就有一百多人。那時是一九七〇年，全區幹部職工都在「毛澤東思想學習班」集中學習，拉薩人在林芝一帶，昌都的都集中在昌都郊外的羅橋，現在那裏有一個師範學校。第一批殺了，本來還要兩批、三批的殺，殺個幾百幾百的，因為都已經判了死刑，但第一批殺了後，第二批就不准殺了，可能發現有擴大化的趨向。七三年我們去邊壩落實政策時，準備要殺的、已經關在監獄裏面判了無期徒刑的、判了十五年、十八年至少也是十年以上的，光是我去的那個鄉就有好些人。

我們是第二批因爲「平暴」擴大化去落實政策的工作組。第一批是縣裏自己組織的，但成效不大，接著組織了自治區、地區和縣三級組成的工作組，其中有自治區公安廳廳長白瑪多吉、昌都地委書記宋子元等。我本來是去給宋子元當翻譯的，但宋子元說你下去當工作組的組長，所以我帶了一個工作組去了那孜區的都鄉和另一個鄉。都鄉也是「暴亂」最厲害的地方，後來光是公開槍斃就殺了五六個人，至於戰場上被解放軍打死的人那多得很。死的人太多了，我們去時看見那鄉里全是女的，男的除了老頭子和小孩子，青壯年幾乎沒有，其實整個邊壩到處都是這樣。爲什麼是這樣呢？一部分人打死了，一部分人抓起來了，就沒什麼男人剩下的，每個鄉都這樣。一開會的時候全是穿黑衣服的女人，男的很少。

我們的工作主要是重新審查被抓的人，過去殺死的就不管了。經我審查的有一個判了死刑的一般群眾，一個判了無期徒刑的原來鄉里的文書，還有五六個判了多少年的人，我認爲那些都是錯案，所以就報了錯案，要求平反。因爲他們確實沒有罪，他們只是參加過最早在縣裏召開的那個大會，可是那個大會被認爲是宣布「反革命宣言」的大會，武鬥的性質也就是在那個大會以後轉變的，所以凡是參加那個大會的人都有「叛亂」嫌疑。另外，他們還參加過那孜崗堵解放軍的戰鬥，那更被認爲是理所當然的「叛亂分子」。但在我上報的這些錯案中，只放了幾個比較輕的，兩個最嚴重的卻沒有放，爲此在工作組組長的匯報會議上，我和邊壩縣的公安局局長幹起來了，他敲桌子我也敲桌子。他說沒有判錯，那些人都是「反革命分子」、「叛亂分子」；

我說不是，你說錯了，他們都是基本群眾，你把基本群眾當成敵人，你自己站在了敵人的立場上。那時候彼此用的都是毛主席語錄。那個公安局局長是一個漢族，姓羅，羅麻子。可是在場的宋子元書記等領導好像覺得他說得正確沒做任何批覆，直到派去第三批工作組才把那兩人給放了，這說明我的看法是對的。其實最後派去的第四批工作組算比較徹底，甚至還複查到已經槍斃了的那些人，認爲被殺的裏面基本上都殺錯了。可這有什麼用?殺都殺完了，包括那個「紅色喇嘛」。除了殺錯的，還有太多的關錯了的，像邊壩縣縣長就被關在監獄裏，是巴塘藏族，叫向于華（音），後來當昌都地委祕書長、黨校校長，現在退休了。我一聽就說他媽的，怎麼會連縣長都成了「叛亂分子」!他當時被說成是「叛亂」政委，其實他只是邊壩「造總」的政委。更好笑的是，被說成是「叛亂」司令的竟然還是一個漢族，叫什麼名字我忘記了，是郵電局的一個一般幹部，邊壩縣「造總」的第一把手，他好像是被殺了。哈!一個漢族搞什麼「叛亂」!所以說文化大革命一切都亂套了，當時只要有一點掛鉤就被無限上綱。總之邊壩縣就因爲所謂的「叛亂」殺得一場糊塗，但實質上是嚴重地擴大化，實際上那些被槍斃的人當中只有個別的算是殺對了，像那個勒死解放軍的女子，她可能算是殺對了，其他的好像沒有殺對的，可以說幾乎都殺錯了。

有意思的是，當時不管是「暴亂」期間還是「平暴」期間，沒有一個成分不好的「領代分子」（指「舊西藏」的領主和代理人）參加。反正在昌都地區一個也沒有。後來我們找那些人問，你們怎麼不參加？他們說，不讓我們參加革命群眾組織，那我們就沒什麼可幹的，所以我們沒事。他們都很慶幸，悄悄地講，幸虧我們沒有參加，不然就慘了。所以那些鄉里剩下的男人全是這些戴有各種「帽子」的人。他們肯定內心裏很高興，因爲被打死的很多都是「民改」時鬥過他們的積極分子，他們會認爲這是報應。

當時還有一件可笑的事情，我們去鄉里落實政策，還有一個任務就是要發展黨員、建立黨支部，因爲原來鄉里的支部書記和鄉長都成了「叛亂」的政委和司令，黨員和積極分子都成了「叛亂分子」，結果給殺的殺，關的關，一個黨員也沒了，整個班子全完了，包括什麼團支部、婦聯在內，但還得要發展黨員啊，還得要建立黨支部啊，這是工作組必須完成的一個任務。這怎麼弄嘛？我雖然是工作組組長，可那時候還是一個非黨員。我就對宋書記說，你叫我們發展黨員，我自己都不是黨員，我怎麼去發展黨員？沒事，沒事，宋書記說，你們先物色吧，工作組不是有黨員嗎？讓他們做介紹人，你來把關就是了。那麼就這樣吧，去物色吧，哎呀，好難找啊，沒有啊，找不到一個符合條件的人。入黨不是需要條件嗎？凡是親屬中有「管關殺叛代」（指被管制的、被關押的、被處決的人，以及叛亂分子和代理人）這五類分子的人都不能入黨，可實際情況是，一個鄉里面哪個人他媽的不是這五類分子或者是他們的親屬啊？算了，稀里糊塗的算了，睜一隻眼閉一隻眼，不然如果硬要按照條件來找的話，根本找不到。我們沒法發展，我們向上面這麼反映。那這樣吧，挑裏面表現好的，上面說。於是，即使親屬中有「管關殺叛代」的，只要表現還可以就發展了。而那些被發展的人也願意入黨啦。人嘛，人你不要看，很會變化的。最後我們在都鄉發展了五個黨員，建立了一個支部，由一個非黨員發展黨員，哈哈！我是一直到七九年才入黨的，三中全會以後才同意的，這之前不讓我們這種人入黨，我們是三中全會的成果。不是說親屬中有「管關殺叛代」的不能入黨嗎？我家不是說跟五九年的「叛亂」有關嗎？所以我一直入不了黨。

一九六九年的這些事件以後，「造總」完全臭了。凡是「造總」最有勢力的縣都是被「暴亂」、「叛亂」的名義給搞下去的。「造總」在這之前很厲害的，我去邊壩縣時發現「大聯指」的組織一個鄉都沒有，全部是「造總」組織，二十四個鄉，鄉鄉有「造總」。特別是那個「紅色喇嘛」從拉薩回去宣傳以後，「造總」的力量發展得更快，但群眾聽他的話跟他是喇嘛沒一點兒關係，僅僅因爲他是「造總」的頭，當時整個邊壩縣都成了「造總」的天下，「造總」讓幹什麼就幹什麼。從邊壩縣來看，「邊壩事件」剛開始完全是「造總」給弄起來的，如果「造總」不發動的話，不會發生這些事情。

普卜對兩派的看法或評價

我覺得兩派都一樣，半斤八兩。兩派都走的是「極左」路線，都喊著「毛主席萬歲，萬歲，萬萬歲」的口號，都用的是毛主席的語錄，反正都是爲了紅色政權永不變色這一類，這是兩派的共同點，所以都一樣，說不上誰對誰錯。其實都不對，都是「極左」分子。

但是，今天問拉薩的那些當年參與文革的人，一說他是「大聯指」的就好像挺得意，一說是「造總」的就好像很慚愧，這是為什麼呢？這從自治區到下面就可以看出來，當過「大聯指」頭頭的人如今都升官了，都發財了，不說百分之百吧，至少也是百分之九十以上。可「造總」的頭頭當了官的，你說自治區一級的有誰嗎？沒有一個。廳局級的可能有幾個。又比如說，當初劉紹民和陶長松都是革委會副主任，但後來劉紹民爬到什麼程度呢？一直爬到山南地委副書記去了。而陶長松呢，連共產黨都不讓入，到現在還不是黨員，你說這是什麼意思嘛？太不公平了。這兩個人都是造反派，我認為他們都是一樣的，誰有什麼功勞嘛？都一樣。你說打革命領導幹部，「大聯指」不也一樣打嘛，凡是「造總」保的那些幹部「大聯指」都要打，都是一樣的，是吧？搞武鬥，兩派打起來，不光是只有一方在打嘛。搶軍械庫，「大聯指」照樣搶，而且搶得更厲害。所以我說兩派是一樣的，沒什麼區別。但事實就是這樣，後來自治區裏面眞正掌權的是「大聯指」，那「造總」當然你就靠邊站了。自治區你看嘛，一個個點嘛，熱地、巴桑、列確等等。拉巴平措是《風雷激》的藏文主編，洛桑頓珠是「農奴戟」的司令員。下面廳局級的幹部一個個地點嘛，「大聯指」的數不勝數。「造總」有誰呢？有幾個頭頭上來了？當初「大聯指」的四大頭頭「劉趙馬扎」——劉紹民、趙連貴、馬玉環、扎西平措，全部當了廳局級以上的官，「造總」有誰呢？連第一把手陶長松到現在才勉強弄了個副縣級，當代所（指西藏自治區社會科學院當代研究所）的副所長，可連個黨員也不讓入。雖然他很想入，在八二年還寫過入黨申請書，可是組織部說他的檔案不在，意思就是不讓他入黨嘛。其實他這個人還是很有本事的，不然的話，怎麼可能成爲文化大革命中左右西藏局勢的人？當時整個西藏由兩派控制，區黨委的頭頭都靠邊站了，他「造總」的頭頭能量很大的。你要問西藏的文化大革命，他最瞭解，而且都是最上面的東西，不過在看法上他不一定客觀，肯定多少帶有派性，因爲他「造總」嘛，肯定會用「造總」的觀點去看待問題和分析問題。

文革本身就是「極左」的頂點，可是文革結束後那些「左派」都上來了，甚至是「極左」的那些人都掌權了，所以西藏這些年的政策一直很「左」，這說明文革的遺毒還存在，並沒有消除。

巴尚

「但是殺了那麼多解放軍，恐怕就不能說是武鬥了」

巴尚（化名）：男，藏東康地藏人，隨十八軍進藏，擔任軍隊高官的警衛員和翻譯，後轉業至新聞單位當記者直至退休。文革時候屬於「大聯指」觀點，曾隨軍採訪過一九六九年「尼木事件」。

訪談時間：第一次，二〇〇一年十月二十八日上午
第二次，二〇〇一年十一月一日下午

巴尚講述一九六九年「尼木事件」

一九六九年六月，尼木縣發生軍宣隊被殺害的事件。我們在拉薩得知這個消息以後，立即和軍區聯繫準備下去採訪。因爲殺的是解放軍，這一事件當即被定性爲「反革命叛亂」，軍區派

出兩支部隊，分別從羊八井和曲水這兩條路開往尼木剿匪。我們走的是曲水這條比較近的路。分社派了一輛車，有我和兩個攝影記者，還有一個尼木縣武裝部的軍人。車子開過曲水大橋往裏走，下面是雅魯藏布江，上面是很高的山，突然發現前面路斷了，過不去了。下車一看，路明顯是被人破壞的，山頂上還有很多人，看來他們早就預料到解放軍要來，因爲他們闖了大禍，殺了那麼多的解放軍，我記得是十四人（《中共西藏黨史大事記》中記載二十二人被殺）。後來得知羊八井的那條路也被破壞了。我們發現不對頭就打算調頭往回撤，但車上的那個軍人不願跟我們回去，他說這已經很近了，他要走回去。當時他還帶了一箱紅燒豬肉罐頭，他抱著罐頭下了車，可我們看見他沒走多遠就把罐頭扔到江裏了，不知道是什麼意思。他不回頭地走了，從此再也沒有見過也沒有聽說過這個人。他是個漢族。

我們回去後向軍區作了匯報。軍區連夜派部隊修路，第二天就把路補好了，於是我們又開著單車去尼木，一到縣裏就聽說麻江（尼木的一個區，羊八井往南）那邊遇到麻煩，從軍區來的部隊被阻擋了，但我們趕到的時候，部隊已經過了麻江。可能有一個排的兵力吧，武器裝備很全。再加上尼木縣裏的部隊，後來進山溝圍攻尼姑（即赤列曲珍）駐地的時候大概有七八十個軍人。當時從麻江跟部隊來的也有我們的記者。至於部隊爲什麼要出兵麻江？就是因爲在麻江那邊殺害了十四個解放軍，而且殺得很慘。這些解放軍是屬於「支左」的，沒帶槍，尼姑手下的那些人半夜三更搞襲擊，把有的解放軍從窗戶裏甩下來，有的用磨盤石砸死，再把他們都埋在三叉路口，意思是這些人都是鬼，而且上面還放著軍帽。這些解放軍都是漢族。這樣一來部隊當然就要剿匪了。這已經很明確了，這是「叛亂」行爲。當時部隊的指揮員是西藏軍區的參謀長，叫李傳恩（音）。

我們一早就從縣裏出發，不久走到一個山谷裏，據說從這山谷進去就是尼姑的駐地。山谷裏全是亂石成堆。我們看見一個個山頭上開始挨著冒煙，這顯然是發現我們來了，他們在相互報信，用古時候那種烽火報信的辦法。當我們走到山口，看見兩棟民房，部隊便分開埋伏，向房子裏的人喊話，但沒有人答話。部隊就準備上去衝進房子裏察看，這時候突然傳來一聲槍響，我們的一個排長中彈了，當場死亡，但槍是從哪裏打來的根本不知道。這一下部隊當然就很氣憤了，就用四〇火箭筒對著房子放了一炮，然後衝進去了，結果發現屋裏只有老人、婦女和小孩，大概七八個，都死了，有個老人還在被窩裏，看上去是在睡覺。活著的只有一個六七歲的小孩，手已被打斷了。部隊搜查了一圈，既沒有發現武器，連個彈殼也不見，也沒有發現年輕人。我曾問過小孩話，他說我們都在睡覺，什麼也不知道，就被你們漢人的炮彈打死了這麼多人。我對部隊說這個事情要處理好，不然影響不好。後來小孩被送到總醫院治療。那些死人，本來部隊打算拖出去，我說還是抬起來埋了吧，於是就挖了一個坑把他們全都埋了。

這麼打了一下，部隊的情緒就上來了，直往前衝，走不多遠就和尼姑的人遇上了。他們那邊有幾支火槍，更多的是矛和刀，還有犛牛鞭「烏朶」，包著石塊朝部隊這邊扔。一般情況下部隊是不會開槍的，可能他們也以爲部隊不會打槍，所以他們氣勢洶洶的，用最落後的武器來對抗。所以當部隊一開槍，他們慌了，趕緊逃跑，部隊就邊追邊打，可能那次打死了三十來個人。他們那邊都是老百姓，也就是農民，其中還有幾個基層幹部，大多數比較年輕。後來追到了尼姑駐紮的那個村子，我們埋伏在一個土坎下面，附近還有一個小水庫，相互距離很近。我們向那個尼姑喊話，可她不但不出來投降，還穿著法衣戴著法帽站在房頂上跳神作法，在那兒亂跳亂舞。參謀長下命令不准向她開槍，要抓活的。這麼相持了一會兒，我們喊話也不起作用，尼姑還耀武揚威的，向我們宣戰。於是部隊就往尼姑房子開槍，結果那裏面也朝我們開槍，但他們那個槍都是破槍，子彈也不多，一發兩發的，根本打不到我們。而我們的衝鋒槍一打一個准，後來發現打死了七、八個人。這麼打著打著，天快黑了，尼姑還是拒不投降，部隊想衝上去，但這樣就會肉搏，雙方傷亡就會很大。參謀長就叫戰士們別打了，可戰士們不聽，都打紅了眼，想衝上去把他們全部消滅。我就向參謀長建議，這樣不好，他們活不成，我們也會有傷亡，而且我們已經發現他們非常頑固，今晚就算了，明天再進攻吧。於是部隊就撤回來了。當天晚上，尼姑他們就跑了，跑到山上去了。

我們第二天一大早衝到房子裏的時候已是空空蕩蕩，只有七八個人的屍首，有幾個還被扶起來靠在牆上，身上都是槍眼。尼姑的房子裏還點著一盞酥油燈，油燃的不多，可能跑的時間不長。在房頂上有個簡單的帳篷，裏面一張桌子上面有幾個盛滿彈殼的盤子。彈殼都是自動槍的彈殼，只有部隊才有，是不是收集在一塊表示證據的意思呢？那樓下有個隱蔽的小經堂，點著燈，供著佛像，還有些經書、法器和護身符之類。後來有群眾告訴我們，說院子一角的小房子裏有兩個傷員，被砍了雙腿或雙臂的。我們一進去果然有這麼兩個人，一個女的被砍了雙臂，一個男的被砍了雙腿，居然還活著，據他倆說是周圍的老百姓給他們喝茶喝青稞酒才活下來的。已經砍了好幾天了。是因為在這之前縣裏幹部和解放軍來的時候，他倆跟他們談過話，所以尼姑就說他倆是叛徒，狠狠地懲罰了他倆。在尼姑的門前一塊空地上還釘有四個橛子，群眾說尼姑處罰被認為是叛徒的人時，就把他們的手腳捆在橛子上再砍，那滿地都是血，已經乾得起殼了。這我是親眼看見的。又說還有兩個基層幹部被活埋了，我們挖出來一看，有一個渾身水腫，到處是刀口。所以說這尼姑是很殘酷的（《中共西藏黨史大事記》上記載，「在尼姑廟殺害基層幹部積極分子十三人」）。那兩個被砍傷的男女很年輕，後來送到總醫院去治療，現在不知怎麼樣。接下來部隊就搜山追擊，在山上發現不少在逃的人，於是各個擊破，擊斃的擊斃，抓獲的抓獲，尼姑就是在山上被抓獲的。當時這場戰鬥，被打死在寺院裏的有七、八人，在山谷和山上被打死的有四十多人，解放軍只有那排長一人犧牲。尼姑後來是被帶到拉薩經過公審之後槍斃的。她下面的得力幹將大都被槍斃了，只有一個叫熱群的跑掉了，沒有抓到，這人原來是一個基層幹部，殺解放軍就是他帶頭的。

這個尼姑三十多歲，個子高高的，她在當時很有號召力，把周圍村子裏的人都集中起來了，其中有一批就一直跟著她幹。她一開始就打著造反派的旗號要造反，在這以前，紅衛兵衝擊縣城的時候就有她那夥人，當時衝擊縣城不成，還說要用炸藥把縣城炸掉。據我分析，她不是一個單純的造反派，而可能是有另外的目的，據說在六二年中印自衛反擊戰的時候，她就造過很多謠，說什麼印度人打過來了，中國人就要撤回去了，等等。這個尼姑是有文化的，聽說她背誦毛主席的語錄很熟，在鼓動群眾時還常常把中央文革小組和江青掛在嘴上，能說出很多最新指示，但沒有發現她與拉薩的造反派是否有聯繫。另外。這尼姑也很會利用群眾的迷信心理，她說她自己是格薩爾傳說中下凡的女神「阿尼古尼甲波」的化身，會預言、跳神和打卦。還把她手下的人都封爲格薩爾裏面的將領。她在老百姓中的威望挺高的，常常被請去降神，預言各種事情，包括農作物的收成。

尼木事件被政府定性爲「再叛」，但一直存有很多說法。我認爲，本來這一事件是可以按照內部武鬥處理的，但是殺了那麼多解放軍，恐怕就不能說是武鬥了。那些被殺死的解放軍沒有帶武器，也沒有和他們互相打石頭，甩「烏朵」，是在突然襲擊中被打死的，這顯然就是一種仇恨心理，一種敵對心理，不是一般的武鬥，也不是一般的在文化大革命中受矇騙的問題。另外，尼木這個地方在文革前還發現過大量空投的傳單，內容是跟西藏獨立有關的，因此如果要說有無叛亂的基礎也很難否認。

實際上這個事件很複雜，參與者似乎應該分開來看，具體分析。比如尼姑她是有政治頭腦的，而且從其行爲來看對解放軍是有仇恨心的，所以整個事件不是一般的群眾組織在搞武鬥，我認爲她是利用這個時機進行她的報復，如果說以造反派的名義鼓動群眾衝擊縣城還可以說是搞派性，但是殺解放軍就不是單純的問題了，好像西藏其他地方沒有這樣的事情，即使有，也只是極個別的，這麼大的規模好像沒有。這個尼姑本身就複雜，她既是造反派的頭頭，又有尼姑的身份，擅長降神弄鬼，在群眾當中有一定的威望，要煽動和矇騙群眾是不難做到的。還有尼姑的那個幹將繞炯是個基層幹部，也是個「翻身農奴」，但殺解放軍很兇狠。那時候，農村裏也分兩派，基層幹部也分爲造反的和保守的。一說解放軍是支持保守的，那些造反的當然就敢下手了，那時候要欺騙人是很容易的，尤其是被派性所鼓動。但是如繞炯這樣的人是不是和尼姑懷著一樣的心思就說不清楚了。另外，在跟隨尼姑的人裏面，確實沒有發現有過去的領主或代理人出身的人，也沒有發現有五九年參加「叛亂」的人，應該說都是「翻身農奴」。實際上後來對這一事件的處理並沒有觸及到一般群眾的。無論公審、槍斃和判刑，處理的都是尼姑和尼姑手下的骨幹分子。

另外，在同一年西藏其他的縣裏發生被定性爲「再叛」的事件，其實情況都不一樣。也有殺解放軍的，但不多，一兩個吧。日喀則的謝通門縣是在派性鬥爭中撤消了人民公社。公社是「極左」路線的產物，在西藏並不適合，不應該在西藏建立公社，連合作社都不該搞，而應該是把互助組搞起來，讓群眾富裕起來以後再說怎麼走的問題。都是一陣風，內地搞公社了，西藏這邊也跟著推行，卻不顧西藏的實際情況，老百姓經濟基礎和思想準備都沒有，吃了很多苦頭。不過那些地方的動亂應該是與派性爭鬥相關的，那時候，連縣裏各級機關都是癱瘓的，幹部都挨批鬥，有的被鬥死，有的自殺，各種情況都有。而那些地方，應該說漢族紅衛兵並不多，都是當地的幹部群眾在搞運動，抱著各種各樣目的的人都有，用心越壞的人他表現得越積極，也就是越左。因爲那個時代提倡的是「寧左勿右」，「左了不怕」，「左」就意味著革命。

巴尚分析西藏文革的特點

西藏文革和內地文革差不多，只是時間上有不同。西藏總是要跟得晚一些。儘管分成兩派，但中央文革的指示，無論內地還是西藏的兩派都要遵守，都要跟形勢，但是對毛主席的革命路線如何理解，各有各的看法。有一派認爲要把所有的當權派都打倒，政府機關癱瘓，然後由他們自己上臺掌權，這樣才叫革命路線。另外一派則認爲不然，要搞清楚當權派中的問題，該打倒的打倒，沒有問題的仍然應該保留，不一定要徹底換班。

當時中央對西藏文革的狀況不是管不了，但分成兩派以後，互相各說各的，在這種情況下，中央表態，兩派都是造反派，兩派都是革命者，沒有什麼根本的矛盾，應該坐下來好好談，應該聯合。中央一直主張聯合，周恩來對此好像專門有過指示，要聯合起來一致針對走資派。但恰恰是在走資派的問題上，兩派無法聯合起來，各有看法。因此走資派當中即使有什麼問題，只要他傾向哪個派，哪個派就會保護他，不摘他的烏紗帽，而另一派就會揪住不放，所以無法統一和聯合。當時內地的紅衛兵起主要作用。本地的紅衛兵是跟著他們跑的。來了多少內地紅衛兵我不淸楚，不過我記得到我們單位奪權的有益希單增和「北航紅旗」一個姓胡的紅衛兵。這人很囂張。文革以後，北京航空學院還給我來過信，要瞭解這人的情況，但我沒有提供。姓胡這人相當囂張，竟然要奪新華社（中國官方最大的通訊社，在各省、自治區都有分社）的權，說權力應該歸造反派（指的是「造總」），我一看氣氛不對頭，當即就退出了會場。

益希單增那時候就挺紅的，他是首都紅衛兵的一個頭頭。咸陽來的紅衛兵（指西藏民院的紅衛兵）幾乎是淸一色的「大聯指」，像人大的祕書長巴桑洛布也是一個頭頭。但益希單增的身分我弄不淸楚，後來他好像又變成「大聯指」的了。內地紅衛兵當中藏族其實不少。

當時我們單位的領導叫李和亭（音），他因爲傾向造反派沒被批鬥。我們單位有二十多人，造反派那邊很厲害，但關鍵人物都在我們這一邊，領導、老記者、搞人事檔案的、駕駛員都在我們這一邊，大多數藏族也在這一邊，總人數也比他們多一兩個。他們那邊都是年輕人和剛進藏的，只有一兩個老記者，也只有一個藏族。我們當時的工作就是瞭解文化大革命的情況，哪裏有武鬥，哪裏打死人了，然後寫內參。但內參到了上面，總社也分兩個觀點，有時候我們就親自去總社匯報西藏的文革情況。

西藏的當權派也要具體分析。像曾雍雅和任榮看上去各支持一派，其實也並不是一味地扎入一個派，而是根據具體的事情，這件事情支持，那件事情反對。當時的當權派也不完全都想要挑起兩派之間的武鬥，搞分裂。當然有極個別的在幕後策劃，出歪點子，讓兩派鬥得沒有休止，實際上是出於私人恩怨的。因爲西藏歷史上就有黨內鬥爭的遺留問題，因此藉文化大革命進行報復的也有。這些遺留問題，比如在達賴和班禪問題上的不同看法等等，很複雜，幾句話說不清楚。

邊巴

「他已經成佛了，會説話的佛，……這樣的佛是沒有過的」

邊巴（化名）：男，藏人，貴族後代，西藏詩人，文革時二十二歲，被當作「牛鬼蛇神」進行勞動改造。現已退休。

一次採訪結束時，邊巴唱了幾首語錄歌：「……口頭上站在革命人民方面，行動上……他就是一個口頭革命派；如果不但在口頭上，而且是行動上也站在革命人民方面，他就是一個完全的革命派。」

訪談時間：第一次，二〇〇一年九月三十日下午
第二次，二〇〇一年十月十六日下午
第三次，二〇〇二年五月十六日下午

唯色（以下簡稱「唯」）：格拉（藏語：先生），請你談談你對文化大革命的認識。

邊巴：（以下簡稱「邊」）：說到西藏當時也發生文化大革命等許多運動，一個是因爲在這之前，很多人很窮，這是事實，所以多數人願意起來回應，打倒少數富人也就是那些三大領主，願意相信共產黨和毛主席的話。誰不願意翻身做主人啊？還有一個就是因爲這樣的變化，毛主席的權威也在很多人的心中樹起來了，毛主席說什麼那就是什麼。

文化大革命的發生有它的社會背景。現在看來，文化大革命是以打倒劉少奇爲目的的權力鬥爭。要奪毛主席權的，最危險的就是劉少奇嘛。那時候太獨裁了，完全是一個獨裁政權。反正毛主席已經成了皇帝，不，比皇帝還厲害。當時人都很迷信他，他已經成佛了，會說話的佛，這個更厲害啊，比起不會說話的佛還要厲害，這樣的佛是沒有過的。所以整個國家都瘋了十年。這麼大的一個國家瘋了十年，不可思議的事情啊。誰也不敢批評毛主席什麼，一說你就成了現行反革命分子，你就得蹲監獄，或者被槍斃。你不算什麼人，你連人都不是。那時候毛主席擁有絕對的權威。他的權力太大了，人民都不得不喊他萬歲。而且被強行地灌輸了他很多的思想。理解要執行，不理解也要執行，可是一個人的思想能夠代表幾億人的思想嗎？但就是這樣，反正我說了算，我就是法律，實際上整個國家就沒有健全的法律和法制可言。

所以什麼叫迷信，什麼叫科學，什麼叫唯物主義，什麼叫唯心主義，這些我看都有認眞研究和重新研究的必要。

唯：文革那時候，你是怎麼過的？

邊：那時候天天都是「早請示」、「晚匯報」（文革術語，站在毛澤東像前以各種集體儀式「表忠心」）。哪個部門、哪個單位、哪個工廠、哪個居委會都如此。比方說我們在毛澤東思想學習班，軍宣隊培訓我們，一般早上七點鐘起床，一吹哨子三五分鐘就起來了，然後到山上去揹石頭、拉柴禾或者肥料，八點半集合到禮堂，開始「早請示」：「敬愛的毛主席，我們心中的紅太陽……」，才能吃飯，然後繼續勞動。晚飯時也是到禮堂集中，又唱「大海航行靠舵手……」，這叫「晚匯報」。晚上繼續開會。內容就是大交代、大檢舉、互相揭發、互相鬥爭。不揭發不行，不揭發就說明你的立場不堅定，你沒有改造好。你非要揭發，說人家是什麼什麼，沒什麼說的就說自己。

我記得有一個星期天的晚上，那是七三、七四年，稍微鬆了一些，已經不叫大交代了，而是叫開生活會，其實也是要交代，反正非要說，說自己沒有改好世界觀，還保留著三大領主的思想和生活習慣，沒有就瞎編，不編不行，這樣才叫表現好，不然你就是頑固分子。在會上，過去班禪堪布廳（爲班禪喇嘛管理後藏政教事務的機構）的一個官員，叫阿曲丹增，被組長點名：「你，交代沒有？」他想了半天，終於交代：「昨天晚上，我犯了一個天大的罪。」「什麼罪？」「是一個天大的思想罪。」結果怎麼回事呢？那時候不是鬆了一點嗎？女人可以稍微打扮一下，擦點口紅什麼的，不像先前連高跟鞋都不敢穿。所以阿曲丹增就說，昨天我看見湯楚美（是貴族拉敏・益西楚臣的姨太太，過去從漢地帶來的漢族女人），她嘴上塗著口紅，很好看，我一見到她馬上就恢復了資產階級思想，我就想，晚上如果能夠跟她玩的話，那我就會很快樂。後來我讀了毛主席的著作，發現我產生的這個思想是純粹的資產階級思想，說明我還是想當領主，玩女人，還是想復辟，這是反革命的思想，所以我今天特意向組織交代。組長聽後就說，交代就好，但是深度不夠，要繼續改造，要挖根源，思想深處的根源。等等。特別可笑。

唯：你勞動改造了多少年？

邊：從六六年到七八年。先是交給居委會，後來由統戰部管，都是過去在政協的統戰人士，也就是解放以後安排了工作的那些上中層人士，所謂的「愛國進步人士」，可能有三百左右的人吧，像格波米仁波切（甘丹寺高僧，現已圓寂）是炊事班裏的，給我們燒茶，熬稀飯。帕巴拉也在。還有多吉帕姆（女活佛，現任西藏自治區人大副主任）。還有拉魯。我們都是軍宣隊管著的，分成三個排，每個排有好幾個班。我們都在如今區黨校那裏勞動，種田、種菜、蓋房子、打土坯、撿柴禾、抬石頭，還要放牛、放羊、餵豬，等等。帕巴拉幹活不多，也不需要在那裏住，只是開會參加。他是有特殊對待的。但文化大革命時候他也被遊街過，也被鬥過。我們一個星期裏只有星期六可以回家去住，其他時間都住在學習班裏。七六年打倒「四人幫」以後就輕鬆多了。我記得七六年毛澤東去世時，在拉薩文化宮廣場舉行追悼會，並且守靈。那幾天，多吉帕姆也好，拉魯也好，生欽（生欽・洛桑堅贊，活佛）也好，金中（金中・堅贊平措，貴族）也好，凡是過去政協和人大的主要幹部都要輪流去守靈，輪到誰去就有車來接，還要換衣服，守靈時的身份是副省級幹部，當然回來以後又得參加勞動，不過已經說明有變化了。七八年我離開學習班了。

唯：對當年的那些積極分子怎麼看？

邊：野獸攻擊人，肯定有些野獸是想吃人，有些野獸卻怕人，所以要先撲上來吃人。都是動物。人也是高級動物，也有著動物的屬性，有很多相似的地方。

唯：如今一般老百姓當中，認爲毛澤東很偉大的人還有沒有呢？

邊：有。很多階層裏都有。特別是一九五九年翻身得解放的很多人，他們對毛很有感情。知識分子裏面要少得多。他們知道毛澤東晚年的錯誤，而且他們自己也受過很多罪，瞭解毛的殘酷。比較起來，擁護的還是改革開放以後的政策和鄧小平。群眾也是這樣。其實問他們，是毛主席時代的生活好，還是現在好？肯定大部分人說現在好。他們知道的就是，當農奴不如「民主改革」分東西，當公社社員不如「包產到戶」，那種除了開會學習就是這個不准那個不准的生活不如今天的生活，計劃經濟不如市場經濟。還有一個很大的變化，至少人們敢說一點話了，當年不敢說毛主席半句不好的話，沒人敢說，但現在可以批評他，還可以批評幾句江澤民，畢竟還是有變化了。

唯：你覺得文革時藏族和漢族的關係，跟現在的藏族和漢族的關係比較有什麼不同？

邊：在西藏的漢人是五十年代以後多起來的，以前很少。在五十年代進藏的漢人基本上是解放軍。那時候的軍人遵守毛主席的政策，尊重這個，尊重那個，甚至在帕廓街被藏人吐口水或有意地衝撞，都不會說一句不是，還要避開。

毛的厲害在於他的政策，不管他的政策出於什麼用心，但確實很厲害。比如漢人在五十年代和六十年代，會被教導，在與少數民族相處的時候，要注意大漢族主義。所以那時候的民族關係比較融洽。

文革期間，階級鬥爭代替了一切。毛說過，民族問題的實質是階級問題。也就是說「親不親，階級分」，漢族和藏族都有了共同的鬥爭目標，階級鬥爭基本上掩蓋了漢藏之間的民族矛盾。

至於後來，民族問題越來越突出，越來越多的移民是一個原因，最主要的原因是西藏文化不被尊重，實際上是不斷加強地、有意無意地被忽視，甚至輕視。尤其表現在藏語文的學習上，已經形成了學習藏語文明顯沒有前途的事實。在拉薩，只有幾個單位裏的個別部門用得著藏文，如西藏社科院、西藏大學、幾個雜誌社等，其他行業基本沒有。但如果我們要強調藏文和藏文化的重要性，又會被說成是狹隘民族主義。

共產黨的確很偉大，是偉大的「帽子」工廠。從五十年代一直到今天，各種「帽子」滿天飛，現在最多見的「帽子」就是狹隘的民族主義這頂帽子，而這還算是小的，大「帽子」就是民族分裂主義。這幾年官方還有這麼一個不成文的說法：藏文程度越高，宗教意識越濃厚，思想越反動。

現在西藏的現實是，只要十個藏人和一個漢人在一起，就要說漢語。而藏族不會漢語連工作都找不到。西藏是一個自治區，不是一個省，可是它的自治體現在哪裏呢？

因此藏人中漢化的程度越來越深，恐怕用不了多長時間，我們的後代就會問：糌粑是什麼，是吃的還是穿的？還會說，藏族這麼落後，我才不願意是藏族，我是漢族。以後，可能只有研究西藏佛教的人才會學藏語。

因爲西藏文化的不被尊重，造成藏族和漢族之間的隔閡越來越深，民族問題也就越來越突出了。

赤白啦

「當時我剛生我的女兒才三四天，血還沒有流乾淨，就把我揪去批鬥」

二〇〇三年二月的一天，在帕廓街的一幢不起眼的藏式小樓房裏，我見到了六十六歲的赤白啦。她是拉薩有名的民間醫生娘絨廈家族中人。說有名，是因爲房名爲「娘絨廈」的這個家族五代行醫，代代醫術高明。其中最著名的老娘絨廈——措結·仁增·倫珠班覺（被拉薩人稱爲「娘絨廈醫師」、「娘絨廈先生」），他不但行醫有方，還自辦傳授包括醫方明在內的學校，是過去在西藏非宗教性的學校裏規模最大、教育最好的私塾學校，很多大貴族包括阿沛·阿旺晉美都在他的學校裏學習過。他的父親曾經爲第十三世達賴喇嘛當過醫生。他有六個兒女。赤白啦是他的三女兒，也會看病，現在仍住在帕廓街上。他的二兒子昆九，醫術高明，幾年前離開拉薩到印度，曾擔任達賴喇嘛的私人醫生，後因胃癌去世。老人的其他四個兒女也都是醫生，有的在藏醫院工作，有的在自家的診所行醫。而老人是在文革結束以後才去世的，算是一位高壽老人，但他因在「文革」中遭受毒打，一直臥床不起。據說在去世那天，他還看了十七個病人。

採訪結束時，我問赤白啦對文化大革命的印象如何，她輕聲地笑了，諷刺道：「文化大革命好得很。確實好得很，再沒有比這個更好的了。天天都『叮叮咚、叮叮咚』的」（注：這個在漢語中形容敲鑼打鼓的詞，在藏語裏是「砸」和「打」的意思）。

訪談時間：二〇〇三年二月十八日下午

我們這個家族並不是藏政府的貴族。自己拜師學的醫，也沒有享受政府的薪水。從頭算起已經是五代的藏醫，到我兒子已是第六代了。在我父親行醫的時候，有喇嘛勸我父親說，在行醫的同時，辦一所學校的話，對人們有好處。於是辦了學校。學生在初來上學時給老師送禮，這之後不再送禮也可以，我們也只是想著這些學生學成之後可以給他們自己的家鄉做些事。但是「文革」時，說我們的學生都是「領主」的子女，沒有老百姓的子女，就把我們劃成「領主」。實際上我們既沒有莊園，也沒有更多的房子，只是辦學校而已。我們在自己家裏辦學校，樓上是貴族的子女，樓下是貴族子女的傭人，都可以上學。但是我們還是被說成是為貴族服務。另外，在教學中用的教鞭和尺子，是為了幫助學習，卻說成是壓迫學生，也被批判了。從開始批鬥起，到政策放寬之後，一直都被勞動改造。

「民改」時我家被劃成領主。加上「文革」時候發現家裏的印度錢幣，被認為是想要復辟。

還說我們家裏的藥是毒藥，但是給貴族和領主的藥放在櫃子裏，而裝在袋子裏的藥是專門害勞動人民的毒藥，所以就把這些藥袋子掛在我們的脖子上，把那些印度錢幣掛在我父親的脖子上，

第一次批鬥時我和二哥跟父親在一起，還可以攙扶著他，但是後來批鬥時就把他一人帶走，在「松卻繞瓦」一鬥就是大半天。他們對他又打又拖，從此以後他多年臥床不起。家裏的藥被那些積極分子搶走了，然後把門給封了，不准我們行醫。這樣過去了很多年。差不多九年、十年。但後來有人想要看病，就悄悄地把尿送來讓我們看，然後拿著我們的藥方去藏醫院取藥。我父親八十二歲去世。大概是一九七八年。在去世之前五人參觀團來了，說達賴喇嘛要回來，他就一直說，達賴喇嘛要回來了，我要等著。等啊盼啊，後來就去世了。

當時批鬥時，八角街居委會來了四十多個人，是半夜三更時候衝進來的，把我媽媽嚇壞了，嚇得吐血。後來天葬時發現她的心臟從心膜中跳出來了，也就是說從原來的位置上移位了。這些人把我們家又是砸，又是搶，拿走了很多東西，最後一個也沒有退還。後來落實政策時，我去過要過多次希望歸還，他們卻說從你們家拿走的都是宗教用品，都送到大昭寺展覽去了，別的沒有拿。當然我父親是一個很信教的人，所以家裏有很多宗教用品，但也有很多古董，如玉石製作的對龍據說是漢地皇帝給的，可這些東西到底是被居委會的積極分子私吞了，還是上交了，誰也不知道。但是當時有很多東西是被私吞了。那個洛桑益西第一個衝進來，還用斧頭把箱子、櫃子上的鎖砸壞，然後把裏面的東西一搶而空。

洛桑益西是安多人，已經死了。他最壞。還給每個「牛鬼蛇神」取外號，什麼歪鼻子，禿頭，給我取的外號是「癡呆老頭的女兒」。還給我的臉上畫漫畫。實際上他過去是裁縫裏面的頭頭，穿戴都是和貴族差不多的服飾。他是第一個衝進我們家打砸搶的人。

那個戴眼鏡的主任洛桑也是很積極的，什麼樣的運動裏面都有他。他還在五九年時候就當了居委會的主任。早先他是貴族朗頓的屬民，是一個裁縫，後來他給朗頓交了人頭稅，就離開朗頓自己做裁縫了。他現在還活著。眼睛不好，住在「拉讓甯巴」三樓上。

我們第一次挨鬥的地方是在丹吉林一帶。

當時大昭寺已經被砸了。大昭寺好像是藏曆四月八日被砸的，是西曆六月吧（注：這個時間有誤，應該是一九六六年八月二十四日）。當時我剛生我的女兒才三四天，血還沒有流乾淨，就把我揪去批鬥，當時讓我彎腰低頭接受批鬥時，我看見自己的血流了一地。向三寶發誓，那時候那些人連一點憐憫心都沒有。這時候我聽見有人說，你們家裏去了很多人，造了很多謠，要一個字不留地交代。他們把我們遊街，還強迫我們去砸「嘛尼拉康」（「拉康」在藏語裏是佛殿的意思）。那時候我才生孩子不過三四天，那些人就跟法西斯一樣。那時我二十九歲。

他們給我哥哥昆九身上掛滿藥袋。給我父親身上掛的是印度的錢，過去他曾經去過印度在那裏行醫，所以有沒用完的印度的錢幣，被當成「裏通外國」的罪證。

後來政策放寬了，我們還在接受勞動改造，這時候，居委會的人也來了，藏醫院的人也來了，還有衛生局、城關區等等，要求我父親繼續行醫。我父親說，我再也不當醫生了，過去我一心一意給人看病，後來給我加了那麼多罪名，遊街批鬥，把我整的這麼慘，現在我再也不看病了。但是他們經常來，後來我父親說，算了，人家國家主席都被整死了，那還是當醫生吧。但是我和哥哥、弟弟不願意，寧願去當小工。後來在一位也在「文革」中挨鬥很厲害的色拉格西喇嘛的勸解下，才答應繼續行醫。來看病的人很多，還連夜排隊看病。我父親很善良，見窮人看病都不收錢，從有錢的人那裏收的藥費用來買藥材做成藥。實際上，我們不是貴族，也不是「領主」，從來沒有壓迫、剝削過勞動人民。但後來說是要「平反」，倒是給那些有名望的大貴族退賠了不少，但像我們這種靠自己手藝積累的財富卻一樣也沒有退賠。「打砸搶」的時候，遊街批鬥的時候都是我們最早，但是應該退賠時卻沒有我們的份。

我們有六個兄弟姐妹。全是醫生。死了三個，還有三個。我的兩個哥哥，一個在藏醫院，一個是昆九，都去世了。妹妹去世了。兩個弟弟還在。我的兒子次旦多吉是醫生。在帕廓開有診所。女兒也是醫生。在美國。

大昭寺老喇嘛

「可憐啊，那麼多的西藏人，已經有那麼多年沒進過大昭寺了」

這是一位曾囚禁七年、勞動改造十三年，直至一九八一年才回到大昭寺的老喇嘛。我是在大昭寺遇上他的。

訪談時間：二〇〇三年三月九日下午

文革中，大昭寺的一樓，據說只有「覺袞頓拉康」（釋迦牟尼佛殿）還在，「土莫拉康」（松贊干布法王殿）還在，其餘的都沒了。「覺袞頓拉康」裏面的幾個佛像是過去的。但「覺」身上和臉上的金粉都被刮掉了。身上的所有裝飾也都沒了。所幸的是，「覺」頭上的華蓋是純金做的，但因爲被香火熏得很黑，沒人認得出是純金，所以就沒被拿走。後來被住在那裏的拉薩市政協放在辦公室裏，在大昭寺正式對外開放時重新送回，在這之前刷洗過，露出了它本來的顏色，這才知道這是純金做的。

「覺仁波切」腿上的洞，是朗達瑪（圖伯特末代國王，以滅佛留名）時候砍下的。傳說朗達瑪想看看「覺仁波切」是用什麼材料製成的，就在「覺仁波切」的腿上砍了一個洞，「覺仁波切」疼得發出了「啊嚓嚓」的聲音。有這樣一個傳說，有關的歷史書上是沒有的。文革時候又在「覺仁波切」的腿上砍了一個洞，後來修補了，但敲那兒的話可以聽見「空空」的聲響，那是紅衛兵砍下的。那些紅衛兵，有的是學生，有的是老百姓，聽說都是帕廓一帶的老百姓。不過這都是聽說的，那時候我不在這裏，我在工布。

大昭寺裏面的強巴佛據說也被砸了。「古汝仁波切」（蓮花生大士）像也是後修的。轉經路上的「卓瑪拉康」也被砸了。

大昭寺二樓上，據說只有松贊干布殿裏的松贊干布塑像是過去的，其他幾尊都是新塑的，包括文成公主。另外，這個殿裏的青稞酒壺有上千年的歷史，不知怎麼弄到了羅布林卡文管會那兒，後來聽說班欽仁波切第一次回來時，打聽到這酒壺後就要了回來。

大概在七二、七三年時候，大昭寺才又重新修復了。但也不是把過去的所有佛像都修復了，只是修復了一部分。當時說是要修復大昭寺的佛像，拉薩城裏有一個「讓勒公司」，是做家具、工具和農具的工廠，現在靠近市公安局，在文革時候裏面有一個倉庫，堆放著從很多寺院沒收的佛像，都是舊佛像，很珍貴，就從這個公司的倉庫裏拿回很多佛像，送到大昭寺，重新裝藏、修補。

被砸的寺院很多。色拉寺、哲蚌寺都被砸過。只是沒被砸光，不像甘丹寺，砸得一乾二淨，什麼都沒有了。大昭寺原本只有一座殿堂，所以被砸的時候很快就砸的差不多了。似乎只有聶塘的卓瑪拉康沒被砸，這是因爲創辦卓瑪拉康的阿底峽大師是孟加拉人，要注意國際上的形象。曾經孟加拉還派人，把阿底峽大師留下來的「古東」（法體）請回去了。

我在工布的時候是工人。更早以前，我在解放軍的監獄裏被關了七年，是因爲五九年「叛亂」的緣故，那時我三十歲的樣子，硬是被說成是「叛亂分子」。我很小出家當了扎巴，在色拉寺。六六年我從監獄裏放出來，就在工布的勞改農場當了工人，我做的是木工活。這是屬於公安系統的，不允許我們參加文革。

我當了十三年的工人。八一年時候，好多人都走了，我也說我不想當工人了，我想穿袈裟，這樣我就回到拉薩，來到大昭寺。實際上大昭寺在文革時候一個出家人也沒有，我聽說那些佛殿都變成豬圈了，像「土幾拉康」（千手千眼觀世音菩薩佛殿）這些佛殿都成了豬圈。樓上住著軍人。樓下我們現在舉辦法會的地方，供放蓮花生塑像的地方，是他們的廚房。然後大昭寺成了招待所，叫做「三所」，房間都設在佛殿裏，聽說是拉薩市的招待所，這個招待所後來搬到市政府旁邊去了，人們都叫它「招待瑪波」，意思是紅色招待所，在如今的「日光賓館」前面。我們剛回到大昭寺時，一樓和二樓那些佛殿的門框上都寫著號碼，是房間的號碼。

兩派時，先是「大聯指」住在寺院裏，後來又是「造總」住在寺院裏，還發生過武鬥，在大昭寺裏面打死過不少人。

在「覺康」上面的金頂那裏，曾經蓋過一個廁所。在護法班丹拉姆那裏用木板隔了男女兩個廁所。那是招待所的廁所。班丹拉姆的塑像早就搬出去給砸了。

我們現在住的這些僧舍曾經還是拉薩市政協的辦公室和宿舍。這是文革剛結束那會兒。過去噶廈政府的辦公室也設在大昭寺裏面，但沒有住在這些地方。

如今大昭寺裏的老喇嘛都不是大昭寺過去的人，是從色拉、甘丹和哲蚌來的。

文革結束後，重新修復的寺院再次開放。經過了那麼多年不准信仰宗教的歲月，人們已經很多年沒進過大昭寺了，所以來朝佛的人特別多。當時還向信徒售票，就在今天信徒磕長頭的大門口還架著欄杆，每天只賣兩千張票，每張票一毛錢，所以很多人從夜裏就開始排隊，常常排隊一晚上，睡覺就睡在地上。那時候大昭寺整天開放，天黑了，如果不趕緊關門的話，還會有很多人進去朝佛。可憐啊，那麼多的西藏人，已經有那麼多年沒進過大昭寺，沒見過「覺仁波切」了。很多人都哭。邊哭邊說，想不到這一生還能有機會見到佛，沒想到啊，還會有這麼一天。後來班欽仁波切回到拉薩，在大昭寺舉辦法會給信徒摩頂時，排隊的人都排到了郵電大樓那裏，有幾公里長。有一個人還被擠死了。信徒是那麼多，突然間，一下子冒出來那麼多，不光是老人，還有很多年輕人，這是文化大革命時候不敢想像的，就像是被堤壩攔住的大水一下子衝出來了……

直到胡耀邦來拉薩，說不能給信徒賣票，從那以後，各個寺院都不向信徒售票了。有很多人，過去是積極分子，現在變成了很虔誠的信徒，這樣的人很多。他們也到大昭寺來朝佛。從佛教角度來講，這是懺悔，這很好。只要是出於眞誠，這麼做，也許是可以抵消他們當年所犯下的過錯的。很多人當年都是無知，無明啊。

「默朗欽莫」（祈願大法會）在八十年代恢復了，但也只是辦過三次，八七、八八和八九年，然後就取消了，再也沒有舉辦了。八九年三月份那次事件，正是傳昭大法會期間，我在自己的座位上唸經，就被那些軍人帶去派出所。他們用電棒打我，還打了很多僧人……

我已經七十六歲了。在我一生中經歷過三種人生。我的家在農村裏，過著中等富足的生活。起先，我從小出家當了僧人，那是很幸福的一段經歷；三十歲時被關進了監獄，在監獄裏待了七年，是犯人；然後在農場當了十多年的工人；最後又回到寺院，繼續當僧人。這不，我當過三種人，幹過三種人的事情，想起來倒也有意思。

在過去，西藏人活得很輕鬆，雖然物質上沒什麼，但精神上，因爲對佛教有信仰，想著因果輪迴，所以沒有太多的欲望。但現在的話，雖然物質上有了很多東西，但人們的心都變得很複雜，每個人都有很多欲望，都是爲自己考慮，反而活得很辛苦。人們的心裏沒有宗教的約束，這不會是一個很滿意的人生。再說現在能夠向人們傳法的喇嘛越來越少，眞正信仰宗教的人也越來越少，雖然很多人特別虔誠，但佛教眞正的涵義卻不知道，只能是迷信。這樣下去的話會很困難的。就像我們看到的，好多人什麼也不知道，如果一個人用額頭去碰石頭，都要跟著去用額頭碰這塊石頭。這就是迷信。

從我個人來講，沒有什麼太多的願望，只有一個，就是希望宗教信仰自由。

才旺歐珠

「沒有共產黨，就沒有我們奴隸們的今天」

才旺歐珠：男，藏人，「翻身農奴」出身，原拉薩軍分區政委，已退休。我父親的同事。

訪談時間：第一次，二〇〇一年六月二十四日下午
第二次，二〇〇一年七月十三日下午

才旺歐珠講述他的經歷

我家在日喀則白朗縣東久鄉。我出生於一九三八年的冬天。全家有八個人。我們受到「三大領主」的剝削和壓迫，全家人分別給三個領主當奴隸，當傭人，家境很苦，一無所有，年年種的糧食都交了地租，自己不夠吃，只有靠我和弟弟用毛驢有時幫商隊馱運東西。我十三歲時父親去世，我就頂差，在一個領主家幹活，很苦。

這時候解放軍開始進軍西藏，我們家鄉也來了解放軍，搞宣傳，發動群眾，到每家每戶送毛主席和朱總司令的畫像，但很多家不敢要，因爲還沒有解放，「三大領主」還在。但我們家要了，我爺爺說，這個好啊，說不定以後是爲我們窮人撐腰的。不過當時還不知道究竟可以撐什麼腰（笑）。但從解放軍宣傳的內容來看，是爲受苦、受剝削的人撐腰的。部隊的工作組還借給窮人大洋，也不要利息。當時我們家也來了工作組，當翻譯和帶路的是鄭英（康巴人，十八軍軍人），後來的統戰部部長，我還記得他穿著軍裝，戴著駁殼槍，很精神。他看我們吃的「吐巴」（糌粑糊糊），就問，你們怎麼就光吃這個東西呢？我說我們從來吃的就是這個東西。他說沒有多少糌粑啊。我們說是啊，已經快吃完了，過一段兒又要去借了。他就說，太窮了，太窮了，你們知道你們爲什麼窮嗎？這下把我們問住了。我們覺得我們的窮是因爲命中注定，但是窮的根源是什麼我們講不起，也不敢講，畢竟「三大領主」還沒有打倒，而且還是統戰人士嘛。但這些問題，還有這些人都讓我感到新鮮，願意跟他們在一起。

當時的「三大領主」有兩部分，一部分有愛國的思想，支持我們參加革命，一部分反對解放軍，把我們這些人看成是眼中的釘。這部分人很多，因爲他們還是想保過去的那種制度，還是想控制他管轄的農奴，所以群眾也不敢轟轟烈烈地參加革命，只有部分人敢聽解放軍的話。那幾年，工作組經常下鄉搞宣傳，鼓勵人們參加革命工作，尤其鼓勵和培養積極分子。五七年，爲了培養藏文教師，在拉薩準備辦師範學校，縣裏有一個王縣長問我，願不願意去，願意的話，我們就培養你這個藏文教師，我說願意，就報了名，和家鄉的三個人一起去拉薩上學了。在這之前，我認識一點點藏文。我們在拉薩學習了幾個月，教我們的老師大多是貴族出身或喇嘛出身的藏族，也有幾個漢族教員講政治，後來因爲學校要正式成立，就回到家裏等候。這時候已經有「叛亂」的苗頭了，我們家在當地算是很積極的，處境很危險，所以就把毛主席和朱總司令的畫像藏在靴子裏面，其實這個時期我們的生活還是很困難，但是我們有進步的思想，願意投靠解放軍。後來「平叛」開始了，解放軍的先遣部隊來了，我是牽馬的，天天跟著解放軍到處走，思想上受到很大的影響。有一天，縣裏的工作組問我願不願意去江孜的一個幹部學校學習，我說願意，就被送去了。我們上的課主要是講社會發展史，講人是怎麼產生的，剝削和壓迫是怎麼產生的。我們的老師是陰法唐的愛人。有次她對我說，你會不會寫信？幫我寫封信吧。我說會寫，但是詞句上不會寫很多。然後我幫她寫了一封信。後來我才感覺到她這是在考我會不會藏文。不久她又找到我說，你願不願意到北京去學習？我說願意去。她又問，去學習了以後想幹什麼呢？我答不出來。這時旁邊有一個從西藏民院畢業的女老師，教我回答：「你說，爲人民服務。」於是我就說了，要爲人民服務，其實我自己並不理解爲人民服務的意思。當天下午，老師就騎著自行車把我帶到江孜的一個倉庫裏，脫下舊藏裝換了一套新衣服，還剪短了頭髮。老師又說要不要去家裏徵求一下意見，我說不去，家裏肯定不會同意，我就從這裏走。於是，就爲人民服務這麼一句話，我就被送到北京中央政法幹校學習去了。這時候是五九年年底。

我們從江孜出來的一共二十五個人。我們學習漢語，也學習藏文，學習政治，學習無神論，因爲有很多從鄉下來的同學有迷信思想，還要學習公安業務。在這之前我不會說漢話，漢文就更不用說了，藏文只懂一點，但是我學習很努力，在文化上和業務上都有很大進步，在思想上也積極要求上進，收穫也比較大，懂得了很多革命道理，比較根深柢固了毛主席的思想。在北京學習三年，我是六〇年入團，六一年入黨，年年都當班長，還被選爲第幾次共青團代表大會的公安部的代表。六二年中印自衛反擊戰開始了，當時有二〇〇多人接受部隊的挑選，最後選了六十個人編爲公安分隊，其中就有我。我們安排在公安總隊的訓練隊裏參加訓練，相當於現在的武警部隊，我從戰士、班長當到區隊長，是連級幹部。

六五年我調到了西藏軍區聯絡處邊防科擔任幹事，在這裏我待了九年。我們的主要任務是在邊防上瓦解叛匪。當時有一個方針，就是「軍事打擊，發動群眾，爭取外逃叛匪回歸」。我們的辦法，一是大量地宣傳我們解放以後的大好形勢，二是揭露「達賴叛國集團」外逃的罪惡行徑，三是利用那邊敵人的內部矛盾進行瓦解。我們在邊防一線如仲巴縣、薩嘎縣、定日縣、聶拉木縣、崗巴縣、定吉縣、亞東縣等利用各種管道搞宣傳和瓦解，其中最常用的辦法就是利用邊境貿易，比如在得知那邊有商人來了，通過這個商人給那邊準備瓦解的人，用送東西、寫信等方式把他爭取過來，還有就是，比如說有個叫托瓦的玉樹人，他跑到那邊去了，但他的老婆和三個孩子都在盤羊區，我們就利用他的家人把他爭取過來了。之所以要爭取這些人回來，是因爲多數「叛匪」都是受「達賴集團」的蒙蔽、欺騙和脅從的，有些是邊民和部落的群眾。在我們的努力下，並再三聲明我們的政策是「不殺，不關，不判，不鬥」，在生活上也有照顧和關心，這樣一來，有的是團體回來了，有的是個人回來了，爭取了不少人回到西藏，具體數字講不清楚，但從我們掌握的大的頭目以及各縣上報的人來看還是很多。然後我們又讓這些人現身說法，通過廣播和圖片把他們的事情宣傳出去，起到瓦解「叛匪」的作用。這些人最後都交到地方上的統戰部門去處理了。我們聯絡處的素質很高，大部分是大學生，有十幾個漢族同志，七八個藏族同志，當然下面聯絡站的藏族要多得多。還有幾個女同志，她們也經常去邊防上工作。

文化大革命當中我有很多時間在拉薩。跟很多老同志一樣，我也是「大聯指」觀點。我們有幾個共同點，一個是保老幹部，不能打老幹部；第二個，我們反對打砸搶；第三個，我們的敵工部門的工作絕不能洩露到外面去。就我們軍內的文化大革命來看，雖然也有兩派，但眞正的保老幹部並且站在這一立場上的軍人是多數。但是文化大革命把很多工作都搞亂了，而且我們聯絡部的王部長王勤聯（音）自殺了。他自殺的情況不太清楚，好像跟在泰國有海外關係有關。有一天早上我們吃飯回來，發現他用電線套在脖子上把自己給吊死了，但自殺的原因當時沒有公開。軍區還有一個副司令員，叫什麼劉全（音），也是自殺的。文化大革命期間，聯絡工作雖然沒有中斷，但工作難度特別大，因爲我們這邊宣傳的和那邊知道的都是相反的，我們說這邊形勢不錯，人家說我們這邊已經亂得很，所以很難爭取得到那些人回來。誰也不敢回來了，如果回來了被抓被鬥被殺怎麼辦？那邊的消息還是很靈通的，這是因爲雖然中央明令禁止西藏有二十五個邊防縣不准搞文革，可還是有造反派到處活動，那種影響力還是到處看得見的。也就是說，文化大革命對我們的聯絡工作的衝擊很大，但我們還是要在這樣艱苦的情況下儘量地爭取瞭解那邊，瓦解那邊，相當不容易。

……總之，三十多年的兵了，黨對我的關心也是無微不至的，我自己感覺的是，沒有共產黨就沒有今天的我；沒有共產黨，就沒有我們奴隸們的今天。所以我們有一個目標，就是爲共產主義奮鬥到底。沒有其他什麼考慮。過去我們宣誓的時候這樣講的，現在也是我這樣想的，雖然我們現在退了，但共產主義思想不能退吧？艱苦奮鬥不能退吧？現在搞改革開放，西部大開發，我們也應該盡自己的力量。總的來說，我歸納這麼一點，確實是，沒有共產黨，就沒有我們今天的幸福生活，而且現在來講，對我們部隊的待遇很高，也是現在共產黨發揚我們黨的傳統，愛護我們老幹部，同樣也愛護老百姓，所以我對黨的感情是很深的，也是很眞的。想起過去在家鄉我跟著解放軍到處走的時候，就經常說我要當解放軍，想不到果然成眞了，所以我現在回老家休假，童年時候的老朋友們還要說我，還記得嗎？你當年就老愛說我要當解放軍，結果眞的當了解放軍。

我與才旺歐珠的對話

唯色（以下簡稱「唯」）：你參加過軍管會嗎？軍管會的情況怎麼樣？

才旺歐珠（以下簡稱「才」）：我是軍管會的。我是派到西藏人民廣播電臺去「支左」的。軍管會的產生是這樣的，當時地方已經癱瘓了，所以由軍隊來管理地方的行政事務，選出文革時的革委會的主任、副主任，與地方上的人員共同管理，但主要是軍隊來管。任務就是「支左」。「左派」要支持嘛。但是這個「左派」、「右派」都是兩大革命群眾，軍管會就得在工作中判斷誰是「左派」，但不是「支一派壓一派」。

唯：軍管會具體是怎麼工作的呢？

才：比如在廣播電臺，權力都歸軍管會，軍管會支持誰就把權力交給誰，而且要保證廣播電臺的所有工作正常進行。廣播工作是中央的喉舌，絕不能越過中央的口徑亂廣播，特別是在那樣一個特殊的時期，尤其要把握宣傳。另外就是要做好兩邊群眾的工作，不能只爲了搞派性鬥爭就不工作，你不工作，我們就派部隊來工作。

軍管會要支持「左派」，也就是支持革命的幹部這部分人，但我們認爲是革命的幹部，有可能別人認爲是反革命，所以這個問題是「支左」當中最大的困難。我們判斷的依據就是全面地察看、檢驗這個幹部的歷史，比如說廣播電臺的臺長鄢乃一（音），歷史上沒有什麼問題，業務上也做得很好，思想上也是一個老黨員，雖然是「當權派」，已經被批鬥而且停止工作了，但我們認爲他是革命的幹部，就叫他出來負責工作。又比如說陰法唐，「造總」說他怎麼反革命，結果去江孜調查，群眾都說陰政委如何好，證明他的歷史上就是一個革命者。

唯：那麼你如何評價軍管會的工作？

才：軍管會的成立實際上是一個軍事行動。目的在於將權力歸於軍隊掌握，再交給地方當中的革命派，由他們來工作，我們予以協助，因爲想要隨便的奪權那是絕對不行的，我們是不答應的。比如要打倒張國華我們就不同意。張國華是解放西藏的總指揮，貢獻那麼大，爲什麼要打倒他？還有王其梅，解放昌都委員會的主任，爲什麼要打倒他？所以軍管會的工作就是爲了恢復和穩定局勢，不能亂下去。我認爲很有成效。

唯：軍管會的總部在哪裏？軍管會有多少人呢？

才：軍管會的總部在「交際處」，也就是今天的「迎賓館」，以軍區後勤部政委洪流爲首，有軍區政治部、司令部、聯絡部、後勤部各部參加。但有多少人我不清楚。軍管會下面有很多軍宣隊。這些軍宣隊的量很大，因爲地方上從農村到各個機關都需要部隊「支左」，部隊的調動也就很大，各個師都要調人來。

唯：當時拉薩開始武鬥沒有？是什麼樣的情況？

才：大的武鬥是軍管會成立以後的事情。這個以前就開始了，但是軍管會給制止住了。但武鬥的情況我瞭解的不多，反正是兩派之間開槍嘛，互相鬥嘛，先搞理論嘛，「什麼人站在革命人民方面」，「什麼人站在反革命方面」等等，在理論上先搞很多宣傳，後來就開槍，兩派互相之間就打起來了，打死的可能「大聯指」多一些。

唯：是「大聯指」嗎？據說「造總」的人死的多一些。

才：是的，是「大聯指」。

唯：部隊當時參加過武鬥嗎？

才：沒有。部隊基本上沒有。有些人說內部暗地裏給武器，這個可能有，但具體的哪些組織沒有，部隊是沒有插手的。

唯：是不是，就像部隊中支持「大聯指」的軍人，在「大聯指」與「造總」武鬥時，就把槍送給「大聯指」，這種情況有沒有呢？

才：有，這種有。比如說朱秀山（音），當時是獨立營的營長，後來被提升爲五三師的副師長，他就送給，嗯，借給「大聯指」總部一部分槍。這是公開知道的，其他祕密的我們就不清楚了。

唯：如果說部隊沒有參加過武鬥，那麼，六八年的「大昭寺事件」不是說部隊裏的「大聯指」把「造總」的人給打死了嗎？

才：「大昭寺事件」是爲了制止武鬥才造成的。當時「造總」和「大聯指」的人在大昭寺打起來了，大昭寺的上面有一派，是「造總」。這一派開了槍，另一派在沙包裏裝上炸藥甩到街道上，「呯，呯」地響，這樣的話，部隊就去制止武鬥，衝進大昭寺裏面。當時可能是這樣，在往裏衝的時候出現了打死人的情況，但具體是怎麼打死的搞不清楚。當時那梯子上、地上躺著三四個被打死的人，我們看見了。

唯：你們去了嗎？

才：我們沒有參加。我們是後來去的，武鬥已經結束了，大昭寺的門都被部隊擋住了，不讓一般人進去。我們看到的這幾個人身上還蓋著東西。從整個事件分析，雙方剛開始時是冷槍，後來甩炸藥，越來越嚴重，所以部隊就衝上去了，可是不聽從，還要不停地打，部隊當然是要制止的啦。

唯：那麼，六九年時在尼木等地方發生所謂「再叛」的情況，你瞭解嗎？

才：這個情況瞭解不多。從尼木縣來說，起初是利用宗教迷信進行兩派之間的武鬥，當時的代表人物是一個尼姑，叫赤列曲珍。後來部隊去制止那裏的武鬥，結果「叛亂」起來了。但一直有一種說法，也就是不承認是「叛亂」。

唯：到底是不是「叛亂」呢？

才：我們認爲是「叛亂」。不是「叛亂」的話，部隊死了那麼多人又怎麼解釋呢？而且有的人是被磨子壓住活活壓死的。這你可以去尼木縣的烈士陵園看一看，裏面就有這些被打死的解放軍的墓地。去年尼木縣還重新把烈士陵園修了修，搞得相當不錯，你可以去看一看。

唯：當時你在聯絡處邊防科，常常要去邊防第一線，那麼，邊防上有沒有這一類「叛亂」發生呢？

才：沒有。當時邊防上沒有。但那曲這邊有，像比如、丁青這些地方。

唯：那麼，邊防上有沒有搞文革呢？

才：沒有。當時中央有規定，西藏有二十五個邊境縣不准搞文化大革命。不過有串聯的人到這些縣去，可能是想發動吧，但眞正的、公開的搞起來的沒有。那些來串聯的有紅衛兵，也有兩派，藏族和漢族都有，還有內地學校的學生。搞是不能搞文革，但這些邊境縣可以回應文革，比如背毛主席的語錄，掛毛主席的畫像，連馬的頭上都掛一個用布紮的毛主席語錄。

唯：邊境上的地方的黨政機關沒有癱瘓嗎？「當權派」沒有被衝擊嗎？

才：沒有。基本上沒有。當時說了是不准搞的，所以還是基本上保持原樣，與其他地方相比，這些邊境縣的「當權派」輕鬆多了。

唯：你認爲當時西藏的軍隊與地方在文革時比較有什麼特點？

才：西藏的軍隊與地方在文革時的性質是一樣的，也有兩派，一派是對準領導幹部，一派是保護領導幹部，這領導幹部指的是以張國華爲代表的「當權派」。但在軍隊中，保的人要比打的人明顯多一些。所以當時拉薩街頭的電線杆上掛了一個草人，表示是要打倒的「當權派」，在草人的下面是穿黃衣服的草人，抱著上面草人的腿，表示解放軍抱「當權派」的腿，解放軍是保皇派。

當時部隊上不如地方亂。部隊還是不敢太亂。但部隊和地方是聯繫在一起的，像張國華是部隊的第一把手，也是地方的書記，其他的像王其梅等等也在地方上擔任領導，也就是說軍隊的政委、副政委等都牽涉到地方上去了，所以就有地方衝擊和圍攻軍隊的事情發生。但中共中央專門下文件說，不准把矛頭對準解放軍。當然軍隊裏面也有支持造反派的，比如像副司令員曾雍雅，後來是革委會的主任。

在文革初期直到軍管會之前，按照規定，軍隊不能介入地方，也不能接觸地方，自己搞自己的文革。不過軍管會以後，軍隊就全面地介入地方了。

唯：文革期間有沒有特別強調民族問題？

才：這個問題當時提得不多，不像現在。那時候的民族關係是相當好的哦，那時候，藏族老百姓對解放軍是非常熱愛的，解放軍是「金珠瑪米」嘛，也就是解放他們的人嘛，軍隊裏面大部分又都是漢族同志，在群眾當中工作的指導思想是藏漢離不開的思想。特別是邊防一線，只要是有軍隊的地方，群眾的思想就穩定，只要是沒有軍隊的地方，群眾就不穩定，而且那邊一散布，這邊就動搖。另外，從當時的幹部基礎來講，各地區的幹部大多是從軍隊下去的，他們帶去了軍隊的好傳統，尊重當地群眾，愛護當地群眾，經常下鄉，不是騎馬就是走路，吃住在群眾家裏，這樣老百姓也就很熱愛和擁護他們。哪裏像現在的幹部，坐上豐田或者什麼車轉一轉就回來了，又可能瞭解群眾什麼呢？還有從事實上來看，當年的幹部回去的時候是帶著提包回去，不帶更多的東西，哪裏像現在，不撈夠了油水是不可能的，這樣群眾當然就不高興了，雖然沒有直接觸及民族關係，但是有很不利的因素。

但後來民族關係不如過去，最主要的還是跟文化大革命有關。文化大革命把人與人之間的關係，包括民族關係都搞亂了，破壞了人的思想基礎。

還有就是在對民族關係的宣傳上，現在和那時候不一樣，那時候經常講的是誰也離不開誰的問題。而且在少數民族幹部的培養上，當時看重的是一個人的覺悟，也就是你有沒有共產主義的覺悟，熱不熱愛社會主義，擁不擁護共產黨，不像現在，首先考慮的是有沒有文化，文化成了培養幹部的標準，而不是以思想爲標準。

至於從民族本身來講，還有達賴在國外搞分裂的因素，誣衊我們的社會形勢，誣衊我們的幹部，這個影響也是很大的。

唯：現在對民族關係的強調是不是比前些年多得多？爲什麼會認爲現在的民族主義者，或者民族分離分子越來越多？

才：我自己認爲，這首先與國際上的背景有關係，國際上有達賴那些人在造輿論，說西藏在搞民族壓迫之類，再有一個就是我們的幹部當中有些人立場不穩，有些人只是考慮個人的利益，沒有一個根深柢固的爲共產主義奮鬥的思想。

民族問題說來說去，要按照毛主席的講法，民族問題應該講兩個方面，一個是大漢族主義，一個是狹隘民族主義。這兩方面都要考慮。這兩方面不注意、不克服的話，那就會出錯。

不過現實是，社會上有各種各樣複雜的思想，但眞正想要搞分裂的人是少數，很少數。

德木・旺久多吉

「文革給我帶來了不能用語言來表述的災難，……但是文革也教給了我不少東西」

德木・旺久多吉，男，藏人，拉薩人，生於一九四九年，攝影家，現任西藏自治區文聯攝影家協會副主席。其父爲西藏著名活佛、西藏最早的也是最傑出的攝影家十世德木仁波切。

我們曾經在一個單位供職，又是鄰居，所以彼此很熟。於是他的故事，在多次的談話中漸漸地變得清晰、完整，而且深深地打動了我。我至今記得在回憶那不堪回首的往事時，突然充溢在他眼裏的淚水……

訪談時間：第一次，二〇〇一年十月一日下午

第二次，二〇〇二年三月三日下午

第三次，二〇〇三年二月二十四日下午

文革那年我十七歲，在拉薩中學讀初一。我一直積極要求進步，入團申請書寫了幾回，但都沒有批准。班主任次仁拉姆說我入不了團的原因是我沒跟家裏劃清界線，要求我凡是家裏的事情都要向老師匯報。可我又沒什麼要匯報的。我們是住宿生，星期六才能回家，星期天就返回學校，哪裏知道家裏多少事呢？不過爲了表示進步，我還是說了一些，結果我的這點交代被一位叫謝方藝的老師編寫成了一篇文章，題目是《我要做一個勞動人民的好兒子》，署上我的名字貼在壁報上，曾經在學校裏轟動一時。我父母知道了，非常難過，特別是我父親耿耿於懷，好幾年心裏跟我都有疙瘩，很多親戚從此不理我。可就是這樣，我還是沒能入團。

我班的藏文老師叫龍國泰，藏名叫索朗堅贊，是一個博學多才的翻譯家。他是過去清朝駐軍的後裔，母親是藏族，他家裏是種菜的（過去留在拉薩的漢人許多靠種菜爲生，主要在今魯布居委會一帶較多，如「張家菜辛」、「龍家菜辛」，意思是「張家菜園子」、「龍家菜園子」）。他比我大不了多少，跟我關係很好，現在已經病故。他對我說，看這個形勢這麼下去的話，會對你越來越不利的，不如跟我一起去羅布林卡避一避。當時他得了肺結核，建議我也裝病，反正那會兒已經不怎麼上課了，我就帶上他的幾包藥去學校醫務室，要求隔離治療。醫務室的王醫生當時去內地休假，一個教體育的楊老師在當代理醫生，一看見我拿著雷梅峰等治療結核病的藥，就通知我的班主任說我得了肺結核，爲防止傳染必須隔離。班主任無奈，雖然同意我離校治病，但還是組織全班同學給我開了兩天的批鬥會。爲了準備這次批鬥會，班主任老師事先已經召開了全班的動員會，只是對我保密而已。綽號叫「阿酷」的同學給我報信說你要走就趕快走，否則你要挨鬥。批鬥會美其名曰：「為防止社會上的資產階級和封建農奴主思想對旺多同學的腐蝕，旺多同學在離校去治病前要給他打預防針」。老師規定：不管同學們說的是眞是假，有事無事都不許分辯，這是因為「有則改之，無則加勉」。

那時候我已經喜歡照相了。很早以前，我父親送了我一部照相機，是英國生產的但在二次大戰前已經停產的 Carbin 牌照相機，以及十幾卷早在四十年代初就過了期的一一七黑白柯達膠卷。上中學時，我母親還背著父親給我錢，在百貨商店買了一架上海五八II型一三五相機。於是就從照相說開了，先是說這是受資產階級思想的影響，喜歡奢侈的生活，可後來味道就變了。多數同學為了應付老師，不疼不癢地批評了我一番。有的同學確實指出了我的一些毛病，但是，也有個別同學可能是想緊跟形勢吧，胡編亂造，純粹編瞎話，說我從布達拉宮頂上拍拉薩全景和拉薩大橋，軍訓時拍解放軍的軍事表演——雖然這是學校團總支指派我去拍的，而且底片都被謝老師收走了，然後聯繫到一九五九年逃到印度的我哥哥身上，這樣問題就越來越嚴重了，我也就有了「印度特務」的嫌疑。那個謝老師也說我拍了軍事情報，更是火上澆油。不過當時還沒怎麼的，「打針會」結束後，我就和龍國泰搬到羅布林卡去了。時間是一九六六年三月。

我們在羅布林卡的日子起先過得很充實。龍國泰讓我做他的助手，找資料，後來還出了一本書，叫做《藏文辭典》。西藏過去的書，無論是佛學、歷史、文學還是醫學，天文曆算等等，裝訂形式全都和經書一模一樣，所以我找來的書都是這樣的，但事後批鬥龍國泰時都變成了他的「罪證」。

我可能是拉中第二個被批鬥的學生。在我之前有一個女同學，高六六級的，名叫德欽白姆。當時老師布置寫作文，她的作文是《記仁增白姆的一家》，寫的是從一九五〇年代初期就緊跟共產黨的貴族桑嶺晉美一家的故事。仁增白姆是她的表妹。她還寫了仁增白姆在一九五九年的「平叛」中光榮犧牲了的哥哥和早就是中共黨員的桑林姨媽等。但她的這篇作文並沒有受到老師的好評，反而被認爲她不寫廣大的「翻身農奴」，卻歌頌剝削階級，這說明她的立場有問題，因此她的作文被刻印成蠟樣，在校園裏傳閱並很是批判了一陣。語文老師潘宗成還在課堂上把我叫起來問道，旺久多吉，這篇文章你看沒有？我回答說看了，寫得不錯，結果沒想到老師馬上對全班同學說，你們看，你們看，天下烏鴉一般黑。

拉薩中學是最早出現紅衛兵的學校。當時在我的同學中，只有成分最好的才能當紅衛兵，開展揭批老師和像我這樣的學生的活動，但沒怎麼打過，不過在武鬥時，聽說「造總」的同學打過「大聯指」的老師，像潘老師就曾被六七級的幾個學生把眼睛蒙上，弄到麥地裏狠狠地打了一頓。但總的來說，這種學生打老師的不多。因爲組織成立紅衛兵的就是幾個老師，像陶長松和謝方藝等。文革剛開始時，老師起的作用很大，到後來學生的作用也挺大，像「造總」裏面有一個由骨幹分子組成的組織，叫「專打土皇帝聯絡委員會」，就是拉中的幾個老師和學生當頭頭。這不，老師和學生都平起平坐了。

一九六六年五月十六日，毛主席的《我的一張大字報》出臺以後，拉薩的氣氛就逐漸緊張了，最早是鬥《西藏日報》的金沙，當時他是宣傳部部長兼報社總編，接著鬥交通廳的侯傑和達瓦，他們都是走資本主義道路的當權派。八月開始「破四舊」。我在羅布林卡聽說了我們學校的紅衛兵去砸大昭寺。有一天，教物理的何老師跑來告訴我說，你趕緊回去，把家裏的菩薩都處理了，不然的話，有人會借這個名義抄你們的家，你們家會損失很慘重的。這個老師是個漢人，四川人，現在還在拉薩。我馬上回家對母親講了。我媽媽不高興地說，那你去扔吧，我們不敢扔，菩薩是我們塑的，我們怎麼能做這種事？可是我也不敢扔，於是就拖了一段時間。一天夜裏我做了一個很不好的夢，夢見我家只剩下一間很小的屋子，我從石階上去，看見屋裏的佛龕東倒西歪，而且滿滿的灰塵。還看見媽媽頭髮全白了，正在擦佛龕，可是不管怎麼擦都有很多灰。我一進屋，媽媽看見我了，流著淚說你父親已經去世了，就在門背後。我回頭一看，見父親被裹成一團胡亂堆放在那裏。醒來後我覺得這個夢不對，趕緊跑回家告訴媽媽，媽媽再三叮囑我，不要把這個夢告訴父親。沒過幾天，我聽說我家被抄了，父母被遊街了。

拉薩的「牛鬼蛇神」第一次遊街的第二天，羅布林卡裏的園林工人組織的紅衛兵造反隊跑來抄我和龍老師的宿舍，把我們的東西全都扔到羅布林卡的大門口，還把我的相機裏的膠卷扯出來曝光。當時我拍了不少照片，大多拍的是壁畫，像「措吉頗章」就是「湖心亭」那裏面有很好的壁畫，但這些壁畫在「破四舊」時都被砸得亂七八糟。我們的收音機也被說成是「收聽敵臺」的證據，可說實話，「敵臺」在什麼地方我還眞不知道。他們勒令我倆在大門口低頭站著，站了一上午。當時還來了很多紅衛兵，不過沒有我們學校的，是別的學校的。他們聚集在一起，要給羅布林卡換上一塊新牌子，名字叫做「人民公園」。後來學校來了一輛馬車，上面坐著幾個紅衛兵，拿著紅纓槍，把我們押送回學校分開審問。龍老師的罪名是私藏經書。這麼審問了一個星期，批鬥也逐漸升級，我被正式說成是「印度特務」。這時候「十六條」已經出來了，其中有一條我到現在還記得，是說「學生哪怕是右派，也要留到運動後期處理」，我就抓住這一條跟學校爭辯，學校只好派幾個同學把我押送到我們家所屬的丹傑林居委會（後來改名叫「衛東」居委會）監督改造。

那天正是我父母第二次遊街。我被押送回去時，看見他們和其他「牛鬼蛇神」遊了一大圈之後全被帶到了我家裏。家裏已經亂七八糟，院子裏擠滿了人。有一個姓嚴的工作組組長，據說他後來在人民銀行，現在可能已經退休了，他當時從我家裏拿走了不少東西，還沒收了我父親的一套蔡司A康相機，再也沒有歸還。

我父母被遊街過好幾次，還被隔離開來不能見面，父親在東邊的一間屋子裏關著，母親在西邊，都有居委會的七八個紅衛兵看守著。每次遊街，他們都給我父親穿上我們家的護法神——「孜瑪熱」的法衣，給我母親穿上舊時貴族太太的裝束。這一年，我父親六十五周歲，我母親四十七周歲。後來，父親對我說：「當時抓我遊街的時候，我很擔心他們逼我穿袈裟，這樣我會羞死的。還好，他們要我穿的是跳神時『孜瑪熱』的法衣，這倒讓人有一種演戲的感覺。而且在遊街的時候，除了一個小男孩衝著我說『老實坦白』，圍觀的人群裏沒人打我、罵我，還不錯」。記得有一次批鬥會結束後，我趕去扶父親回家，卻被父親斥道，快去幫助你的上師。我的上師是色拉寺著名的高僧拉尊仁波切，已經八十多歲了，他是一位大成就者，在多年的特殊修行中，身體逐漸縮小，變輕，使我感覺揹的是個小孩子。後來，在一次抄家時，一個居委會的紅衛兵把從仁波切房中抄來的金剛杵砸向仁波切的頭顱，老人當場流了很多血，第二天就圓寂了。當時不准搞傳統的習俗活動，包括我們西藏處理死者的特殊方法和儀式，只能草草地把我上師的遺體送到天葬臺餵了老鷹。

不久我母親被他們從家裏帶走關在居委會裏，父親還是關在家裏。除了兩間小屋，其他房子都被封了，但鑰匙都在居委會的人手裏，一到晚上他們就來拿東西，我們碰見過好多次可也沒辦法，想著只要人能活下來就不錯了，東西你們要搬就搬吧，無所謂了。記得在批鬥我父親的人裏面有個叫扎西的馬車夫，文革期間是衛東居委會副主任，他在抄我們家時，不僅搶走了衣物和珠寶，還搶走了政府在「贖買」中發給我父親的存摺，當時我找到他要求他把存摺歸還，並毫不退讓地說這存摺又不是「四舊」，如果不歸還就要上告，哪怕告到北京也要告，這人才將存摺還給我，但已經被他私自取走了兩百元。

那時候，我的三個弟弟和一個妹妹都很小，我除了勞動還要給父母和弟妹們做飯。母親是見不到的，只能把飯送到門口，讓只有三歲的妹妹端進去。我母親被關了將近半年，我一直沒有見到她，聽說被整得很慘。一九六七年年初，有人帶話來說我母親瘋了，叫家裏人去接，我趕去一看，見媽媽已經瘋得一塌糊塗，只好把她捆在架子車上拉回家。其實主要是看守她的那些人捆的，捆得身上到處是傷，父親以為是我做下的事情，非常生氣。我母親的病在人民醫院用針灸治療了一段時間有所好轉，但當時看病很困難，病歷的封面上寫著「反動農奴主」，每次去看病心裏都受盡屈辱。又沒有錢，父親的工資停發了，只好把家裏剩下的東西給變賣了，我有一個很好的手錶，「歐米茄」，賣給一個尼泊爾商人只得了一百多元。

在居委會接受改造的那段時間，我被編在「六類分子子女」小組裏。這「六類分子」是「地、富、反、壞、右」再加一個「走資派」。一共有三個被管制的組，除了我在的那個組，還有一個是「牛鬼蛇神」組，都是一些過去的統戰對象，包括我父親，現在的全國人大副委員長帕巴拉·格烈郎傑等三四十個人；另一個是「社會上的領代分子」組，主要指的是一九五九年參加「叛亂」的領主和領主代理人及其配偶等。白天勞動，什麼活都要幹，包括給居委會的頭頭搬家。晚上開會，先是學習中央文件和毛主席的最高指示，然後自己交代問題。

有一天晚上，組長來叫我，要我第二天早上八點帶著被子和食物去集合，也不說幹什麼，反正當時什麼事情都不說清楚的，要你去哪裏，你就得去哪裏。我找了一個破箱子裝了些東西一大早趕去了，看見有十幾輛軍車上坐滿了人，我上了其中一輛，也不知道要上哪裏就被帶走了。我心裏很茫然。結果一傢伙給帶到了林芝，又從林芝縣下去經過米瑞鄉過了當諒渡口。這裏我倒不陌生，因爲這兒有我父親的寺院——德木寺，過去我來過，但心情已經完全不同了。最後我們被放在一個山溝溝裏面，原來是要我們在這裏修公路。這裏是米林縣。我們要修的是一條從羌那到米林的國防公路，附近有駐軍。在一起修公路的人有三百多，領頭的當然是積極分子。在修路的五個多月裏，我心裏反倒輕鬆多了，儘管生活艱難，每天只有六毛錢，買了糌粑和一斤半的酥油就所剩無幾了，但比起拉薩的日子好過多了，我指的是精神上。因爲我會說漢語，就讓我給經常要打交道的部隊當翻譯，後來熟悉了，每次去山上挖野菜的時候，一般都有兩個解放軍跟著，因爲山的那邊是印度，得提防有人叛逃越境，我去的話就沒人跟了，有時候還可以偷個懶，被他們叫上聊天，吸上幾支那些軍官的煙。既然是「通司」（翻譯）了，也不挨鬥了，那還眞是一段好日子。但修路結束返回拉薩又是老樣子了：勞動，學習，挨鬥，天天如此。

就在這時，在我們家裏發生了一件大事。這是一九六七年七月，我從米林回來的當天，一進家門，看見父親戴著帆布手套正在燒火，覺得冷颼颼的，周圍有一種非常淒慘的感覺。父親看了我一眼說，兒子回來啦，是件好事，值得高興，可是啊，有個不好的消息告訴你，你媽媽已經去世了，你有什麼願望，要祈禱什麼，你媽媽的遺物在屋裏，你去拜一拜吧。我一聽簡直不肯相信是眞，衝進屋裏一看，見桌上放著媽媽天葬後留下的「人黃」。媽媽果然死了。我起先是氣憤，緊接著特別傷心，頭腦全部空白，頓時就神智不清了三四天，飯也不吃，覺也不睡，話也不說，也沒有眼淚，整個人成了一個呆子，等到淸醒過來就亂發脾氣。那一段居委會也不叫我去改造了，可能覺得我已經成了一個廢人了。

不久我父親大病了一場。兩年前，在拉薩舉行抗議美國侵占巴拿馬運河什麼的大遊行時，他去參加遊行，摔了一跤，昏倒了，抬回家檢查是高血壓，一八〇／二二〇，不過慢慢治好了。可這次是二二〇／二六〇，醫院都說他不行了，但想不到第二天他醒過來了。我母親也是高血壓。後來聽父親講，我去修公路時，媽媽的瘋病本來已經好轉，不再亂跳亂叫了，有時候還比較清醒，但又被居委會拉去鬥了兩次，結果病情又加重了。有一天廚房的竈上燒著一鍋開水，媽媽見水開了，急著去看，剛走進廚房就摔倒了，頭也破了，流了很多血，第二天早上就去世了，才四十八歲。

不久拉薩的武鬥開始了。我因爲糧戶關係在學校，每個月需要去學校買糧食，一路上都得從正在武鬥的兩派中躲躲閃閃地穿過去。其實糧食根本不夠，但只要保證生病的爸爸有飯吃就行了。我們常常挨餓，有時就把包裹酥油的皮子煮來充饑，那皮子都是犛牛肚或者羊肚做的，用水洗一洗，煮上幾遍，吃著還挺香。不過也有好心人偷偷地送些食物、煤油等東西。這些人裏面有過去給我父親當過傭人的，有些是他的朋友，有些是崇拜他的信徒，因爲他畢竟是在宗教界裏威望很高的大活佛。其中就有我父親原來的司機，是一個青海的漢族，叫馬毅烽，他娶了一個藏族女人，生了不少女孩，都給取了藏族名。他有時送酥油，有時送肉，通過一個叫降央的喇嘛捎口信，當我們在街上或別的什麼地方遇見了，在擦肩而過時悄悄地說，龍王潭從東邊或西邊數的第幾棵樹下面有一瓶煤油，第幾棵樹下面有一坨酥油。多數時候是藏在那裏，也有放在小攤上或者賣鍋魁的小店裏，我們去拿就是。也有的是直接送到院子裏，不過是把東西放在藏袍裏，從大門進來時背著手在院子裏轉一圈，看看有無監視的人，若沒有什麼情況，就朝我們的窗戶瞥一眼，然後把東西放在一塊石頭下面或廁所旁邊。如果有人看著，就給我使個眼神，他先走一步，我遠遠地跟著，一直到一個安全的地方再把東西交給我。

有一次我去拉中買糧食，因爲賣糧食的那個劉管理員是「造總」的，得去「造總」的總部才能找到他。「造總」的總部在過去的「堯西公館」，也就是達賴喇嘛的家族居住的大宅院。我好不容易找到他，可他正忙著寫大字報不理睬我，我只好回去。在走到新華路也就是今天的朵森格路路口，看見居委會的治保主任、農牧民司令部（屬於「大聯指」一派）的副司令益西帶著一幫人站在那裏。他們都拿著槍，一下子圍住我厲聲盤問，聽說我去「造總」總部這還了得，一口咬定我是給「造總」送信去了，不由分說朝我就是一頓痛打，直把我打昏過去。當我醒來後只覺得口渴得很，感覺像是做了一場夢，那夢裏我好像一直在走路，不停地走，又渴又餓。用「阿嘎」土鋪的地面很涼，讓我發抖。我睜開眼打量四周，原來是在一間很大的黑咕隆咚的房子裏，有幾個男男女女也跟我一樣被關在這裏，其中一個女人是我家的親戚，她跑過來對我說，你終於醒過來了。然後用一個搪瓷大碗盛滿了水給我喝，我一口氣就喝完了。這是什麼地方？我問她。她說這是堯西平康的房子。堯西平康也是一個大貴族，是十一世達賴喇嘛的親戚。

就在這房子裏，我被關了一個多月。白天我們還是得出去勞動，用馬車去次覺林拉「阿嘎」土，但沒有馬，是讓我們來當馬，那馬車上還坐著一個端槍的人，時不時地吆喝兩聲，用槍托朝身上捅一下。一到晚上我們就得輪流挨批鬥，讓我們交代的問題很多都根本不著邊際。我的手臂被用浸過水的麻繩捆著綁在身後，時間一長，麻繩乾了，那胳膊疼的不得了。記得有一次鬥我，一個叫晉美的據說先是「造總」，這時是「大聯指」，他對我又是罵又是打，突然間，他的兩根手指一下子朝我的眼睛捅過來，我心裏一驚，想這下我的眼睛要完了，就往這人身上撲了過去。反正完蛋就完蛋，眼睛都要沒了，還有什麼可說的？就在這時，造反派堆裏一個鐵匠的兒子猛地拉了我一把，把我拉到他的身上，這場災難就倖免了。當然那個晉美很生氣，說我是在「反撲」，使勁踢我。我說我不是「反撲」，只是站不住摔倒了。說著說著我實在受不了，就索性向臺下批鬥的人群衝過去了，有兩個「大聯指」的人一把抓住我，把我押到另一個房間裏，我以爲他們還要折磨我，但沒想到這兩人開始給我鬆綁，可麻繩解開了，我的兩隻手還絞在一起放不下來，他倆想要硬扳開來，我卻疼得不行，於是他倆就替我搓手，一直搓了很長時間，手才很不容易地放下來了。唉，想起這些事情眞的是很恐怖，這時候我才十八歲。

我一直想找機會逃回家，在一次放電影叫我們去取機器和膠片時，趁著戒備很鬆，裝著去解手，從廁所的矮牆翻出去，再跳到隔壁的房頂上和圍牆上，就這麼逃脫了。可我又不敢徑直回家，怕他們跟著找來，就在沖賽康的一個甜茶館裏躲了幾個小時，當然身上沒錢喝甜茶，不過老規矩是可以在牆上劃個記號表示賒帳的，我就劃了一個記號。那老闆也認得我，但因爲我們不是一個居委會的，他也不怎麼瞭解我的情況就沒說什麼。直到天快黑了，我才溜回家裏，一到家發現父親病得相當厲害，不省人事，他的一個曾經在下密院給他當過傭人的喇嘛正在給他熏藥香，看見我簡直是悲喜交加。我呆呆地站著發楞，哭也哭不出來，好半天才抓住父親的手使勁地搓，搓了一會兒父親醒過來了，看著我說，哦，兒子回來了。從這以後，父親又慢慢地好轉了。

因爲我們住的這一片當時是被「造總」下面的一個「造反公社」組織控制著的，所以「大聯指」的治保會也沒人來抓逃跑的我。我說過，這會兒正是兩派武鬥的時候，「大聯指」安了一個高音喇叭，「造總」也在我們家附近丹傑林寺的樓上安了一個高音喇叭，聲音很大，每天都是毛主席語錄、「造總」歌曲，我們的耳朵都要被震聾了。說來好玩，有一次喇叭裏剛剛鏗鏘有力地唸了一句「最高指示」，突然聲音變調了，慌裏慌張地喊道：「五・二三開槍了」。這「五・二三」指的是「大聯指」下面以話劇團爲主的文藝組織。可能是又一場武鬥爆發了。不久我和跟我一樣的「六類分子」又被交到「造總」手裏，我的左耳就是那次被「造總」的一個小頭目打成牛聾的。雖然兩派之間武鬥不斷，我們這些人則在兩派之間轉來轉去地挨鬥、勞動，沒什麼兩樣，直到革委會成立以後才有所放鬆。

「三大領主」裏面也有很多渾蛋。把我母親逼瘋的，就是我母親一個表哥的兒子。他是拉薩中學的老師，叫單增。文革開始時，他因爲成分不好也是「牛鬼蛇神」，但他表現很積極，就當了「牛鬼蛇神」組的組長。我媽媽也在這個組裏，但他對我媽媽很不好。有一次勞動去掏糞，他使勁地扔很多糞往我媽媽的背簍裏，我媽媽揹不動，說這樣太重了，少點兒吧，結果他轉身就從廁所裏拖出一塊又髒又臭的破布，一把塞到我媽媽嘴裏。我媽媽哪裏受過這樣的侮辱，受了很大的刺激。

這人的老婆也是個極端分子，也爭著幹那些傷天害理的事情。說起他們，直到現在我也不可理解。這兩個人對我們家是特別地狠，比那些在文革中衝鋒陷陣的「翻身農奴」還要狠得多，是爲了劃清界線嗎？當時的「牛鬼蛇神」裏面沒有不恨他的，因爲都被他整得很凶。尤其是他們對我媽媽做那樣的事情，讓我特別記恨。有次在丹傑林寺一個放鹽巴的倉庫（過去是「幾吉拉康」，也就是大威德金剛殿）附近，「牛鬼蛇神」們在那裏修圍牆，休息時，多數人坐在東邊曬太陽，就這兩口子靠著西邊的牆上吸鼻煙，突然牆倒了，把他倆的腿砸傷了，但沒死。我聽說後還問父親，他倆怎麼沒死呢？

我在當時眞的很恨他們。有一次在街上碰見我們居委會治保主任的兒子，他是農牧民司令部的通訊員，跟我還算熟悉。他手裏提著一個袋子說有蠶豆讓我吃，我抓豆時勁用大了，袋子一鬆，蠶豆撒了一地，跟著滾出一個鋁制手雷，我一把抓在手裏。那人搶不過去就叮囑我說，不要殺人。我說我不會殺好人。其實我心裏已經想好了，要殺那家人。幾天後的一個早上，我很早起來，把手雷的銷子拔掉，按住上面的一個扣，揣在褲兜裏，去了他們家。進門一看，那一家人都還睡著，那情景，唉，慘得很，屋子裏到處是灰塵，髒得一塌糊塗。竈臺上有個鍋，鍋裏的水上漂著塵土，好像很久都沒有開過伙似的。一家四五個人全睡在地上，幾個孩子那可憐樣子到現在我都記憶猶新。我心裏發酸，就掉頭回去了，把手雷上的銷子也重新插上了。到家後，父親問我一大早幹什麼去了，我本不想告訴他，可他看見我褲兜裏鼓鼓囊囊的，就讓我拿出來，見是手雷非常吃驚。我就說我是想去炸單增一家的，但見到他家那樣就算了。父親說你幸好沒炸，不然咱們都完了，不能做這種事。然後讓我把手雷給還了。我記得父親還說了這麼一句，你不要急，惡有惡報，很快會有的，你看著吧。

一九六九年年底，我們準備下鄉當知青，一天早上仁布活佛跑來拿東西，說要把屍體裏起來拉到流沙河裏去埋。一問原來是單增一家出事了。原來拉中要「清理階級隊伍」，據說過去的「三反分子」、「右派」、「領代分子」等等都要被重新清理，單增也被再次抓起來準備批鬥。肯定是出於恐懼和絕望，在批鬥會的前一天夜裏他逃跑回家，還掉了一隻鞋子在學校裏。他用一把折疊水果刀把老婆和三個女兒都殺死了，然後自己自殺了。我去看了。那血濺得到處都是，相當可怕。單增還有一個女兒，在一個軍人家裏當保姆所以倖免，聽說如今在倉宮寺當尼姑。

回到家裏我對父親說了這事，還說他家裏只剩下了一個女兒。父親直歎息，說，米拉日巴當年用咒語下冰雹，把害他一家的叔叔和姑姑全家打死的時候，不是也留下了一個人嗎？這是爲什麼呢？如果這個世界上沒有人能夠證實這樣的事情，那麼世人是不會相信因果報應的。必須要有人來證明這樣的事情，人世間才會有人相信因果報應。一旦人們相信了因果報應，作惡的人就會越來越少。

所以我信佛也是因爲這些眞實的事情，不由我不信。當然，因果報應確實存在，可這是一個什麼樣的程序呢？怎麼運行又怎麼體現的呢？當年知道這件事的人們，都認爲這是丹傑林寺裏我父親的護法神「孜麻熱」在懲罰他們，因爲他們對我母親實在是太狠毒了。

我母親有一個心病。本來一九五八年的時候，我父親打算遷往印度，從此離開西藏，就是因爲我母親終究未能走成。實際上一九五六年他們去印度參加佛陀誕辰紀念日，回到拉薩後我父親就積極準備移民去印度，還買了一輛吉普車和一輛卡車，買了很多汽油。又用舊報紙把他喜歡收藏的瓷器、古董等一一包好，裝了好多箱。並且準備把房子賣給尼泊爾領事館。但那時候我母親和巴索活佛好了，還懷上了他的第二個孩子，就死活不想去印度。當時商量這件事時，我就在父母跟前玩，是在我家的花園裏，在場的除了我父親的老朋友，一個尼泊爾商人，還有巴索活佛。我聽見父親對母親說，這以後的日子對我們這種人會越來越不好過的，如果現在不走以後就沒法走了，到時候你可不要後悔。並對那兩人說，你們要爲今天的事情作證。說完，我看見父親有些生氣地拂袖而去。

一九五九年三月十日，有一撥所謂西藏婦女到我家樓下示威，還用石頭砸玻璃，喊著要殺我母親，說這是因爲我母親阻止我父親跟隨達賴喇嘛去印度。爲此，一九八〇年我去印度探親時，還就這件事專門問過當年的一些知情人。他們說，當時他們誰都不知道達賴喇嘛要逃往印度，突然接到噶廈的通知要他們去羅布林卡開會，在羅布林卡的緊急會議上才知道要非去印度不可了。當時還讓他們提供了一份逃亡者的名單，名單上就有我父親，因爲德木活佛是健在的活佛裏面管理護法及其他密法成就上最有權威的一位。但這個口信送不出去，所以我父親並不知道。可是不知話是怎麼傳的，傳來傳去，竟變成了我父親要陪同達賴喇嘛去印度，但我母親不讓他去，於是很多不明眞相的人就遷怒於我母親。所以我母親很害怕。過了兩天，西藏軍區的吉普車來接我們全家搬到軍區住，但我家大門在慌亂之中早被堵死了，根本出不去，結果印度沒去成，軍區也沒去成。後來，儘管我父親對沒能去成印度並沒說什麼，但我母親卻是相當後悔，特別是我被當作「印度特務」抓走以後，她天天說，是我害了你們，是我害了你們的父親，終日以淚洗面，認爲是自己連累了全家，這也埋下了她精神失常的契因。

一九六八年年初，我到一個建築隊當木匠去了。我當了差不多兩年的木匠。先是當「釘子木匠」，就是爬到屋架房樑上釘釘子，後來還幹過家具活。一九六九年年初，設在拉中的軍宣隊到居委會來叫我回學校，說是給我平反了，讓我下鄉當知青。可我返回學校卻又沒動靜，只好回家，不久跑到一個叫做繞莫崗的村子裏做農具去了。我在那裏待了兩個月，很受農民的歡迎。每天的工資是一塊二毛錢，還管吃管住。有一個長得不太漂亮的女孩喜歡上了我，經常追我，她的母親也有此意。我只好想法躲她。她對我非常好，經常給我送點兒酥油、奶渣，實際上她家很窮，母女兩人只有兩頭犂牛。有一次還叫我去她家做床，那木頭全是又細又圓的撐子木，這怎麼做嘛？只好想法拼湊在一塊兒，三天就做好了。那天她們想留我在她們家裏過夜，我驚恐地溜走了，不過現在想起來還是有點愧疚。過了望果節後我要回拉薩，因爲村子裏要我幹活的人家裏不是都能付得起錢的，所以有的給青稞，有的給牛糞，給什麼的都有，我就雇了三四頭毛驢馱上東西回去了。

九月份，軍宣隊又來叫我去下鄉，我不怎麼想當知青，還想當木匠到繞莫崗一帶晃，那裏很自由，開會也不叫我，於是就沒報第一批，可終究還是躲不過去。一個姓江的老師好意對我說，你下鄉吧，形勢肯定不會一直這樣下去的，將來你會有一個工作的，不會太久。這樣在他的動員下我就報了第二批，想不到下鄉的地點就在城關區納金鄉，當時叫東風辦事處，離拉薩不遠。但其中有兩個高班的女生被分到色拉寺下面的扎其村，她倆不願意去，理由是那裏有很多過去的藏兵和還俗的僧人，擔心不安全，那我就說咱們換吧，於是我和一個男同學去了這個離拉薩更近的村子，當時叫做先鋒公社第四生產隊。

村子裏的老百姓對我們非常好，把過去色拉寺的一個「堪布」（寺院高僧）住的房子給了我們，還給我們最高的工分——八分，這比起很多只有四五分的同學簡直好多了。他們說我們可憐，城裏長大的孩子到農村來吃苦，尤其是我，那麼大一個家族的孩子，眞可憐。他們經常叫我們去吃飯，還允許我們經常回家。到了年底我們分到了糧食，折合成人民幣兩百塊左右。還可以換點酥油和肉帶回家裏。這種形勢用我們的話來說就是「變鬆了」。在農閒季節，我們還組織了一個毛澤東思想宣傳隊到處演出，都是年輕人，有知青也有農民，大家都相處融洽，也沒人歧視我，我的心情非常好，那會兒眞的是一段很好的日子。我拉過二胡，敲過鼓，演過解放軍，還演過剝削、壓迫農奴的「三大領主」。我還跟別人合作寫了一個憶苦思甜的劇本。我們喜歡去部隊演出，因爲部隊的伙食很好。一般是「八一」建軍節前和年前去演出，這樣部隊就會來村裏幫助貧下中農收割莊稼或者幹點別的活，軍民魚水情嘛。

在我當知青的時間裏，我還學會了電工，看一些簡單的病，扎扎針灸什麼的。後來還被安排到公社辦的小學校裏當過老師。當老師沒幾天，有兩個孩子特別調皮，上課時又是放屁又是打架，有一次打得不可開交，我氣壞了，把兩個小孩抓過來，把他倆的頭互相碰了幾下。這下不得了，那孩子的家長帶著人鬧起來了，說農奴主的兒子打我們農奴的孩子，要變天了，等等。結果我差點脫不了干係。我於是知道不管我怎麼改造，我還是一個「六類分子的子女」，甚至連傳達「林彪事件」也沒有資格去聽。

那時候我父親的腿已經走不動了，只能勉強上廁所什麼的，總是在家裏躺著。周圍有一些人，像他過去的弟子、一些親戚輪流來照顧他的生活。我也常在冬天積極要求到拉薩市區來積肥，這樣就能抽出時間陪父親。積肥是這樣的，凌晨三四點鐘趕到沖賽康集合，三四個人一組分頭去掏廁所，天亮就可以收工回家了。那時拉薩的廁所都歸國營農場掏，所以我們的積肥實際上是偷盜糞便。有一次在小昭寺偷廁所，被一個老太太揪住了，她罵我們是小偷，要把我們帶到居委會去。我說拿點兒屎也叫小偷，這不是太可憐了嗎？就裝哭起來。那老太太笑了，說算了，你們走吧。還有一次掏沖賽康的一個廁所，那會兒是冬天，屎尿都結成了長長的冰柱，得用十字鎬來挖，我正埋頭挖的時候，突然上面有人拉肚子，澆了我一頭的稀屎，耳朵、鼻子、嘴巴裏全是屎，那屎在嘴裏很鹹，我趕緊跑了出來，又不敢嚷，畢竟是偷糞的賊。同伴趕緊從井裏打來一桶水潑向我，簡直把我給凍壞了。回家後父親知道了，倒是笑著說，這好啊，這是「卓」（祥兆）。雖說藏族是有這樣的說法，可這「卓」實在是很臭啊，至今，我只要一想到這事兒，那臭味的感覺馬上就來了。

一九七二年五月正式分配工作，把我分到了拉薩北郊的玻璃廠，但一九八〇年，這個玻璃廠被關閉了，畢竟技術、原料各方面很落後。我妻子就是玻璃廠的工人，她的成分好，從來沒有受過批鬥之類的苦。我在玻璃廠工作時去過講師團傳達批林批孔的文件。我還給工人們從頭到尾地講《水滸》。這部小說我很熟悉，因爲我曾經參與過《水滸》的藏文翻譯，那還是一九六八年，是龍國泰組織的，有好幾個人一起翻譯，我也翻譯過其中的好幾段，都是私下裏在做，後來才由民族出版社出版成書。雖然那陣子是在被居委會管制著，可學習的熱情很高，總是想方設法地找書來看。當時我家隔壁是西藏日報社，「破四舊」把各種各樣的書燒的燒，扔的扔，我們都撿到很多，像西藏的歷史書籍之類。有意思的是，居委會的那些頭頭不是文盲也是半文盲，要讓他們寫什麼東西，他們還得要我們來寫，我們就邊挨鬥邊寫總結，還要寫自己的交代材料，這倒是讓自己得到了鍛鍊。

我當過司爐工，不久在一個漢族廠長的照顧下被派去開車。那會兒能當上司機在拉薩是很吃香的，姑娘們都要主動去追的。不過起初我不想去，我父親說，以後你不一定要開車啊，多學一點總是好的，這樣我就去開車了，一直開到一九八〇年。這時我喜歡照相的愛好也恢復了，雖然家裏的相機都被沒收了，就經常借一些朋友的相機去拍照。有件事情我很難忘，當時教我開車的是一個浙江金華的師傅，叫蔣海水，他對我相當不錯，師母還常常替我補洗沾滿油污的衣服。後來師傅買了一架海鷗牌照相機，實際上他根本不會用照相機，只是因爲看見我喜歡照相就買了相機。但他不給我，不過只要一出差就帶上，到了外面或公園裏就把相機給我，我想拍什麼就拍什麼，連膠卷都替我準備。我這麼拍照不久，廠革委會有個造反起家的生產組長，在一次會上說，有的人在文革初期就因爲拍照受到批判，居然現在還不收斂。我知道這是說我，所以以後很少再去拍照了，直到一九八〇年我從印度回來，調到文聯才正式開始了我的攝影生涯。我拍照都是因爲我父親的影響。

記得一九五六年我父親從印度回來，給我和弟弟一人帶了一個小相機，又叫一一〇，八毫米的膠片，很小，那是我最早接觸攝影。當時我們家正在蓋房子，於是我就用這個相機平生第一次拍了些照片，我父親替我沖洗的。對此父親只說了一句話，我記得很清楚。他說，你看看。我趕緊探頭看了一下膠片，那上面都是模糊一團，亂七八糟的木頭、石頭和人影，我嘟噥道，怎麼了？父親沒再說話，一擡手就扔到垃圾箱裏了。不過這對我也沒有多大的打擊。在我上拉中以後，因爲學校裏有喜歡拍照的老師，我的熱情又高漲起來。一九六五年籌備成立自治區展覽館，學校派了幾個人去協助工作，我的藏文老師也是我一生中最要好的朋友龍國泰叫我去幫忙，於是我認識了當時幾個專門搞攝影的，我對攝影眞正有了興趣。我媽媽悄悄給我買了一架相機。我父親不讓給我買相機，只是把他的蔡司A康借給我用。照片給他看，他很少做評價，只是說一些不論做什麼，事先都要認眞考慮這樣的話。

我的那架相機，上海五八II，在文革剛開始時被我媽媽藏起來了，因爲當時家裏已經被抄過一次了，很多東西都被抄走了。我媽媽把相機藏在裝糌粑的口袋裏，想不到在居委會的紅衛兵第二次來抄家時還是被他們抄出來了，他們就把相機掛在我父親的脖子上，以表示那是他的罪證，押著他到處遊街。

我父親可能拍過幾萬張照片。過去他有一間存放底片和照片的倉庫，有一回他把鑰匙給我讓我去看，那麼多，叫我眼花繚亂。有很多所謂的乾片和濕片。乾片就是玻璃底片，但都在文革中被打爛了。他還有沖洗照片的暗房，文革後我找到的三百多張底片全都是他自己沖洗的。他在暗房裏有很多他自己的發明。當時沒有電，他就利用窗戶來採光，以後拉薩有電了，他就買了放大機自己放照片，是美國的歐米茄放大機。

我父親的愛好很多也很時髦，他對新生事物有瞭解的欲望，這可能跟他的性格有關。他的性格是開放性的，再加上生活沒有負擔，不用為生存而奔波，有足夠的錢來浪費。比如說他很早就有收音機和錄音機，有一回丹瑪森康的女巫降神，他用錄音機把她降神時說的話都錄下來，然後在她降神之後放給她聽，特別有意思。他還有一架電影機，常常在他的暗房裏放電影，放的都是印度的老電影，那些十六毫米的膠片我現在還留著一些。不過電影機沒有了，五幾年的時候借給貴族朗頓了。當時朗頓和一個拉達克商人在拉薩開了一家電影院，叫做「德吉維朗」。這應該是拉薩第一家對外放映並且收費的電影院。當時解放軍也放電影，不過是在軍區或工委裏面。「德吉維朗」有兩層樓，差不多兩百多平米，裏面分了幾種不同票價的座位。十兩藏銀可以坐最好的座位，還可以喝甜茶、吃點心，座位前面有桌子。六兩、五兩、四兩、二兩的票價也有。他們自己有放映機，也借了我家的。後來不知道怎麼回事，一九五九年在展覽「叛亂分子」赤江活佛的罪證時，發現我家的電影機也在其中，既然這樣，就再也不可能要回來了。後來這個電影院重新擴建了，改名爲人民電影院，也就是今天的拉薩電影院。

比較起來，我父親最喜歡拍照。他喜歡拍家人、友人和認識的熟人，還把沖洗好了的照片派人送去。對此酷愛園林的貴族擦絨對我父親說，仁波切，不要光拍照片，那是費力不討好，又要出錢又要出力，而且很難說你滿意的照片別人也滿意，你把照片送給他，說不定別人還不高興；何必呢，還不如種蘋果種桃子，不用費力它自己就會長起來。這倒也是，因爲當時相紙和藥水都得從印度買來，成本很高。作爲一個活佛如此喜歡拍照，在我的記憶中好像無人對此有異議。不過聽父親說，他最初拍照時，那是一九二〇年代時期，在一次傳昭法會上，他把他最早的那個笨相機架在三角架上拍照，有幾個鐵棒喇嘛遠遠地就嚷嚷著衝過來了，我父親趕緊提著三角架就跑，那幾個喇嘛跟著追過去，一直追到了我父親的住處，一看是德木仁波切，嚇呆了，慌忙退出去了。

其實我父親拍照沒有什麼目的，只是出於興趣。說穿了就是一種享受，一種娛樂。他拍照最多的階段是在三、四十年代。五十年代以後就少了。六十年代基本上就沒有拍了，原因是當時的政治環境逐漸嚴酷，怕引起麻煩。一九六四年，七次擴大會議結束了，就是在那次會議上批鬥班禪大師，形勢變得緊張起來。一九六五年，政協的一個幹部來我家對我父親說，聽說你有很多相機，人家可能誤認爲這是特務的工具，那麼你應該上交。我父親並不願意交出去，心裏著急，就撒了一個謊說，這些不是我的，是人家放在我這裏的。於是政協的幹部就接著追問，你必須說，這是誰的？我父親更著急了，突然想起他的一位也喜歡拍照的好友司玖活佛，就說是他的相機，而司玖活佛恰恰在一九五九年出走印度，這還了得，那幹部大叫道：司玖活佛？他是叛亂分子！你更不應該留著他的東西。這下好啦，全都被沒收了，嶄新的，好幾套呢，全被沒收了。只留了一套舊的，折疊式的，蔡司A康，但在文革時又被那個姓嚴的工作組組長抄走了。我記得我父親不得不交出那些相機的時候，我在一旁看著，哎呀，口水直流啊。

不過我父親想得很開，無所謂。我認爲這是因爲他修佛有成就，能夠以達觀、寬容的態度對待人生。他修行了一輩子。他的修行就是修心，修出一顆平靜的心。所以，即使文革期間那麼慘的遭遇，他依然能夠有說有笑。我記得他被紅衛兵看守的那陣子，只有上廁所時那一小段路沒人看著，他就甩開我攙扶著他的手，把拄著的拐棍當作藏戲裏的道具，一邊轉動著一邊小聲地哼唱著幾句藏戲，輕輕地跳幾下舞步。我還記得一件事情，是一九六六年的年底，有一回我扶父親上廁所，從窗外看見我家借給政協的院子裏，有個人正蹲在地上燒火做飯。他的頭上戴著高高的紙帽子，身上全貼著大字報。看上去他很費勁，吹了半天也點不燃。我父親認出這人是統戰部部長任昌，就對我說去給他送點乾牛糞，他這麼燒怎麼做得了飯。我說我怎麼敢去，叫積極分子看見，會說「牛鬼蛇神」跟「走資派」在串聯。笨蛋，父親罵我，你揹一筐牛糞走到他跟前，倒在那裏不就行了？用不著跟他說話嘛。於是我就照父親的話去做了。後來八幾年時我在阿沛家碰到任昌，任昌還向我表示感謝，連聲說我父親是個好人。

一九七二年以後，宗教信仰開始有所恢復。據說周恩來特別批示修復大昭寺，爲此成立了專門的領導小組，請了一些藏文化方面的專家，也組織了一批工匠。當時大昭寺只剩下一尊釋迦牟尼十二歲等身像，其餘佛像都被砸的砸，拿的拿，一個也沒了，壁畫上也是坑坑窪窪的。很多人都不清楚大昭寺裏具體安置的是哪些佛像，以及佛像裏面應該裝些什麼「藏」（佛像內裝置的金銀珠寶、靈丹妙藥、甘露香料、五穀雜糧等，又稱「裝藏」），所以那些銅塑匠、泥塑匠和繪畫的師傅都來請教我父親。但他已經七十一歲了，重病在身，也記得不太清楚，就讓我找來五世達賴喇嘛撰寫的一部關於大昭寺寺內佛像目錄的書籍，邊回憶邊修復，在他的指導下復原完成了第一層佛殿。修復到第二層時已是一九七三年，我父親的生命已在旦夕，那些工匠和畫師趕緊先修復法王松贊干布殿，流著淚告訴我父親，爲了他的長壽，專門提前塑好了松贊干布最有智慧的重臣噶爾・祿東贊的像，因爲據說德木活佛是祿東贊的轉世。於是我父親寫了幾個字給他們，意思是，從我個人的願望，我不想死，請三寶作證。畫師和工匠們就問，那以後怎麼辦？我父親就對著我的耳朵說話，再由我轉述給他們，意思是，我只能做到這一步了，下面的事情你們去找強赤曲吉。強赤曲吉是甘丹寺的大喇嘛。宗教傳統上，唯有甘丹寺的強赤法王和夏赤法王，才能坐上「甘丹赤巴」（甘丹寺的法臺）的法座。就這樣，我父親結束了他修復大昭寺的幕後指揮工作。

但是我父親的寺院德木寺卻是在文革以後才修復的。建於十七世紀的德木寺在一九五〇年的大地震（震級為八・四，波及包括拉薩在內的整個衛藏地區，被認為是一種不祥的預兆）中未被全部毀滅，卻在文革中被夷為平地。寺院中最珍貴的強巴佛像雖在地震時得以倖存，但卻在文革時徹底消失。那是一九六九年，不是文革初期。文革初期，部隊住在德木寺裏，反而保住了。但當部隊撤出寺院，正遇上搞「清理階級隊伍」運動。當時德木那邊出了兩個積極分子，是兩姊妹，如今都是縣一級的領導幹部，就是她倆領頭砸的德木寺。另外還有一個積極分子曾經在德木寺當過僧人，由他做內線。一九九〇年我回德木修復寺院，見到整個寺院居然連地基都被挖沒了。我父親在五十年代重修地震之後的寺院時用的方石都被拆走了，被拿去蓋了區政府，以及公社和生產隊的辦公室、公房。裏面的佛像被砸的砸、扔的扔、拿的拿、賣的賣，一個也沒了。不過老百姓收藏了一些，我修復寺院時他們歸還了不少，但沒有完整的和比較大的，年代最早的佛像只找到一尊很早以前從印度請來的釋迦佛，可是與此同時期的過去佛和未來佛這兩尊佛像卻找不到了，而這釋迦佛也不是完整的，脖子沒有了，胳膊也沒有了，頭掛在德木小學的柱子上，下半身在一個老百姓的牛圈裏變成了門，上半身則扔在德木寺的一個角落裏，至於底座根本就找不到了。我東找西找，東拼西湊，然後用車拉到拉薩焊接在一起，總算是復原了佛像，現在供奉在德木寺裏。但那尊精美無比的強巴佛卻再也找不回來了。

一九七三年，我還在玻璃廠工作，記得五月一日那天放假，我借了一個一三五相機跟幾個朋友去羅布林卡玩，回家時看見父親坐在家門口曬太陽，當時他已經病得很重了。他叫住我說，你給我照一張相吧。我心裏一酸，推脫說，這個相機不太好，下次吧，我找一個好一點的相機給您拍。但父親卻說，不一定有機會再拍了。我沒有太在意他的這句話，只是趕緊給他拍了一張。父親又說，過兩天是「五四」青年節，廠裏應該會放假，你要記住去洗照片。我答應了。可是「五四」那天沒有放假，我沒有回成家，直到五月七日星期天才去照相館洗照片，然後趕緊拿回家給躺在病榻上的父親看。看著照片上的自己，父親歎道，哦，確實老了。就這麼一句話，再啥也沒說。那張照片現在還在，是張半身像，背景是我家老房子的石頭牆，父親穿著藏袍凝視著給他拍照的我。照片上的他已經很衰老了，非常虛弱。差不多有八九年的時間吧，他又一次見到了照片上的自己，但卻是他一生中最後一張照片。五月十六日，我的父親去世了。

因此，文化大革命對於我不說歷歷在目，也是記憶猶新。可以說，我這一生的記憶裏面文革是最清楚的一部分。文革給我帶來了不能用語言來表述的災難，給藏民族乃至整個中國帶來了同樣的災禍。但是文革也教給了我不少東西，讓我學會了很多。我現在能夠思考很多問題，能夠在很多複雜的事情面前有比較相對清晰的頭腦，能夠不人云亦云，也就是那段時間學會的。

人是一個非常複雜的動物。就算是雙胞胎，後來的個性和習性也是不一樣的。沒有一模一樣的人。那麼一旦遇到像文革那樣的非常時候，有的人是把自己的本性隱藏起來，有的人是把本性暴露出來，有徹底發洩的機會。因此在那樣的年代，有不少人是眞的出於熱愛共產黨和毛主席而去那樣做，但也有不少人是別有用心。實際上前者那樣的人更多。還有不少人完全被迷惑。我在文革當初也對毛主席的語錄迷信的不得了，認爲他的每句話都是「放之四海而皆準的眞理」。我八〇年見達賴喇嘛的時候，達賴喇嘛問我，究竟有多少西藏人擁護中國人？我回答說，絕大多數西藏人擁護中國共產黨。我認爲確實是這樣。有那麼多人從封建農奴制度的壓迫和剝削下解放出來，他們肯定擁護解放他們的人。從我父親的照片也可以看出來（旺多啦指著一張老照片上兩個衣衫襤褸、瘦骨嶙峋的農奴），這也是事實啊。特別是那些寺院的農奴更慘。因此被共產黨解放的「翻身農奴」絕對有一種當家做主人的感覺，絕對對共產黨感激不盡，言聽計從，沒有說的。文化大革命是救星毛主席發動起來的嘛，連我這個被冤枉的人當時也認爲文化大革命是對的。但至於有沒有說錯，以至於他們跟著做錯，這在當時他們是想也不會想到的，只有過了很久以後才會有所醒悟。我發現很多在文革中的積極分子，以後變得很痛苦，甚至有個別人走向了另一個極端。

附錄一

對西藏文革的兩種解釋

王力雄：西藏問題的文化反思

目前在西藏問題上對立的雙方，幾乎對有關的一切都有黑白分明的解釋，區別只是黑白相互顛倒。但是有一點雙方都力圖模糊和迴避，那就是相當一部分藏人在六十年代的「文革」期間曾親手砸毀了曾被他們視爲珍寶的寺廟，揚棄了信仰千年的宗教，而成爲「占領者」毛澤東的狂熱追隨者。現在，對中國當局而言，那段歷史是它自己發動又被自己否定了的一場「浩劫」，希望世人「淡忘」；對當事的藏人來講，則是恥辱的苦果，同樣不想再提，或是用「漢人所逼」抹平內心的負罪感。而對於外界的中共批評者，因爲不可想像藏人有過這樣的經歷，因此拒不相信。在我看來，至今仍處於模糊狀態的這一歷史現象，恰恰可以成爲揭示與理解西藏問題的一個入口，有必要進行認眞的分析與反省。

反思首先需要回顧一些更廣闊的歷史背景。

一、「接口」關係

我把中國自清王朝開始的「治藏」，稱爲「接口」方式。那時西藏自成一體，由當地統治者自行管理。中國對西藏的管轄，是通過當地統治者的臣服，中國政府並不插手具體事務，或即使插手，大多數情況下也沒有能力。

典型情況如清代的駐藏大臣制度①，那是中國對西藏擁有主權的一個主要象徵。但當時設在拉薩的駐藏大臣衙門，「不過駐藏大臣及各糧員武員數人而已」②。雖然還有一定數量的駐軍，職責純粹是軍事性的。駐藏大臣衙門的日常工作，只能靠正副駐藏大臣和手下很少幾個文職人員去做。他們語言不通，交流要靠翻譯③。他們大部分時間住在拉薩，每年只有幾次外出視察。可想而知，靠那樣一個機構不可能有管理上百萬平方公里西藏的實際能力。駐藏大臣只能做爲清廷伸進西藏的一個「接口」，與西藏本地的統治者——達賴喇嘛和噶廈政府——進行一對一的聯繫。清政府對西藏的所有控制，都必須經過這一對「接口」之間的轉換才能實現，別無它途。而只有西藏一方的「接口」接受並服從清政府的指令，清政府才能間接地實現對西藏的控制。

在這種「接口」關係中，普通藏人「只知有達賴，不知有朝廷」，他們只服從當地統治者。而西藏的統治者在有些時候，如清朝大軍剛剛幫助其打退了侵略者，是可以對駐藏大臣言聽計從、尊崇有加的。大多數時間，指望掌握著當地一切權力及資源的統治者對幾個語言不通、人緣不熟、勢單力孤的異族人唯命是從，則不切實際。

所以，儘管因爲乾隆認識到「藏中諸事，任聽達賴喇嘛及葛布倫等率意徑行，大臣等不但不能照管，亦並不預聞，是駐藏大臣竟成虛設」④，才在乾隆五十七年（一七九三年）立下《欽定藏內善後章程二十九條》⑤（簡稱《二十九條章程》），將西藏的行政人事權、宗教監管權、軍

---

①從一七二七年（雍正五年）開始，清朝開始向西藏派駐「駐藏大臣」，到辛亥革命一百八十五年間，共任命正副大臣一七三任次一三五人（有人被任命兩次，其中二三人因不同原因沒有到任）

②《聯豫駐藏奏稿》，西藏人民出版社，一九七九年，頁八九。

③最後一任駐藏大臣聯豫，在其奏稿裏這樣談到當時譯員的情況：「漢人之能解藏文者，奴才衙門中，不過一二人，藏人之能識漢字者，則猶未一見」。

④《衛藏通志》卷九，頁三一五。

⑤恰白·次旦平措等所著的《西藏通史——松石寶串》（西藏古籍出版社，一九九六年）七七九—七八六頁載有全文。

權、司法權、外交權、財稅權統統集於駐藏大臣之手⑥，以至有「駐藏大臣之許可權，有超於各省督撫者」之說⑦，然而百餘年後進藏整頓藏務的欽差大臣張蔭棠，仍然得為駐藏大臣被達賴喇嘛譏諷為「熬茶大臣」而痛心（熬茶是藏傳佛教一種布施之稱。駐藏大臣的職責之一是在宗教慶典時代表大清皇帝向西藏僧眾發放布施。達賴此稱意指駐藏大臣別無他事）⑧。末代駐藏大臣聯豫，也仍然在抱怨「達賴喇嘛夜郎自大，一切事權，咸欲操之於己」⑨，表面上，西藏官員對駐藏大臣表現得恭敬服帖，所謂「外示誠樸」，實際行動卻是「陰實抗違」，「……往往桀飭之事，遲至數月，而不稟覆，或藉口於達賴未歸，或托詞於會議未協，雖極力催詢，置若罔聞……」⑩。

不過，某種程度上，那也是當時雙方都認可的一種狀態。從國力上來講，清朝是有可能全面占領並控制西藏的，但那時對它並無這種必要。「接口」方式的優點在於成本低。古代東方關係的框架中，核心是「禮」的秩序——只要西藏不構成危害，並且表示臣服就可以了。儘管駐藏大臣對被架空時有怨言，清朝皇帝也有表達不滿，但那一般只是在西藏出現較大問題、脫離了正常運行軌道時才會受到重視並付諸解決整頓。類似的整頓，在有駐藏大臣的一百八十五年間只有過幾次。其餘大多數時間，清朝設置駐藏大臣的目的，只是維持一個統治西藏的象徵，而不是進行具體的統治。

如果古代那種東方式的關係保持不變，「接口」未嘗不是一種好的方式。然而一旦西方的主權觀念延伸到東方，整個世界都不得不接受主權體系，再繼續保持「接口」方式，地方統治者就遲早要想法獲得獨立主權，用現在的話說，就是「分裂」或「獨立」。

一九五一年解放軍進軍西藏後，有多於清朝千百倍的軍事和文職人員進駐了西藏，然而就

⑥《二十九條章程》中有十八條是與駐藏大臣代表清廷在西藏擁有的權力有關。分別以一句話概括列出：第一條、認定包括達賴、班禪在內的西藏主要活佛轉世靈童；第二條、管理西藏的進出境；第三條、監督西藏造幣；第五條、任命軍官；第六條、藏軍兵餉由駐藏大臣發放；第八條、審查達賴、班禪的收入和開支；第十條、駐藏大臣與達賴、班禪平等處理西藏行政，所有西藏僧俗皆需服從駐藏大臣；第十一條、任命西藏地方官員；第十三條、駐藏大臣每年兩次出巡西藏各地及檢閱軍隊；第十四條、負責外交；第十五條、確定邊界；第十八條、決定各寺院的活佛人選；第二十條、決定稅收；第二十一條、決定免役；第二十二、二十三條、控制宗教界串聯交往；第二十四條、控制和提供交通條件；第二十五條、處置罪犯。

⑦丁實存，《清代駐藏大臣考》。

⑧《清季籌藏奏牘》第三冊，《張蔭棠奏牘》卷二，頁一七。

⑨《聯豫駐藏奏稿》，西藏人民出版社，一九七九年，頁四七、四八。

⑩《聯豫駐藏奏稿》，西藏人民出版社，一九七九年，頁一六。

政權和社會制度而言，北京與西藏仍然是一種「接口」關係。管理西藏本地事務的仍然是西藏地方統治者，即「一國兩制」。

以實現共產主義、消滅剝削階級爲目標的中國共產黨，在最初解決西藏問題時，並沒有表現出革命的企圖，他們願意放棄在社會制度與意識形態上的分歧，容忍西藏保留「封建農奴制」，要求的只是西藏「回到祖國大家庭的懷抱」。很明顯，當時解決西藏問題的思路，主權是第一位的。改變西藏的制度不是北京的迫切目的，它可以等，也確實做出了等下去的決定。後來之所以提前在西藏展開社會革命，是因爲「西藏叛亂」（流亡藏人稱爲「起義」）的發生使北京認識到，眞正建立牢靠的主權，只有把西藏納入中國的「一國一制」。

二、一體的西藏

一九五〇年代，除了一開始打了個昌都戰役，北京一直是以「統戰」爲主要手段解決西藏問題的——即依靠西藏上層的合作，達到在西藏確立主權的目的。雙方合作的基礎是於一九五一年五月由李維漢和阿沛·阿旺晉美簽署的《十七條協定》（全稱《中央人民政府和西藏地方政府關於和平解放西藏辦法的協定》）⑪。在那個協定裏，西藏方面承認西藏屬於中國，同意解放軍進藏和由中央政府負責西藏的外交；而北京允諾西藏自治、西藏現行制度不變、達賴地位不變、各級官員照常供職，並保證維護西藏宗教以及不強迫西藏進行改革。

當時不僅在噶廈政府管轄的區域內實行「統戰」路線，昌都是通過軍事勝利被解放軍控制的地方，但是在所建立的具有政權性質的「昌都地區人民解放委員會」中，九個副主任有七個藏人，其中只有一個藏人是共產黨，另外六個都是當地上層人士；委員會中的三十五名委員基本都是上層人士；下屬的十二個宗⑫的「解放委員會」，有漢人官員十四人，藏人官員一百五十四人，所有藏人官員均係上層人士⑬。

當年西藏中共工委的統戰部長陳競波提供了這樣的數字：

---

⑪ 把《十七條協定》的每一條以一句話概括，爲：一、西藏屬於中國；二、西藏同意解放軍進藏；三、西藏自治；四、西藏現行制度、達賴和各級官員的地位不變；五、六、恢復班禪地位；七、維護西藏宗教；八、藏軍改編爲解放軍；九、發展西藏教育；十、改善西藏人民生活；十一、中國不強迫西藏改革；十二、對西藏官員不究既往；十三、進藏解放軍遵守軍紀；十四、中國掌管西藏外交；十五、中國在西藏設立軍政委員會和軍區司令部；十六、中國擔負其在西藏所需的經費；十七、協定於簽字蓋章後立即生效。

⑫ 相當於縣。

⑬ 陳競波，《西藏統一戰線工作的歷程》，載《西藏文史資料選集·紀念西藏和平解放四十周年專輯》，西藏自治區文史資料委員會編，一九九一年，頁一二一。

一九五六年西藏自治區籌備委員會成立以後，在西藏自治區籌備委員會各種機構中對上層人士進行了大量安排。當時全區中上層人物（含主要土司頭人）約六千餘人，（其中四品官二〇五人，五品以下的二三〇〇人，宗教界二五〇〇人）已安排了二一六三人，尚有三四〇〇人未安排，計劃在一九六〇年全部予以安排。⑭

達賴和班禪就更是統戰的重中之重。一九五四年他們被邀赴京參加全國人大（人民代表大會），中共中央特地指示由張經武同行照護⑮。張經武當時對外是中央政府駐藏代表，對內任中共西藏工作委員會書記，是中共在西藏的最高領導人。在護送達賴從川藏線進京路上，張經武不離達賴左右，精心護衛⑯。在北京，鄧小平親自檢查達賴和班禪住所的安全保衛情況⑰。達賴和班禪到達北京時，朱德和周恩來到車站迎接。他們在京期間，毛澤東數次接見和宴請。而剛滿十九歲的達賴喇嘛在全國人大被安排爲副委員長，比他更年輕的班禪喇嘛成爲人大常委。

爲了避免發生對抗破壞「統戰」，當時北京對西藏政府拖延或拒不執行《十七條協定》也以妥協的態度對待。毛澤東在一九五二年這樣告訴西藏人：

成立軍政委員會和改編藏軍是協定上規定了的，因爲你們害怕，我通知在西藏工作的同志，要他們慢點執行。協定是要執行的，但你們害怕，只好慢點執行，今年害怕，就待明年執行，如果明年還害怕，就等後年執行。⑱

---

⑭陳競波，《西藏統一戰線工作的歷程》，載《西藏文史資料選集・紀念西藏和平解放四十周年專輯》，西藏自治區文史資料委員會編，一九九一年，頁一二〇。

⑮趙愼應，《中央駐藏代表——張經武》，西藏人民出版社，一九九五年，頁一〇九。

⑯隨十八軍進藏的記者趙愼應對當時張經武護送達賴的情況有這樣一段記述：「到達泊龍泥石流塌方地段，築路部隊在三、四百米長的泥石流區的山坡上，布置了一個連的戰士，一步一崗，兩步一哨，手持紅旗，在泥石流隨時都可能爆發的一面山坡上，硬是人挨人地築成一道人牆，保護達賴喇嘛順利通過。當大隊人馬通過山石不平的泥石流區時，年已半百的老將軍、中央駐藏代表張經武走在年輕的達賴喇嘛左邊靠山一側，保護著、攙扶著年輕的達賴喇嘛，張經武的副官李天柱，也不停地跑前跑後，忙著幫助攙扶達賴，他們緊張而又小心地一步步走過了亂石隘路。」

⑰在吉柚權的《西藏平叛紀實》（西藏人民出版社，一九九三年）中描述鄧小平當時有些誇張地指示西藏工委聯絡部長徐淡廬：「達賴、班禪住的這兩個地方，如果有一個蒼蠅飛進來由你負責。」

⑱《新華月報》，一九五二年一二月號，頁一一。

事實上一等就是八年，成立軍政委員會的條款一直到達賴流亡也沒有實行，而協定規定的藏軍改編爲解放軍，兌現的僅僅是解放軍向藏軍發了軍服，授了軍銜，實質性的改編絲毫未動，相當一部分藏軍後來成爲西藏暴動的參加者。

當時中國內地已經全面開始社會主義改造。「一國兩制」使西藏在對比下顯得反差極大。爲此坐不住的中共西藏工委在一九五六年也決定開始進行在西藏進行社會制度與經濟制度方面變革的準備，並爲此從中國內地調進西藏二千多名漢族幹部⑲。北京很快制止了西藏工委的冒進，把當時已任中華人民共和國主席辦公廳主任的張經武重新派回西藏穩定局面，向西藏宣布了「六年不改」的允諾，並在中共中央書記處一九五七年三月召開的西藏工作會議上決定西藏工作大收縮，人員、機構、財政都要大精簡，大下馬，而且越快越好⑳。隨後，西藏自治區籌備委員會下屬的九個處合併爲二個處；已經在西藏六十個宗開設的辦事處，除昌都地區以外，一律撤消；駐藏部隊從五萬人減少到一萬八千人，在西藏的軍事據點也大大削減；地方工作人員從四萬五千人壓縮到三千七百人，其中漢族工作人員精簡了九十二%。㉑周恩來甚至對達賴允諾，如果六年後還沒有準備好，可以把這個時間再延長五十年。㉒

從這些事實看，當時北京是願意按照「接口」方式，把「統戰」路線繼續實行下去的。然而西藏卻越來越動蕩不安。從一九五六年開始，四川藏區首先發生叛亂，並向其他藏區蔓延，範圍越來越大。剛被安排爲人大副委員長的達賴喇嘛，訪問印度期間產生滯留不歸的念頭。駐藏解放軍十八軍一九五八年八月二十八日一份內部簡報中的小事例，則可以反映當時噶廈政府的心態：

索康賣給我們房子前曾向噶廈及達賴遞呈文，內容爲「請准予賣給解放軍房子」。於批准出賣後才賣的。賣後又遞呈文一件，內容「現在我已將房子賣給解放軍了，但西藏獨立後請准予該房子歸還原主。」噶廈批准「准予照辦」。㉓

⑲西藏自治區黨史資料徵集委員會編，《西藏革命史》，西藏人民出版社，一九九一年，頁一〇三。
⑳《中共西藏黨史大事記》
㉑西藏自治區黨史資料徵集委員會編，《西藏革命史》，西藏人民出版社，一九九一年，頁一〇六；趙愼應，《中央駐藏代表——張經武》，西藏人民出版社，一九九五年，頁一二六。
㉒達賴喇嘛，《流亡中的自在：達賴喇嘛自傳》，臺灣聯經出版事業公司，一九九〇年，頁一四三。
㉓吉柚權，《白雪——解放西藏紀實》，中國物資出版社，一九九三年，頁四七六。

這些情況反映出在西藏搞「統戰」存在的一個問題。作爲權宜之計，「統戰」策略是有效的，但卻不能在西藏得到可以眞正立足的社會基礎。共產黨革命的基礎一向是在底層社會，「統戰」卻使它無法獲得西藏底層人民的理解和擁護，因爲它不能給底層人民指出一個明確的前景——「西藏群眾與現狀緊緊地拴在一起，一點也不知道或一點也沒有經歷過其他的生活方式。他們對漢人提出來的新的生活方式迷惑不解，對漢人也很害怕，因爲漢人一方面促使農奴從封建主那裏『解放』出來，但同時又與他們的主人建立了聯盟，因此他們當中的許多人沒有和『解放者』站在一起」㉔。

而「統戰」也不能眞地爭取到西藏上層的誠意，因爲不管如何對上層妥協懷柔，也不可能再像過去那樣與西藏只維持一個駐藏大臣衙門那種脆弱的「接口」。在現代世界寸土必爭的主權體系中，確立和捍衛主權所要做的遠比古代的「禮」多得多，即使還是「接口」，也得是能把對方一口吞下的大口。對西藏上層來講，數萬解放軍永久地駐紮西藏是歷史上從未有過的。當年十三世達賴喇嘛因爲反對清政府增派三千川軍入藏而流亡印度，足見西藏統治者多麼反對中國軍隊駐紮西藏。此時漢人軍隊增加了十數倍，部署在西藏的周邊和腹心，引起的恐懼是不可能靠「統戰」消除的。

在西藏上層心目中，「統戰」不過是貓玩老鼠，老鼠遲早要被吃掉。他們的離心離德是必然的。何況共產黨進入西藏，已經不可避免地影響到西藏社會方方面面。哪怕是微不足道的小事，在囿於傳統的西藏社會都有可能產生整體震蕩和深遠影響。如中國政府給修路的西藏人發工資，就是對西藏社會延續了幾百年的烏拉徭役制的衝擊；讓西藏兒童免費上學，破壞了傳統的寺廟教育體制；訓練農奴出身的西藏幹部，則打亂了原有的社會等級秩序……這些事都對西藏上層構成挑戰。

一九五七年，西藏山南的一個貴族毆打了他的農奴，原因是那個農奴沒有提供貴族要求的烏拉差役。在傳統社會，烏拉差役是農奴無條件承擔的義務，貴族對拒絕烏拉差役的農奴進行懲罰是天經地義的。然而那個被打的農奴恰好已經被中共發展爲「積極分子」，還在基層擔任不脫產的幹部。這使中共面臨一個非此即彼的局面，不干涉這件事顯然更符合「統戰」方針，但是會因此助長西藏上層的氣焰，使其進一步阻止底層群眾與中共的合作，同時也會使底層的「積極分子」心寒，疏離中共的事業；反之，處置打人的貴族，則是對西藏傳統制度的破壞，使西藏上層更不信任。這件事雖然不大，卻有典型意義，以至於如何處理這個事件，成爲中共在西

㉔譚・戈倫夫（A. Tom Grunfeld），《現代西藏的誕生》，中國藏學出版社，一九九〇年，頁二二〇。

藏政策的試金石。結果是中共下令凡是當了其幹部的西藏人，從此不再服烏拉徭役㉕。

北京逐步認識到，以往的「統戰」並沒有換取上層的效忠，反倒失去了爭取群眾的可能。雖然「統戰」被它稱爲「三大法寶」之一，但共產黨從來都靠群眾起家，失去群眾基礎等於是失去最大的「法寶」。與上層聯盟，除了一時節約經營西藏的成本，結果卻使它無論在上層或下層，都不能獲得堅定支持，也不能將西藏社會的上層和下層分化開來。而只要西藏社會的下層對上層依然保持傳統的效忠關係，一旦有一天上層社會反目，下層人民就會被裹挾地跟隨，形成全民族的反叛。中國對西藏的主權將因此始終無法獲得穩定的保證。

這一點在「西藏叛亂」中得到了證明。叛亂起於中央政府控制的藏區，首先是在康區和雲南藏區開始，然後擴大到青海和甘肅藏區。那些地區不受《十七條協定》的約束，因此一九五五年下半年在中國內地開始的「社會主義改造」也擴展到那裏。改革威脅到那些地區上層藏人的傳統特權，使他們鋌而走險，成爲暴動的發動者和指揮核心。但是爲什麼本來可以從改革受益的下層藏民也大量捲進叛亂呢？就在於他們腦子裏只有藏人和漢人的概念，他們做爲藏民族的一員，只能跟著民族上層投入到反對漢人的鬥爭。藏族社會有政教合一的傳統，還有相當多的部族成分，寺院和部落都在發揮指揮作用。對於藏人來講，以宗教名義發出的號召，以及僧侶、頭人的命令，一般是沒人敢於和能夠拒絕的。

民族和宗教兩面旗，任何時候都只能由民族社會的上層把持。而只要那兩面旗不倒，底層藏人就不可能得到有別的選擇，他們與上層的傳統關係也不可能分化瓦解，只能跟著他們世代爲之效忠的上層社會捲入叛亂。

對此，北京最終的結論是：「民族關係的根本改善，歸根結底要取決於每個民族內部勞動階級的徹底解放。」㉖——把這句充滿意識形態味道的語言翻譯成直截了當的意思，就是「統戰」路線的大轉彎，從此要把立足基點轉移到底層社會，要通過在藏族內部開展階級鬥爭去打倒上層社會，以及打倒被他們掌握的民族與宗教之旗。

一九五九年的拉薩事件及達賴喇嘛流亡後，北京接管了西藏政權，從此徹底地拋棄了西藏上層社會。

三、把民族分化爲階級

拉薩的炮火一停，上萬名軍人、幹部組成的工作隊立刻奔赴西藏各地的農村牧場進行「民主改革」。工作隊所做的第一件事就是對西藏進行了一次囊括全部人口的「劃分階級」。

㉕譚・戈倫夫（A. Tom Grunfeld），《現代西藏的誕生》，中國藏學出版社，一九九〇年，頁一八八。

㉖西藏自治區黨委宣傳部編《中央和中央領導同志關於西藏民族問題的部分論述》

打破藏民族的一體化,最有效的方法就是階級鬥爭。如果不是以民族而是以階級劃分人群,哪個民族都有窮人和富人,都有壓迫和剝削,就應該是天下窮人是一家,富人都是一般黑的烏鴉。一旦打起階級鬥爭的旗幟,共產黨就不再僅僅是漢人的政黨,而成爲普天下窮人的領導者和代言人,從而就有了從民族與宗教旗下把西藏窮苦百姓爭取到自己一邊的可能。

工作隊最先著手的是引導西藏老百姓開展「訴苦」,然後是「挖苦根」,幫他們算帳,到底是「誰養活誰?」,引導他們討論「爲什麼農民子子孫孫受苦受窮,而農奴主吃好的,穿好的,生下來就享福」、「藏政府是保護誰的,是爲誰服務的」、「受苦是不是命中注定的」等問題㉗。進行這些討論的目的,就是要讓篤信天命的藏人認識到階級壓迫,及那種壓迫的不合理。

新的階級劃分與過去評價社會地位的標準完全掉了一個個——越窮的地位越高。那種顚倒被非常形象地形容爲「翻身」。工作隊在最窮的藏人中發展了一批「積極分子」,通過他們幫助工作隊開展工作和動員群眾,並以他們作爲建立基層政權的骨幹。由於那些窮苦藏人大都沒有受過教育,把他們放到領導崗位引起人們異議。工作隊就組織討論「舊社會誰最有文化」、「誰最瞭解貧苦人」、「如果心不好,就是有辦事經驗,對窮人翻身有好處嗎」等㉘,逐步培養了一個忠誠的積極分子隊伍。

獲得底層人民支持是需要有實際利益的,那種利益就是剝奪上層社會,把原本集中於上層的財富重新分配,那除了可以博取底層人民的感恩戴德,還可以同時摧垮上層社會,消滅其製造反叛的能量。

共產黨以廢除勞役、均田分地、鬥爭「三大領主」等一系列措施，摧毀了莊園經濟和寺廟政治等傳統社會結構。在民主改革中，原屬西藏政府和寺廟的土地全部沒收，上層人士凡參加叛亂的，財產也予沒收。按照當時統計，西藏貴族和大頭人六百三十四戶，其中參加叛亂的四百六十二戶，占七三％㉙。對沒有參加叛亂的上層人士，採取贖買政策，即由政府出錢，把他們的財產買下來。所有被沒收和贖買的土地和財產都進行重新分配。

然而，爭取下層階級的信任和擁護，使其成為同盟，在西藏卻不像在中國內地那樣容易。例如在劃分階級的過程中，工作隊經常恨鐵不成鋼地發現，西藏老百姓的「階級覺悟」太低。牧民中的一些最窮者明明是在給牧主當雇工，卻不願意承認，他們寧願說自己是牧主的兒子、女兒、媳婦、愛人等。工作隊想把他們定為「牧工」成分——在新的階級序列中是地位最高的——他們反而不滿地反問：「強迫我承認是牧工是什麼意思？」㉚

㉗《西藏的民主改革》，西藏人民出版社，一九九五年，頁三一四—三一五。

㉘《西藏的民主改革》，西藏人民出版社，一九九五年，頁三一〇。

㉙《西藏的民主改革》，西藏人民出版社，一九九五年，頁二六。

㉚《西藏的民主改革》，西藏人民出版社，一九九五年，頁三三三。

西藏傳統社會有一個獨特之處：其社會雖然存在著階級，並且階級分化達到了相當水平，但就總體而言卻很少有階級鬥爭。連那些按照「階級鬥爭爲綱」歷史觀所寫的西藏近代歷史，都很少找得到關於階級鬥爭的描述。西藏歷史通篇充斥的都是上層社會的傾軋，以及藏民族與其他民族之間的鬥爭。

西藏下層社會爲什麼對上層社會總是謙卑與服從。根源就在於西藏宗教。舊西藏是一個全民信教的民族，而西藏宗教是講宿命和來世的。在那種宗教的籠罩下，窮人即使知道自己處在受剝削被壓迫的境地，也會認爲是天命，是前世因緣的報應，而不將其歸結爲現實的不公。他們把解脫苦難的希望完全寄託於來世，只有在今世服從天命，把苦難當成必要的修行，才能獲得神的青睞，批准其來世轉生爲好命，對現實的任何反抗都是對神意的忤逆，將遭神的懲罰，所以他們的人生態度就是逆來順受。

在篤信那種宗教者的眼裏，即使民主改革能給他們現世的好處，也不能跟「來世」的幸福或報應相提並論。如果他們今生做了「犯上作亂」的事，取了「不義之財」，來世的懲罰要遠遠超過這一世所占的便宜。所以他們很多人對階級鬥爭有疑慮，不但跟隨主人一起叛亂，還寧願與主人一道流亡國外，繼續服侍主人。

因此邏輯是這樣的：只要藏民族保持一體，中國就難以在西藏鞏固主權，藏民族之所以能保持一體，在於沒有階級鬥爭，而沒有階級鬥爭的根源，就在於西藏宗教。所以，且不說共產主義無神論與宗教先天對立，就是出於以階級鬥爭發動底層群眾、分化西藏傳統社會的具體目的，也不可避免地會把矛頭轉向西藏宗教，把它當作「麻醉勞動人民的精神鴉片」去打倒。不打倒西藏宗教，就不可能把西藏底層人民從上層社會的精神威懾下解放出來，使他們有敢於做共產黨同盟者的勇氣，中國的主權也就無法得到在西藏紮根的群眾土壤。

四、西藏不能沒有宗教

如何戰勝西藏宗教？如果僅僅是要消滅它，讓西藏人都成爲無神論者，那是做不到的。先不從廣義上去談宗教信仰有多麼頑強，僅從西藏高原的自然環境而言，沒有宗教，人也是很難在那裏生存的。

西藏宗教有兩種不同的類型，一是僧侶宗教，一是百姓宗教。前者深奧無比，非凡人所能瞭解。後者則沒有那樣深奧，更多的不是出自形而上，而是與自然環境和日常生活聯繫在一起。其中，嚴酷的自然環境所造成的恐懼心理是產生其宗教意識的一個重要來源。

西藏文化中爲什麼存在那麼多神靈鬼怪，爲什麼有那樣強的宗教需求？而同是從印度傳進的宗教，在西藏又爲何變成那麼沈重和森嚴，既不同中國的佛教，也不同印度的佛教？對這些疑問，只有脫離城市文明提供的一切，直接置身西藏自然環境中，去體會那裏的天地之嚴酷，生存之艱難，以及人心之寂寞，才能多少有一些理解。

恐懼在其中是一個舉足輕重的因素。在西藏高原那種環境中，大部分地區是無法存在有規模的人類社會的，人只能以極小的群體面對浩大狂暴的自然。當人單獨面對無邊無際的天地和荒涼時，會產生被「巨大」壓倒和被「未知」恐嚇的感覺。藏人世世代代在那種生存條件和生活狀況下忍受孤獨寂寞和沒有支援的恐慌，經歷靈與肉的磨難，深刻的恐懼會毫無阻擋地滲透每個人的靈魂，由恐懼而敬畏，由敬畏昇華出神靈鬼怪的圖騰。

一方面是恐懼，另一方面必須解決恐懼。「西藏人生活在一種惶惶不安的焦慮之中，每次身體或心靈上的紛亂、每次疾病、每次不安全或危險的處境都鼓勵他狂熱地追尋這些事件的原因以及避免這一切的辦法。」㉛恐懼與解決恐懼相輔相成，越恐懼，越急於解決恐懼，而在對恐懼進一步的思考和闡釋中，恐懼又會進一步地深化。在無法逃避和解決恐懼的時候，他們就需要一種更大的恐懼—明確和有規則的恐懼，那恐懼超過一切恐懼，但是只要服從和依附那種恐懼，就能獲得安全，從而解脫未知的恐懼在心理上造成的重負。也就是說，恐懼是他們生命歷程中與生俱來的組成部分，經過昇華的恐懼成爲他們精神世界的核心。他們必須膜拜恐懼，服從恐懼，以複雜的禮儀祭祀恐懼，才有可能通過對恐懼的順應，在恐懼的規則和強大保證下，獲得安全和心理上的解脫。這樣的恐懼在相當程度上已經具有神的性質。西藏宗教崇拜大量猙獰恐怖之事物的根源應該就在這裏。㉜

因此，西藏高原的環境注定了藏人不能沒有宗教。沒有神的指引和支持，人在那種恐懼環境中是堅持不下去的。從這個角度看，即使有一天所有的宗教都趨向消亡，西藏宗教也可能會保存到最後。

五、西藏宗教的問題

自然的嚴酷和生活的艱辛，以及人在自然面前的無能爲力之感，使藏人把對幸福的嚮往寄

㉛圖齊等，《西藏和蒙古的宗教》，天津古籍出版社，一九八九年，頁二一八。

㉜西藏宗教一個奇特之處也證實以上的結論：它的神在很多情況下都顯得極爲猙獰。儘管那些神並非惡神，他們的形象卻往往總是青面獠牙，怒目圓睜，手裏拿著數不清的兇器，腳下踩著受盡折磨的屍骨。例如觀世音菩薩，在內地佛教中是以極美女性的形象出現，在西藏宗教中，卻往往被表現爲被稱作「貢保」的凶相——一個黑色巨人，一手拿著個頭顱，脖子上掛著一串骷髏頭做的項鏈，腳踏一具死屍。在五世達賴喇嘛所著《西藏王臣記》中，負有在西藏與佛教之使命的第一位藏王，其形象是「長有往下深陷的眼皮，翠綠色的眉毛，口中繞列著螺狀形的牙齒，如輪支那樣的手臂」。這種足以讓人望而生畏的神，在藏人的審美意識中，顯然代表著威嚴、強大、無所不能和說一不二。正因爲他們能以恐怖主持世間事物和裁決正義，因而才更值得信賴。

託於來世。「來世」構成西藏宗教的核心部分，主張人以今世的忍耐和苦行，去修煉來世的正果。而在崇拜恐懼的宗教基礎上，對來世的追求往往體現爲現世的苦行，甚至是對人性的遏制。它鼓動人所做犧牲，有時會讓非教徒感到恐怖。

除了近乎自我摧殘的苦行和將生命中大量時光付諸宗教儀式，藏人還必須將自己財富的相當一部分奉獻給種種繁複的宗教形式和宗教活動，包括建設寺廟、供養僧侶、舉行宗教儀式、朝拜或爲宗教義務獻工等。達賴時期的藏政府，每年財政收入的九二%都消耗於宗教方面的開支㉝。即使是今天，照有關人士估計，藏人每年的收入也約有三分之一被送進了寺廟或消耗於宗教。那些財富既不會轉化成生產性投資，亦不能用於改善人民生活。千百年來，藏人的血汗就這樣不斷地耗費與沈澱在寺廟之中。

宗教是傳統西藏一切活動的中心，主持宗教的僧侶形成一個龐大的寄生階層。據梅・戈德斯坦（M. Goldstein）的計算，十八世紀西藏的喇嘛僧人占總人口大約十三%，也就是約有二十六%的男子出家爲僧㉞。而中國藏學家李安宅在一九四七年對西康得格藏人進行的人口抽樣研究中，僧侶所占的比例高達三三・二五%㉟。因此，西藏僧侶在人口中所占的比例，被認爲是世界之最。㊱

僧侶脫離社會勞動，終身享受他人供養，既造成社會勞動力缺乏，又成爲沈重的社會負擔。由於喇嘛教禁止僧侶婚育，大量育齡人口出家，導致西藏人口萎縮，成爲傳統西藏社會的問題之一。連西藏自己的學者，也把西藏從吐蕃王朝之強大衰敗到後來的不堪一擊，歸於西藏宗教的原因㊲。為了解脫宗教之負擔，歷史上的西藏王朝甚至有過毀佛滅教，強迫喇嘛還俗之舉（如發生在吐蕃王朝後期的達磨滅法）。

對宗教中與人性相衝突的方面，藏人的崇拜和服從與前面所說的藏人對恐懼的態度有相似之處。但是那不能說他們的人性就是如此。如果只給人兩個選擇，要麼今生一世逆來順受以換取萬代來世在天堂享福，要麼永生永世淪落地獄遭受刑罰折磨，底層百姓對掌握著進入天堂之門鑰匙的宗教與僧人，是必然要頂禮膜拜的。然而，若是有一天能夠推翻那種非此即彼的前提呢？如果出現了另外一個神，更強大，更威嚴，告訴他們一切都在現世，而現世受苦是不合理的，追求現世的幸福才是最應該的。他們還會願意繼續虐待自己的人性嗎？

答案是不難想知的。

㉝「漢蒙藏對話——民族問題座談會」紀要，《北京之春》電子版五四期。
㉞梅・戈德斯坦《喇嘛王國的覆滅》，頁二二三。
㉟李安宅，《李安宅藏學論文選》，中國藏學出版社，一九九二年，頁二七〇。
㊱同樣是佛教居支配地位的泰國，出家為僧者只占男性總數的一％—二％。
㊲拉巴次仁、羅布次仁《宗教、歷史與民族精神》載《西藏青年論文選》，頁二三二。

六、神界輪迴

藏人不能沒有神，但是在其崇拜強大的那種宗教基礎上，對其原有的神進行置換卻是可能的。而實現那種置換的前提之一就在於新神要比原有的神更爲強大。

毛澤東和達賴孰強孰弱，藏人通過事實看得十分清楚。昌都戰役，西藏全部精銳兵力在解放軍面前如摧枯拉朽，達賴只能逃到亞東去避風；一九五九年，數萬武裝叛亂者雲集拉薩，解放軍只用二十幾個小時就獲全勝，達賴從此流亡印度。這樣懸殊的力量對比展現在藏人面前，肯定會給他們極大的震動。他們一直五體投地崇拜的神，原來並非像他們想像得那樣戰無不勝、無所不能。藏人心目中認可的神，首先在於神能夠取得勝利，具有壓倒一切的力量，並且神應該是要求明確、手段嚴厲和賞罰分明的。這種心理和思維方法從宗教延伸到藏人生活的其他方面，表現爲藏人對專制的服從、對受苦的忍耐、對勝者的尊重，以及對敵人的殘酷等。毛澤東的強大與藏人在宗教意識上的恐懼感以及被懾服的需求發生了某種微妙契合，因此有了使他們崇拜的對象發生轉移的可能。

從北京一邊，可能沒有從宗教角度認識這個問題，從「翻身農奴」的擁護看到的只是馬克思主義的普遍性和正確性。然而事實上，推翻已經被藏人在千年時間奉爲神聖的天理，那是不可能沒有神的作用的。那是新神把舊神殘暴地踩到了腳下，然後不容置辯地宣布一個新紀元開始，公布一套新天理，實行一套新的獎懲規則。毛澤東體系恰如其分地充當了那個新神。其新的天理既能符合藏人傳統心理的宗教性，又能同時給他們以人性方面的滿足。要知道，無論「來世」的宗教觀念如何深入藏人之心，那終究是一種後天的修行和約制，而「趨利避害」是人生而俱來的本能，肯定強於宗教對人的約束，因此有壓倒宗教的必然力量。

一旦「皈依」到毛澤東的體系之內，底層藏人以極端的方式去砸爛舊世界以表達對新神的敬畏和忠誠，和西藏宗教的傳統精神其實是一脈相承的。從「平叛」結束到「文化大革命」開始的時間（一九六〇—一九六六年），正好完成了藏人從啓蒙、覺醒到全面動員的過程，而「文化大革命」典型特徵是影片與畫報上的毛澤東從一座遙遠且具寺廟風格的城樓上揮動紅星軍帽——那簡直有太多藏人熟悉並引起他們感應和激動的宗教意味。他們的宗教性和人性被雙重蓬勃地點燃，投身到「文化大革命」的狂熱之中。在那些年代，即使藏人高喊「無神論」的口號對西藏傳統宗教進行摧毀，也需要看到那個潛在的脈絡—在相當程度上，他們是把心中的神從達賴喇嘛換成了毛主席。

那是天地重造，神界輪迴——舊神的時代結束，無比強大的新神時代從此開始！以新神的神威，新世界必將與天地共長久，而舊世界將萬劫沈淪，永世打入地獄。在這種對比中，懾服於新神，投靠新神，敬畏新神，按照新神的意志拋棄和打倒舊神，以西藏文化的思想方法，應該是再合理不過的選擇。

今天，對毛澤東時代的造神運動進行分析，其意識形態至上（信仰）、共產主義的終極目標（天堂）、對導師和領袖（神）無條件服從和崇拜、政治學習和洗腦（講經布道）、主張改造世界觀（覺悟）、鼓勵反省和自我批評（懺悔），嚴格的紀律（戒條）和殘酷的懲罰（宗教裁判），強調奉獻與甘願吃苦（苦行）……大都能找到對應的宗教要素。因此，毛澤東體系並不與底層藏人的宗教意識發生太大衝突。當年對毛澤東表達崇拜的儀式化行爲，具體方式不同，精神實質卻和喇嘛教很接近，轉換起來非常容易。家家掛毛澤東像，每天對畫像鞠躬，手捧「小寶書」背誦「最高指示」，與過去家家供奉達賴畫像、對其叩拜、祈禱唸經沒有本質區別。對普通藏人百姓，只要能滿足他們的宗教意識所尋求的強大威懾和庇護，以及提供他們相應的宗教形式，眞正的宗教內容反而是次要的，很容易置換。文革期間廢除了設在山口與路邊的宗教瑪尼堆，代之以石塊與水泥砌成的「毛主席語錄牌」，藏人老百姓路過時，仍然自覺地繞其轉圈，與當年繞瑪尼堆一樣。傳統中收割之日的「望果節」，藏人要在田裏舉著佛像唸經唱歌，文化大革命期間，變成舉著毛澤東像唸毛語錄唱「東方紅」。

所以，只要在形式置換上有足夠的份量，能滿足西藏宗教所需要的形式感，以毛澤東置換掉達賴，以共產主義天堂置換掉西天極樂世界，以革命組織置換掉寺院結構，對底層藏人來講，有可能是一個更好的選擇。儘管當時的統治是嚴厲的，有極左路線和種種政治運動，但那主要是針對上層階級，舊西藏的壓迫卻是對下層階級。共產黨顛倒了以多數人苦難維繫少數人特權的關係，西藏底層民眾可以放心大膽地跟隨，因爲給他們做主的新神是那麼強大有力，一方面可以降臨最殘忍的懲罰於敵人，另一方面又可以普施那麼多不可思議的恩惠——廢除烏拉、不收稅，空投救災、巡迴醫療、送窮人的孩子上大學……而區分的規則如此明確，一目了然——階級。那種將人的命運決定於先天的哲學，簡直跟西藏傳統宗教對生命的解釋一模一樣。

在底層藏人心目中完成的這種神界輪迴，最典型的表現就是他們曾親自摧毀過去被他們視爲神聖的寺廟。達賴陣營和西方輿論一向把砸廟行爲歸於文革期間從中國內地進入西藏的漢族紅衛兵，並認爲那是中共政權對西藏宗教「深思熟慮、有計劃、有步驟的全面性摧毀」㊳的組成部分。然而事實是由於西藏的遙遠和交通不便，漢族紅衛兵當時只有很少數量進入西藏，他們中間即使有人參加砸廟，也只能是象徵性的。而西藏數千座寺廟遍布農村牧場和叢山峻嶺，不是當地人根本沒有力量進行摧毀。當時進藏的紅衛兵大多是在內地學習的藏族學生。他們返回西藏往往保持著「首都紅衛兵」等稱呼，那可能也是後來把問題搞模糊的原因之一。隨著那些藏族紅衛兵逐步返回家鄉（革命與探家相結合），文革的火種撒到整個西藏高原的農村牧場，遍布各地的砸廟隨之開始。

㊳ Pierre-Antoine Donnet：《西藏生與死——雪域的民族主義》，時報文化出版企業有限公司，一九九四年，頁一三〇。

當時確實存在高壓氛圍，沒有人敢發表不同意見。然而一種社會氛圍並非僅僅由執政者造成，還必須有群眾的配合。有時後者的作用更大。當時的西藏政權其實常常想阻止過激行爲，例如西藏的解放軍就一直支持群眾中比較保守的一方，而不是支持更激進的「造反派」。事實表明，凡是在當局尚能控制的中心城市和地區，寺廟遭到的破壞都相對較輕，而同爲西藏黃教三大寺之一的甘丹寺，只因爲離拉薩有六十公里距離，就被毀壞得只剩一片廢墟。

這裏說西藏寺廟主要是被藏人所砸，目的不在於爲漢人開脫。在我看來，這不是一個責任問題，除了需要正視歷史事實以外，還應該從中得到更多的思考。爲什麼千百年把宗教視爲生命的西藏人會親自動手砸碎佛像？爲什麼他們敢於從寺廟拆下木料去蓋自己的房子？爲什麼寺廟裏物品被他們毫不在乎地毀壞？又是爲什麼他們曾在那時大聲地否定神靈、虐待喇嘛活佛而不怕遭到報應？在那些行動中，可以看到藏人可能更願意做現世的人而非來世的魂。

一九六九年，西藏曾再度發生藏人的武裝反抗——當時稱爲「再叛」，波及四十多個縣。達賴方面將其視爲五十年代西藏反抗的延續。實質上二者已經有很大不同。五十年代的西藏叛亂，底層參與者在相當程度上是爲西藏上層社會的利益而戰，而一九六九年他們是爲自己的利益而戰，是不願意把已經屬於自己的土地和牛羊交給公社，那些土地和牛羊恰恰是共產黨剝奪舊西藏上層分給他們的。當時還有一些文化革命過程中的「造反」或「派性」也被定性爲「叛亂」，或由於處理不當而被激化爲「叛亂」。㊴後來當局認識到這一點，改變了「叛亂」的定性，動亂很快被鎮壓下去。

總之，在六、七十年代，毛澤東體系在西藏取得全勝。中國對西藏的主權控制達到前所未有的穩定。今天經常製造麻煩的「民族問題」那時很少存在。藏人和漢人也普遍融洽。而達賴喇嘛，無論是在西藏還是在國際社會，那時都處於幾乎被人遺忘的狀態。

七、撥亂反正

毋庸諱言，像對全國一樣，極左路線和文化大革命也給西藏帶來了浩劫。在「平叛」和「民主改革」過程中，就已經發生了大量過激行爲。班禪喇嘛當時所寫的《七萬言書》對此有不少描寫。同樣，從班禪的下場也可以看出當時的情況。如果那時多少還有一點「統戰」意識，也不至於因爲一個內部上書拋棄班禪。但班禪被毫不留情地劃到敵人一邊，撤消了西藏自治區籌委會代主任、全國人大副委員長和全國政協副主席的職務，並遭到抄家和群眾鬥爭。「文革」中，

㊴西藏軍區阿里軍分區一九七五年編的一份宣傳材料上，有一篇表揚改則縣中隊「平叛」事蹟的文章。其中所提到的「叛亂」，有的是提出「要三自一包」；有的是保被罷官的中共幹部；還有的是成立「造反組織」。(《世界屋脊上的英雄戰士》，中國人民解放軍西藏軍區阿里軍分區編，一九七五年，頁一一二—一一二一)

他被關進監獄達九年零八個月之久。另一位西藏宗教的代表人物喜饒嘉措被遣送回老家青海循化縣，批鬥折磨而死。

遍及西藏的政治運動一個接一個，「三教」、「四清」、「一打三反」、「清隊」、「社改」、「雙打」、「基本路線教育」、「清查資產階級幫派體系」、批「小班禪」……文革結束之後，一九八〇年西藏自治區召開「落實政策會議」，提到的數字是：「據粗略統計，在各種冤假錯案中被觸及、牽連的人，全區有十幾萬，約占總人口的十%以上。」㊵

從一九六二年重提階級鬥爭的中共八屆十中全會之後，一直到一九八〇年胡耀邦視察西藏，西藏的政策是建立在「民族問題的實質是階級問題」這樣一個基本論斷之上的。不是熟知當時話語的人，一般不容易理解其眞正意義。正是由於那個理論，使「民族自治」的原則可以被拋在一邊，因為按照那種理論，民族是可以沒有的（「工人無祖國」，何況民族），本質在於階級區分。各民族的革命階級屬於同一個陣營，就不應該有民族區分。所以，鬧民族性就是破壞階級陣營，干擾階級鬥爭，強調民族特點也是混淆了大是大非。「親不親，階級分」，不能以民族分。按照這種邏輯推導下去，根本就不應該存在民族自治，選擇領導幹部也無需考慮民族成分。只要是革命幹部，就可以領導各民族的革命群眾。要求只能由本民族幹部擔當本民族領導，那就是「狹隘民族主義」。文化大革命期間，西藏的最高權力機構——革命委員會，除了主任是漢族幹部擔任，在總共十三個副主任當中，只有四個是藏族幹部㊶。一九七三年《西藏日報》

公布的西藏五個地區（包括拉薩市）黨委委員的統計數字，藏族委員只占三十五．二％㊷；一九七五年，在西藏地區一級的領導幹部內，藏族只占二十三％㊸。

對百姓來講，借文革之風實現的公社化使政權控制達到從未有過的程度，連社員領一斤酥油，都得先打報告給生產隊，再通過隊長、會計、保管員等層層手續。社會經濟中的個體成分幾乎全部被消滅。一九六六年以前，拉薩有個體小商販一千二百餘戶，到一九七五年，只剩下六十七戶㊹。扎朗縣曾經有三千部農民自家織氆氌的織機，也都被冠以「資本主義尾巴」的罪

㊵〈全區落實政策工作會議紀要〉，載《西藏自治區重要文件選編》（上），中共西藏自治區委員會政策研究室編，頁一二一。

㊶譚．戈倫夫，《現代西藏的誕生》，中國藏學出版社，一九九〇年，頁二七七。

㊷《西藏大事輯錄．一九四九年—一九八五年》，西藏農牧學院馬列教研室與西藏自治區黨校理論研究室合編，一九八六年，頁二六八。

㊸《西藏大事輯錄．一九四九年—一九八五年》，西藏農牧學院馬列教研室與西藏自治區黨校理論研究室合編，一九八六年，頁二八八。

㊹《西藏大事輯錄．一九四九年—一九八五年》，西藏農牧學院馬列教研室與西藏自治區黨校理論研究室合編，一九八六年，頁三九〇。

名，統統割掉㊺。公社化遏制了勞動者的生產積極性，加上文化大革命等政治運動的衝擊，人民生活水平尤其是農牧民的生活水平長時間得不到提高。根據當時的評估和統計，一九八〇年，全西藏有五十萬人的生活比不上公社化以前的互助組時期，其中有近二十萬人生活相當困難。這個數字在當時西藏一百八十萬的人口總數中，所占比例是相當高的。㊻

在西藏進行撥亂反正是從鄧小平時代開始的。鄧小平在中共十一屆三中全會把中國的舵輪握到自己手中後，不到一星期時間，就在一九七八年十二月二十八日接受美聯社採訪時傳達了願意同達賴喇嘛對話的資訊，並在一九七九年三月在北京見了達賴喇嘛的代表。幾天之後，提前釋放了所有仍在服刑的「西藏叛亂」參加者共三七六名，對已經刑滿釋放但仍然「戴帽」進行「監督改造」的六千餘人，一律「摘帽」。自此，治藏方式發生再次轉折。

一九八〇年三月十四日，胡耀邦主持中共中央書記處召開了第一次「西藏工作座談會」，並將座談會的紀要作爲中央三十一號文件發給全黨。兩個月之後，胡耀邦親自到西藏視察，隨行者有當時的副總理萬里、全國人大副委員長阿沛．阿旺晉美、民族委員會主任楊靜仁等。胡耀邦在拉薩逗留了九天，與各方面開會、談話，臨走的前一天，召開了四千五百多人——囊括西藏黨、政、軍所有縣團級以上幹部——參加的自治區黨委擴大會議。在會上，胡耀邦要求解決六件大事。分別用一句話概括大意，分別爲如下六條：

一、西藏要有自主權，西藏幹部要敢於保護自己民族的利益；
二、對西藏農牧民實行免稅、免徵購；
三、變意識形態化的經濟政策爲切合實際的經濟政策；
四、大幅度增加中央給西藏的財政撥款；
五、加強藏文化的地位；
六、漢族幹部要讓位給藏族幹部。㊼

胡耀邦在西藏的講話被視爲是西藏歷史的一個轉折點，其意義可以與一九一二年西藏驅逐駐藏大臣、一九五一年解放軍進軍西藏、一九五九年後的民主改革相比。將胡耀邦的六條與清朝制定的《二十九條章程》、五十年代中央政府與西藏簽定的《十七條協定》相比，可以發現一個明顯變化：「二十九條」和「十七條」的主體內容都是對西藏施加限制，增強北京在西藏的地

㊺《西藏自治區重要文件選編》（上），中共西藏自治區委員會政策研究室編，頁二一一二。
㊻郭錫蘭一九八〇年六月三日在黨委二屆五次會議上的講話，載《西藏自治區重要文件選編》（上），中共西藏自治區委員會政策研究室編，頁九七。
㊼中共西藏自治區委員會政策研究室編《西藏自治區重要文件選編》，頁一五—三二。

位，有利於北京對西藏的控制。尤其是「二十九條」，幾乎都是居高臨下的命令。「十七條」雖然有對西藏的承諾，但既然是西藏打了敗仗後才被迫簽署的，只能是西藏喪失原有的權利。而胡耀邦的「六條」，卻條條都是主動給西藏權利，或是允諾給西藏更多的好處。

無疑，「六條」給西藏帶來了好處。對農牧民的免稅、免徵購自不必說，從那時到現在一免就是十幾年。實行鼓勵私有化的經濟政策，解散人民公社，自然也受到多數勞動者的歡迎。北京給西藏的財政撥款，在胡耀邦西藏講話之後，從一九七九年的五億多元增加到一九九四年的接近二十九億元；對西藏的基建投資，也從一九七九年的一億多元增加到一九九三年的九億多元⑱。但是對西藏有特殊意義、可以被稱爲轉折的，卻是「六條」中的另外三條（一、五、六條）。

胡耀邦到西藏之前，中共中央三十一號文件就已經正式宣布：「中央和中央各部門制定的方針、政策、制度，發往全國的文件、指示、規定，凡是不適合西藏實際情況的，西藏黨政群領導機關可以不執行或變通執行。」⑲有史以來的中央政權都巴不得邊疆少數民族絕對服從。主動促使他們不要絕對服從甚至敢於抗拒的，似乎是第一次，在發給全黨的文件上這樣講，更是以往不敢想像的。胡耀邦到西藏後，又在大會上進一步號召：

今天在座的縣委書記以上的都在這裏吧？你們根據你們自己的特點，制定具體的法令、法規、條例，保護你們自己民族的特殊利益。你們都要搞啊，以後你們完全照抄照搬中央的東西，我們就要批評你們了。不要完全照抄外地的，也不要完全照抄中央的。一概照抄照搬是懶漢思想。㊿

胡耀邦的講話中沒有直接涉及宗教解禁問題，但在三十一號文件轉發的「西藏工作座談會紀要」裏已經有了「全面落實宗教政策」之談，要求「尊重信教群眾的正常宗教生活」。而胡耀邦的講話強調了加強藏文化地位，藏文化的核心就是宗教，藏文化加強，西藏宗教就不可能不隨之復興。

爲貫徹胡耀邦加強藏文化的精神，自治區黨委和政府數次發文，要求在工作場合使用藏語，行文和開會都得用兩種語言。並且要求把「藏文水平的高低作爲升學、招工、轉幹和使用、晉

㊽《西藏統計年鑑．一九九四年》，中國統計出版社，頁九〇，一〇九；《西藏自治區基本情況手册》，中共西藏自治區黨委辦公廳政研室編，表四—一五、四—一六。
㊾中共西藏自治區委員會政策研究室編《西藏自治區重要文件選編》，頁三—四。
㊿中共西藏自治區委員會政策研究室編《西藏自治區重要文件選編》，頁二一。

級、提拔幹部的一項主要條件」51。對比歷史上統治民族皆想方設法讓少數民族放棄自己語言，國民黨官員甚至設想西藏活佛的轉世靈童須通過漢文考試才可承襲活佛之位52，這種自覺加強少數民族語言的做法彌足可貴。

不過對西藏最具轉折性的，還是「六條」中的最後一條——漢族幹部讓位給藏族幹部。胡的講話有這樣一段：

> 昨天我們商量的結果，在兩三年之內，我的意見最好是兩年，把國家的脫產幹部，我不是講的不脫產的，不脫產的那要全部是藏族，國家的脫產幹部，包括教員啦，藏族幹部要占到三分之二以上。（萬里插話：我那天提了個二八開。）他比我還要激進一點，我也贊成。他說藏族幹部占八〇%，漢族幹部占二〇%，（萬里：我指的是縣級幹部二八開，區級幹部一〇〇%……）53

對這一點，當時阻力很大。胡耀邦的說法是：「不通也得通，先決定後打通。」54胡耀邦講話之後半個月，內調方案出臺。當時西藏共有幹部五・五萬，其中漢族幹部三・一萬，準備內調二・一萬；有工人八萬多，其中漢族工人四萬多，準備內調二・五萬人。加上他們的家屬子女，計劃共九・二萬漢人在兩三年內離開西藏回內地55。當時西藏的全部漢族人口爲十二萬二千四百人56，就是說七五%的漢族人口計劃在胡耀邦講話後離開西藏，後因爲大批漢族幹部職工內調使得西藏很多單位幾乎陷於癱瘓，不得不中途改變原來的方案。但一九八〇年到一九八五年，五年之內西藏的漢族人口數量也減少了四十二%。

漢族幹部職工的內調讓出了上萬個幹部編制和上萬個國營企業的「鐵飯碗」，數萬藏人（包括他們的家屬）因此得到實惠。後來《民族區域自治法》的實施，又從法律上保證政府部門的關鍵職位由本民族官員擔任，漢人官員只能擔任副職。藏族幹部不僅在數量上是西藏政權的主

---

51 中共西藏自治區委員會政策研究室編《西藏自治區貫徹一九八四年中共中央書記處召開的西藏工作座談會精神文件選編》（第二集），頁八九。

52 黃慕松在他的進藏日記中有這樣一段：「余意政府整理佛教，必先令高僧轉世之小童，學習漢文，成年時考試及格，始准其承襲，斯亦統治上之要道歟。」（《使藏紀程》，頁五〇）

53 中共西藏自治區委員會政策研究室編《西藏自治區重要文件選編》，頁二九—三〇。

54 中共西藏自治區委員會政策研究室編《西藏自治區重要文件選編》，頁二九。

55〈西藏自治區黨委、自治區人民政府關於大批調出進藏幹部、工人的請示報告〉，見中共西藏自治區委員會政策研究室編《西藏自治區重要文件選編》（上），頁五一。

56《當代中國西藏人口》，中國藏學出版社，一九九二年，頁二〇〇。

體，而且掌握了各級政權絕大多數行政一把手和主要領導職位，以及各級政權的財政、公安、司法等要害部門。到一九八九年，西藏幹部總數中藏族占了六十六・六%，省級官員中藏族占七十二%，地級官員中藏族占六十八・四%，自治區和地（市）行政一把手均爲藏族，全區七十五個縣中絕大多數行政一把手由藏族擔任，其中六十三個縣的中共黨委一把手也是藏族[57]。

對西藏的撥亂反正使西藏發生了巨大的變化，人民生活水平大幅度提高。西藏農牧民人均收入一九七九年爲一四七元，一九九〇年爲四八四元[58]，而一九九四年已經達到九〇三・二九元[59]。一九九二年西藏自治區的農業總產值比一九七八年增長六十九・八%，比一九五二年增長四・六倍[60]。城市生活水平提高的幅度就更大。

落實宗教政策是撥亂反正的主要標誌之一，到八十年代中期，西藏自治區和其他各省藏區的宗教都恢復到相當繁榮的程度，大大超過文革以前的狀況。除了「政教合一」和領主式寺廟經濟沒有恢復，與「民主改革」以前的狀況也已相差不大。喇嘛僧人重新被當作「統戰」對象，優撫有加。各地到處興修寺廟。其中相當一部分資金來自各級政府的財政撥款。有關材料統計，從一九八〇年到一九九二年，西藏自治區政府和下屬七個地區專署，共撥款二・六億元人民幣用於修復寺廟。這個數字還不包括縣級財政的撥款。川滇甘青四省對下轄藏區的宗教建設亦給了相當數量的財政撥款。修繕布達拉宮，中央政府撥款五三〇〇多萬元；爲十世班禪建陵塔，中央政府撥款六四〇六萬元，黃金六一四公斤[61]。爲了促進西藏宗教恢復，當時的西藏自治區黨委第一書記伍精華甚至身著藏裝，親自參加在拉薩舉行的宗教大法會，並通過電視播放到整個西藏。

對宗教還存在的一些限制只是針對寺廟組織和僧侶，一般百姓的宗教活動幾乎不受任何干涉。即使對寺廟和僧侶的限制，相當長時間也只停留在口頭，實際上放任自流。一九八四年召開的第二次西藏工作座談會曾決定西藏「在八十年代末逐步恢復到兩百座左右的寺廟」⑥②。到一九九二年，修復開放的寺廟已經是一四八〇座，一九九四年八月的統計則達到一七八七座。整個西藏的僧尼人數也在不斷增加，一九九四年八月的統計爲四六四〇〇人（其中和尚四二五〇〇人，尼姑三九〇〇人），達到西藏總人口二％。藏北索縣西昌鄉一九〇〇多人就有一八〇多個

---

⑤⑦ 張仕榮，〈西藏少數民族幹部隊伍宏觀管理初探〉，見《西藏青年論文選》，頁一六一。
⑤⑧ 《當代中國西藏人口》，中國藏學出版社，一九九二年，頁三四二。
⑤⑨ 《西藏統計年鑑．一九九五年》，中國統計出版社，頁一七八。
⑥⓪ 孫勇等，《西藏經濟社會發展簡明史稿》，西藏人民出版社，一九九四年，頁一二二。
⑥① 劉偉，《西藏的腳步聲》，西藏人民出版社，一九九四年，頁一九四，二五三。
⑥② 中共西藏自治區委員會政策研究室編《西藏自治區貫徹一九八四年中共中央書記處召開的西藏工作座談會精神文件選編》（第一集），頁二〇。

和尚和尼姑63，比例接近十%。這些數字中，還不包括大量未經政府批准自行出家的僧人。

所以，無論從哪個角度，鄧小平時代的西藏政策都已經達到相當開明的程度，堪稱共產黨進藏以來最好的狀態。

八、走下神壇

但是在最好的狀態下，西藏卻出現了前所未有的離心傾向和社會不穩定。一九八七年九月二十七日，拉薩發生自一九五九年以來的第一次街頭抗議示威，到一九八九年三月七日爲止，十七個月內拉薩共發生十八次示威騷亂，對抗烈度不斷提高，一直升級到打砸搶，開槍和流血，最終導致一九八九年三月在拉薩實行軍事戒嚴，整個戒嚴期長達四百一十九天。西藏問題在這個時期也越來越國際化。西方社會對中國西藏政策的指責越來越廣泛，似乎中國在西藏政策上不是進步反而是退步。國際關係中西藏也成爲對中國施加壓力的籌碼。而達賴喇嘛則被推上國際舞臺的中心，獲得了前所未有的影響力。

對此簡單地看似乎難以理解。這就需要從另外的角度著手分析。撥亂反正對俗世西藏自然是好事，但對藏人的神界意識而言，卻是破壞了原來毛澤東體系在藏人心目中神的地位。按照藏人的神界意識，神必須是明確的和完整的。那些「辯證」的說法——此時的共產黨和彼時的共產黨不一樣，既是同一個，又完全分得開，往往難以對藏人講得通。他們認爲神不應該有錯誤。他們可以不理解神爲什麼那樣殘酷，無端地對人施加懲罰，但神必定是有道理的，神不必解釋，或即使解釋也如聽天書。神不要討人歡心，讓人幹什麼就得幹什麼。尤其是，神絕對不會自己說自己有錯誤。如果承認了自己有錯，哪怕由此改正錯誤而使人的境況變得好得多，那也就不再是神而成了俗世的凡人。而那時，對其往日的一切殘暴就統統可以算帳了，也就必然會向其要求更多的認錯和補償了。

以政府撥款修復被毀壞的西藏寺廟爲例，藏人不一定爲此領情，反倒會把這種拿錢看作是承認西藏寺廟是政府和漢人毀壞的（那已經成爲國際社會和西藏流亡者的標準說法），是爲犯下的罪過而付的賠償。可想而知，既然是爲罪過付賠償，那將是給得再多也不會換得滿意和贊許的。

允許並且促進西藏宗教重新恢復，目的原是在於希望換得藏人感激。然而，宗教既是藏人的生命核心，如果當年因爲新神出現而要他們去毀滅舊的宗教，他們可以接受並參與。但是等他們毀了舊的宗教，砸掉了寺廟，有一天卻突然告訴他們，新神原本並不存在，那只是一個不幸的錯誤，現在需要改正，舊的宗教要恢復，寺廟也要重建。可以想像，那些曾經親自去砸過廟、褻瀆過傳統宗教的藏人會是什麼樣的心情，那是可以用撥款修廟換得感激的嗎？

㊸白瑪朗傑〈現階段西藏宗教的地位和作用〉見《西藏青年論文選》，頁二〇七。

這也是促使傳統宗教劇烈反彈的一個重要因素。凡是那些過去反對過傳統宗教、砸過廟的藏人，在重新復興的宗教面前，都意味著對神靈有過背叛，從而在西藏宗教的恐怖世界中將面臨懲罰。出於對那懲罰的恐懼，他們一是把自己的行爲解釋爲被逼無奈，再就是以對傳統宗教的加倍虔誠和狂熱進行「贖罪」。這樣的人很多。經常可以看到這樣的現象，在重修寺廟中最賣力的人，往往也是文革時砸廟的帶頭者或主要參與者。一些藏人官員也在爲自己的過去進行「洗刷」，他們的表現往往是扮演民族代言人，挑動民族情緒，對抗上級指示，以及排斥漢人等。

毛澤東時代以階級劃分瓦解了西藏民族的一體性，使得西藏下層社會擺脫上層社會的控制，成爲共產黨政權在西藏的基礎和同盟。鄧小平時代放棄了階級鬥爭路線，上層人士重新成爲「統戰」對象。當年的貴族、頭人和活佛又被請進人大、政協（政治協商會議），五九年擔任西藏叛軍司令的拉魯（七九年釋放），現在是自治區政協副主席，他妻子是政協常委，兒子是自治區民族宗教局的副局長。64 應該承認這是一種好的變化，但是從「治藏」角度，卻因此失去了分化藏民族的依據，藏人也就會被其復活了的傳統文化重新整合，再度凝聚爲一體的民族。

隨著解散人民公社，當年在「平叛」、「民主改革」、鬥爭領主、砸寺廟過程中衝在前面的藏人「積極分子」已經成爲過時人物。他們當年大多是人民公社的生產隊幹部，公社解散使他們失去了原來的地位，成爲普通農牧民，其中不少人落入貧困和年老無靠的狀況。西藏封閉的環境使以往當過鄉村幹部的資歷留不下什麼優勢。據西藏黨委組織部的調查，過去的「積極分子」

現在大多淪爲貧困階層。美國人類學家戈德斯坦在西藏西部牧區進行的調查也指出：「所有的從前的富有階層的人家都有最大的畜群和最穩定的收入。另一方面，現在所有的窮人都出身於舊社會的窮人家庭……過去的公社幹部也淪落爲這些人中的分子……一九八七年，十戶人家（十八％）從縣裏得到了救濟。有趣的是，一九八七年接受救濟的十家在舊社會都是窮人。」⑮除此之外，在藏民族重新一體化的今天，「積極分子」還承受著被視爲民族叛徒的重負。他們的潦倒不但不得到同情，反而被周圍人認爲是報應的體現。

過去的富人重新富起來，而過去的窮人重新窮下去，不管是出於什麼具體的原因，這種現

---

⑭《人民日報》駐西藏記者劉偉在他的《拉薩騷亂紀實》記錄了一些拉薩人在八九年拉薩騷亂後的看法，其中有這樣的言論：「政府應該反省一下自己的工作，反省一下西藏的政策。笑臉總對著上層人士，老百姓的苦處很少有領導來過問，寒了群衆心。」「現在是鬧事的人不孤立，孤立的是我們幹部，在社會上孤立，在家裏也孤立。你們問爲什麼？有些群衆說，共產黨變了，五十年代要我們，八十年代要貴族，有個說法，上層人士的石頭和狗都落實了政策，而老百姓呢？退休的工人、幹部？沒有錢，沒有房子住。」

⑮M．C．戈德斯坦，〈中國改革政策對西藏牧區的影響〉，載《國外藏學譯文集．第十輯》，西藏人民出版社，一九九三年，頁三六六—三六七。

象產生的心理影響，肯定會讓具有強烈宿命感的藏人感到其中暗含的天意。西藏普通百姓已經自覺不自覺地開始調整行爲方式。藏北丁青縣一位在基層待了二十多年的幹部給我講了一個小變化：文革時期，當年的領主在路上與翻身農奴相遇時，領主遠遠就要側立路旁，一隻袖子搭在肩上，彎腰吐舌——那是舊時代下等人對上等人的禮節——等翻身農奴過去後才敢繼續走自己的路。現在則變了，又變成當年的農奴在路邊彎腰吐舌，給當年的領主讓路。這種變化發生得非常微妙，並非有人強迫，也未曾有人明說，完全是自覺的。雖然舊時代並沒有眞地回來，但是社會氛圍已經變化，農奴們敏感地意識到還是早點縮頭爲好，那也是爲他們曾經有過的挺胸抬頭表示悔過。從這個小動作的變化，折射出了時代的大變遷。

九、結語

回顧歷史，毛澤東時代中國在西藏的主權之所以穩定，關鍵一點就在於把一體的藏民族分化成了對立階級，從而打破了民族隔閡，使占人口多數的底層藏人成爲中國共產黨的同盟。而做到這一點的前提，又在於毛澤東的體系能夠與西藏傳統宗教進行置換，從而才使底層藏人敢於與其束縛性甚強的傳統進行決裂。

鄧小平時代放棄了階級路線，恢復了西藏傳統宗教，重新實行對上層的「統戰」，一方面大大改善了藏人的生存狀態，另一方面也就失去了對藏民族的分化，使其重歸一體。此時若是中國仍然像過去那樣保持著封閉，藏民族的重歸一體可能也無問題，因爲毛澤東時代已經使西藏社會發生了很多變化，不會簡單地重複過去。但問題就在於鄧小平時代的中國已經對外開放，國際條件、西方態度、蘇聯解體等都會成爲對西藏影響至關重大的因素。而放棄階級鬥爭，又沒有一種新的意識形態進行替代，讓出的空間就只能被西藏傳統宗教和現代民族主義占領。當年之所以從「統戰」路線轉到階級路線，就是因爲宗教和民族兩面旗只由民族上層掌握，外族人插不進手。而現在，掌握著宗教和民族兩面旗的恰恰是達賴喇嘛。宗教上，他有最高精神領袖的天然地位，民族主義方面，他也是國際公認的藏民族象徵。當藏民族重新在宗教和民族之旗下凝聚爲一體時，藏人內部能夠對抗他的力量是基本不存在的。

無疑，從這個角度進行的討論不意味不該改革。無論從道義還是從必然性上，改革都是完全需要的，而且也不可能做到在中國的整體改革中只有西藏繼續保持毛澤東的一套。毛時代有其特殊條件，是別的時代不可模仿的。導致毛當年「成功」的條件如今既不可複製，也不會再現。因此，解決西藏問題，必須要尋找新的思路。

一九九八年十二月　北京

次仁夏加：血染的雪域

——對王力雄的回應（林猛 譯）

王力雄的《西藏反思》一文，出發點是認爲西藏民眾主動地參與了破壞本民族文化的行動。①這樣一種把責任諉之於受害者的邏輯，是那些眞正要爲罪行承擔責任的人所慣於採用的，它讓我們想起南非種族隔離政權的辯護者曾經提出的一種論調：既然大多數警察都是黑人，既然數以萬計的黑人都從鄰國湧入南非，到那些灰塵彌漫、幾乎不能呼吸的礦山裏尋找工作，它的制度決不可能如批評者所想像得那樣壞。殖民統治及其罪行從來不是建立在同意的基礎上，它們往往要借助暴力才能實現，要通過殘酷鎭壓和貶低當地人民才能持久。畢竟，毛澤東自己也說過，槍桿子裏出政權。

①參閱 Wang Lixiong, "Reflections on Tibet", NLR 14, March—April 2002, translated by Liu Xiaohong and A. Tom Grunfeld.

西藏人在文化大革命中扮演了積極角色，這是事實，這一點無法從歷史中抹去，不過對這一問題卻需要有正確的視角，對他們這種參與的性質也需要認眞的審視。文革對於西藏人、對於中國人，都同樣是一個艱難的話題。中國領導人的策略是把一切責任都推給四人幫，對其他參與搶劫和殺人的就不再深究。如果你問一個上了一定年紀的中國人「你在文革中做過什麼？」，他一定難以回答：這樣的問題往往使談話中斷，人們在難堪之餘會報之以沈默或乾脆跳過這個問題。西藏和中國的其他地方一樣，也捲入了這場時代的狂潮，有很多人都曾經搗毀宗教建築，揭發鄰居和朋友是反革命，還有造老師的反等等。這是一場大規模的群眾運動，沒有一個人能夠倖免，甚至消極旁觀也不可能：不去揭發，那就只有被揭發，黨不允許其他選擇。而少數勇敢拒絕參與這場集體瘋狂的人們，則被視爲人民的敵人，成爲群眾批鬥的對象。可以說，只有最拙劣的自由觀才會把這樣一種參與視爲那個年代普通男女的自願選擇。

千禧年起義

不過王力雄應該知道，也仍有西藏人起而反抗，而在這時黨就變得殺氣騰騰了。一九六九年整個西藏境內爆發了大規模的起義，它最終被軍隊鎮壓，這之中資料記載最詳細的一幕是赤列曲珍領導的反叛。赤列曲珍是尼木縣的一名年輕尼姑，她當時帶領一批追隨者手拿大刀長矛趕到當地的黨委所在地，把中國官員以及爲他們工作的西藏幹部殺得一乾二淨。開始中共並沒有重視這次屠殺，只是把它看作文化大革命的一種表現方式，——我們知道，當時殺人者只要是打著階級鬥爭的旗號就可以不用承擔罪責。但當局很快意識到，這些西藏農民不是以「翻身農奴」的身分在造反，而是在捍衛他們的信仰，他們所針對的目標也只是中共官員、以及他們認爲和殖民政權同流合污的西藏人。這次反叛從尼木縣蔓延到了西藏自治區的十八個縣，共產黨只能派遣軍隊來鎮壓。赤列曲珍和她的十八名追隨者最終都被抓獲，並送往拉薩公開處決。即使今天，在共產黨的歷史記錄裏對這一幕也諱莫如深，因爲它不符合黨所塑造的「翻身農奴」的形象，——事實上和王力雄筆下歡天喜地地「拋棄千百年壓在頭頂的『來世』幽靈」的西藏人形象也相去甚遠。

王力雄承認一九六九年爆發了大規模的叛亂，——這一事實和他認爲西藏人逆來順受的看法就已經矛盾——但他卻要嘗試做另一種解釋。他從世俗化的角度對這場叛亂做了描述，並從純粹功利主義的角度加以解釋，比如他認爲農民造反是因爲他們不願意看到早先土地改革的成果在人民公社的擴張中受到損害，但他卻抽去了其中體現了民族主義內容的文化和宗教成分。他的這種做法完全不符合了歷史的眞實記錄，比如赤列曲珍在被俘之後對解放軍士兵說，曾經有一隻神鳥從達賴喇嘛那裏飛來給她傳信，要她把中國人趕走。其他起義者中，也有人自稱是格薩爾王（他是藏族史詩裏一位傳說中的偉大國王，曾爲護教而戰）轉世。這些事例中的象徵意味是無論如何也不可能弄錯的，事實上，我們有理由把一九六九年的叛亂描述成一場「千禧年起義」，一場急切盼望擺脫壓迫的反叛運動。

王力雄或許會認爲這再次說明當地人民心智的幼稚，不過在下斷語之前他也許應當考慮一下歷史上其他一些以異聲異像開始的農民起義和民族起義的記載。聖女貞德可以算歐洲最著名的例子，而中國的歷史也不乏這類先例：來自廣西農村的太平天國領導人洪秀全就據說是上帝之子、耶穌的弟弟，他有一個不識字的徒弟楊秀清自稱曾在迷離狀態中和聖靈交談過。既然這些外來的神靈都可以激起中國人反抗滿清外族專制統治的起義，那麼西藏人至少有資格稱自己聽到過本民族的聲音。像洪秀全、楊秀清這類近於精神病患者的人物已經成爲中國民族敍事裏的英雄，進入現代革命英雄的殿堂，王力雄對此顯然不陌生，但他卻不願正視西藏人爲一九六九年的反叛感到歡呼、視之爲反抗殖民壓迫政權的一場民族主義運動的事實。王力雄想告訴人們，文化大革命對西藏人意味著一次「翻身」，現在他們可以扔掉自己的神靈了，但這次起義所包含的千禧年性質說明恰恰相反：叛亂的起因是由於文化大革命試圖抹掉西藏人身份意識的所有痕跡，從而造成西藏人內在自我的碎裂。

王力雄還認爲紅衛兵因爲缺乏交通工具和人力，因此不可能進入西藏的邊遠地區，這個看法也同樣需要加以限定。以紅衛兵的革命熱情，如果確實不顧一切地希望把革命帶到雪山，他們完全可以徒步翻山越嶺進入西藏，然而是北京方面的強大壓力使他們無法成行。在西藏，文化大革命遠不是一個混亂無序的時期，而是一起精心組織的事件，黨始終控制著局勢。所以要把紅衛兵排除在邊境地區之外，是出於戰略上的理智考慮：這裏是喜馬拉雅山脈的一塊冷戰高地，在中蘇分裂之後中印又爆發了戰爭，蘇聯人更多站在印度人一邊，而同時美國中央情報局正在向以尼泊爾爲基地的數千名藏族遊擊戰士提供援助。西藏是多種矛盾的焦點，黨不願意在這一軍事敏感地區發生任何騷亂，所以在無序的背後是秩序在主導著一切。王力雄沒有注意的另一個問題是文化大革命完全分成了兩大派系，在西藏這兩大派系一個是「造總」(the Rebel Group)，他們得到了中國紅衛兵的支持，想推翻當權派；另一個是「大聯指」(the Alliance Group)，主要由黨在西藏的領導幹部組成。「造總」勢力集中在城市，自治區首府拉薩基本被他們控制，「大聯指」則控制了農村，他們竭盡全力不讓中國的紅衛兵進入他們控制的地區。「大聯指」事實上封鎖了從昌都通往拉薩的公路，凡是想從中國進藏的紅衛兵都會遇到這些有組織的黨徒的攔截、毆打。這就是西藏當時的政治現實。

王力雄還認爲西藏的破壞行爲多數發生在文革期間，這同樣不符合歷史記錄。王力雄自己也承認，早在文革之前寺廟就已經被清空，一九五九年叛亂後「軍隊在恢復控制的同時就對它們進行了破壞」，而事實上，對西藏自治區之外的東藏地區宗教場所的破壞早在一九五六年就已經開始，其名義是要鎮壓甘肅、青海、雲南、四川等地的叛亂。一九六二年，班禪喇嘛向黨的中央委員會遞交了一份備忘錄，詳細列舉了中國政府的政策在整個西藏地區造成的嚴重破壞，其中兩段提供了確鑿的證據證明很多西藏文化遺產已經遭到破壞。班禪喇嘛寫道：

一部分漢族幹部出主意，藏族幹部動員，積極分子中的不明事理的人充當執行者，盜用群衆的名義或帶著群衆的面具，掀起了消滅佛像、佛經、佛塔的滔天浪潮，把無數佛像、佛經、佛塔燒毀，拋入水中，扔到地上，拆毀和熔化，對寺廟、佛堂、瑪尼牆進行了瘋狂闖入般的破壞，盜走了許多佛像飾品和佛像神塔體內的寶貴物品。

下文中，班禪喇嘛所說的西藏僅指西藏自治區，——自治區以外的地方情況很可能更嚴重：

民改前的西藏有大、中、小寺廟二千五百餘座，而民改後由政府留下來的僅只有七十多座，減少了九十七%多，由於大部分寺廟没人居住，所以大經堂等神殿、僧舍無人管，人爲的和非人爲的損害，破壞巨大，淪於已倒塌和正在倒塌的境地②。

而這份備忘錄在寫作時距離文革還有四年。

我們完全無須像王力雄那樣採用廉價的心理分析來解釋，爲什麼在文革中西藏人會把目標對準自己宗教裏的那些神聖象徵物。實際的原因要簡單得多，其中一個理由就是，在一個軍事上高度敏感的地區，黨需要對派系間的衝突加以約束。一旦中央發現事情超出了控制，他們立刻發布命令，宣布這些地區的鬥爭不應該被看作「兩條路線」之間的鬥爭。所以，衝突最終只限於城市、尤其是拉薩，由此帶來的結果是，在西藏多數農村地區，文革的暴行不再表現爲兩派的戰鬥，而是在「破四舊」的號召下轉爲對傳統的攻擊，爲此西藏沒有一個角落不受到衝擊；紅衛兵或許沒有深入鄉村，但黨的權力卻滲透到了喜馬拉雅山脈的每一個縫隙，牢牢確立了它自己的統治，最後以至於農民的睡姿都被賦予了意識形態的含義，比如如果有人睡覺時把頭朝向西方，就會受到指責說他背叛毛澤東，因爲毛澤東是「東方升起的紅太陽」。班禪喇嘛在北京被紅衛兵審訊時，他的一項罪名就是他做的夢是反黨反革命的（注意這裏的紅衛兵不是西藏、而是中國的紅衛兵）。

文化大革命是共產黨從中國出口到高原的，一如鴉片是由英國炮艦強加給中國——然後中國人也開始瘋狂地消費——一樣。我們是指責那些挨餓的勞工，批評他們不該服用麻醉品來消除空腹的痛苦，還是應該抨擊那些外來帝國的販毒者們，無視人們無盡的請求和申訴而執意發動了遠征？毫無疑問在文化大革命中個別西藏人確實做出了可恥的行爲，他們中有很多人至今仍在自治區黨委占據高位。而他們的所作所爲今天也確實被看成是對黨忠誠的一種表現。有一個事實是王力雄沒有提到的，八十年代共產黨在中國清除了所謂的「三種人」，也就是在文革中

② "Seventy-Thousand Character Petition", in *A Poisoned Arrow: The Secret Report of the Tenth Panchen Lama*, London 1997, pp. 51-2.

犯下罪行的那些人，然而在西藏儘管有班禪喇嘛這樣的領導人一再地發出呼籲，那些人卻始終沒有被清除。胡耀邦在一九八四年的西藏工作會議上提到，包括西藏舊時領袖和共產黨員在內的很多人都曾向他遞交各種書面報告，希望共產黨能夠驅逐那些人，但他事實上卻提拔了他們，說他們可以被改造。這之中的原因就在於，共產黨再也找不到其他可以信任的人能夠像他們那樣忠實地治理西藏。在西藏自治區和中國其他地區兩種不同政策的尖銳對比，正揭示出我們在西方帝國主義實踐中常常可以看到的一種經典的殖民統治手法，即殖民政權通過扶持一些聽他們話、忠實於他們的當地人，來維護他們的利益。中國所以在本土和西藏實行不同的統治，原因在於它遭遇的問題正是殖民政權的問題。

中國知識分子的殖民者心態

王力雄提出，為什麼那些按理應該非常虔誠的西藏佛教徒，竟然會做出破壞寺廟、砸毀佛像的舉動？他希望引導我們得出的答案是，文化大革命對西藏農民實際上是一次翻身，這些農民現在「明確表明他們更願意做現世的人而非來世的魂」——話說得很漂亮，可惜毫無意義，它所忽視的一個事實是人們的選擇完全是在刺刀的逼迫下進行的；一旦刺刀拿開，農民馬上就開始在廢墟上重建各種寺廟和佛像。王力雄自己也承認了這一點，但他對於這些「翻身農奴」的行為卻無法很好地給予解釋，只是抱怨「西藏人對於八十年代自由化的反應讓人難以理解」，進而做出了一些讓人們費解的評論，稱當地的人們現在如何需要爲他們的罪孽進行補償。

鑑於王力雄目前在中國知識分子中的地位，他的這些看法給我們提出了一個更嚴重、也更普遍的問題。現在看來，要讓中國的知識分子客觀地、通情達理地考慮西藏問題，無異於要讓螞蟻舉起一隻大象，那不是他們的能力和視野所能及的——無論這些人是中共官員、信奉自由主義的民運分子或者持不同政見的作家，情況都一樣。他們的觀念不能不受制於他們的民族偏見，他們的想像也無法擺脫所有殖民者都會自以爲是的那些東西的束縛。王力雄文章所表現的一方面是理智的傲慢，另一方面是對當地人心智的輕蔑；他聲稱自己已經對它做了深入，但之後發現那不過是一顆愚人的心。他筆下的西藏人始終在被魔鬼統治，永遠在恐懼、在對惡神的敬畏中生活，而造成這種生活的原因，他歸之於喜馬拉雅地區的生態環境：

> 當人單獨面對無邊無際的天地和荒涼時，會產生被「巨大」壓倒和被「未知」恐嚇的感覺。藏人世世代代在那種生存條件和生活狀況下忍受孤獨寂寞和沒有支援的恐慌，經歷靈與肉的磨難，深刻的恐懼會毫無阻擋地滲透每個人的靈魂，由恐懼而敬畏，由敬畏昇華出神靈鬼怪的圖騰。……經過昇華的恐懼成爲他們精神世界的核心③。

---

③"Reflections on Tibet", p. 92.（文字引自中文原文）

有人如果研究過西方殖民統治在亞洲和非洲的發展史，讀過早期基督教傳教士對他們所征服民族的文化與宗教的描述，他對王力雄的方法一定不會陌生。既然當地人是處在恐懼神、敬畏神的生活狀態中，通過這決定性的一步，就可以完全取消他們的能動作用，殖民者就是通過這樣一種手段來泯滅被統治者的人性，剝奪他們的理性能力。我們可以說，王力雄的文章與當地人的世界觀其實並沒有什麼關係，只是大量暴露了殖民者自己的心態，在這樣一種心態底下，當地人淪落爲幼童，而殖民統治者借此就可以以一個睿智的長者自居，他的統治也就得到了證明。王力雄在想像西藏人世界觀時所包含的這種粗鄙的物質決定論，不過是早期西方殖民者作品的翻版，比如奧斯丁・瓦德爾（Austin Waddell），他論述「喇嘛教」（他用這個稱呼是帶有貶義的）的著作一九〇四年出版，——這一年也正好是英國人入侵西藏的日子，而瓦德爾則是這次入侵的一個主謀。這部著作在中國仍然被視爲權威的資料來源，而王力雄所使用的語言、論調也酷似瓦德爾，然而，所謂令人敬畏、令人恐懼的自然地理環境這樣一種說法帶來了一個顯而易見的疑問：到底是祖祖輩輩在這裏生活了幾千年的當地人在這種環境下感到擔驚受怕，還是遠道而來的外國客人因爲無邊無際的草原和山脈而驚駭？歷史告訴我們的是，人類從不會被他們的環境嚇倒，相反他們總是會盡可能去控制千變萬化的自然環境，以便開創他們的生活。王力雄的西藏觀不過是他本人的都市厭倦症的浪漫表述，——它雖然打扮成嚴肅的思考，但實際和通俗心理學並沒有多少區別。

毛澤東崇拜

讓人憂慮的是，王力雄沒有對他自身的文化和社會進行反思，這在他對毛澤東崇拜的敘述中表現得十分突出。王力雄提到，毛澤東「取代了達賴喇嘛成爲西藏人的神」，它是一個宗教替代的過程，當地人現在對一個新的、外族的神靈感到敬畏，認爲他比本民族的神靈更有威力。這裏，這種簡單化的推理不過是再次重複了西方殖民者和傳教士的觀點，它是王力雄版的「星期五」④，對白人主人的腳印膜拜不已，爲降臨在他身上的奇跡而感到驚駭莫名。比如，王力雄經常提到一些可笑的例子，說西藏的農民在收穫季節舉著毛澤東的畫像遊行，而且家家戶戶的牆上也都掛著毛澤東的畫像，等等，——彷彿這一切只是發生在西藏農民身上。難道把毛澤東奉爲神明的只有這些西藏農民嗎？王力雄身爲一個不得不在極權體制下度過大半生的中國公民，在這裏是過於關注對西藏人靈魂的透視，而忘記他自己落腳的地方了；這種時候他已經喪失了正常的理智，而成爲一個只見樹木不見森林的人。

事實上，對毛澤東的這種種儀式並非西藏人所特有，當時中國每一個學童都要學唱這樣的

---

④英國作家笛福的小說《魯濱遜漂流記》裏的人物，是魯濱遜在荒島上遇到的一個野人，魯濱遜把他收爲僕人——譯者注。

歌曲：「北京有個金太陽，照得大地亮堂堂，不是金色的太陽，是偉大領袖毛主席發出光芒……」當時中國難道不是人人都佩戴毛澤東紀念章？中國的農民在稻田裏勞作的時候，難道一旁不都是會有毛澤東的標語在風中飄揚？當時的中國人難道不是每天早晨一起床就背誦毛澤東語錄？這些行爲都是由中國共產黨精心設計、安排的，在整個人民共和國境內比比皆是。王力雄不可能意識不到。對毛澤東的崇拜不是西藏獨有的現象，而恰恰是在中國人中間，對毛澤東、對黨的崇拜是最狂熱的：在這裏我們會看到在西藏也看不到的現象，比如把吃「階級敵人」的屍體作爲忠於毛澤東的證明。如果我們把王力雄的邏輯運用到他自己社會的那些成員、而不是被殖民統治的西藏人身上，那麼我們顯然能夠推出這樣一個結論：這些人寧願彼此相食而不是孝敬祖宗、和平相處，這說明他們才是「翻身」的人。

王力雄認爲西藏人是天性順從才被毛澤東的極權主義吸引，這和西方漢學家在解釋毛澤東的巨大影響力時稱中國農民天生就順從權威的論調如出一轍。事實上，當千百萬中國人都接受了毛澤東的人民公社和大躍進政策、爲了在鋼產量上超過英國而把家裏的鍋都拿去煉鐵的時候，正是一個年輕的西藏人，班禪喇嘛，對這些政策提出了廣泛的批評；同樣地，也正是東藏地區的人民發動了中國最大規模的反抗人民公社的叛亂。從這裏我們看到的絕不是一個把毛澤東銘記在心、只知道一味順從的民族。

在西藏的一些農村地區，人們根本就沒有聽說過毛澤東，更不用說把他奉爲神靈了，他們一般都是通過地方上的解放軍和共產黨幹部才第一次和殖民者發生接觸。在藏族作家扎西班丹（Tashi Palden）的小說《平民家庭的苦樂》裏有這樣一幕場景，它雖然是虛構卻很能說明問題：共產黨爲了發動文化大革命而召集了一次會議，會場裏掛滿了毛澤東的畫像，在開會的人慢慢到齊的時候，小說裏的女主人公問身邊的人那是誰，地方上的一個黨員骨幹不得不告訴她那就是毛澤東。在後文裏，當毛澤東去世的時候，地方黨委發布了一道命令，對人們的行爲和衣著做出了明確的規定，當晚，黨的骨幹分子就祕密地挨家挨戶查看這些規定是否得到了遵守。

這種在行爲、衣著、以及表達效忠的外在方式上的一致性與其說表現了西藏人的獨有心態，毋寧說表現了極權主義體制下的眞實生活。西藏農民之所以去稻田幹活的時候扛著毛澤東畫像和紅旗，不過是在做他們被要求做的一切。如果他們眞的像王力雄所說的那樣從這些行動中感到極大的滿足，我們就必須回答爲什麼一旦有機會他們就會立刻放棄這種行爲方式。實際情況正是，一旦時機允許，西藏人不僅脫下了文革中的統一服裝，而且扯下了紅旗，在山谷裏掛上經幡，丟開主席的「思想」而拿出私藏很久的祈禱書，把本民族的神靈放上佛龕，把成千上萬的青年送往寺廟，這些事實對於所謂西藏人在心理上無法抗拒毛澤東崇拜的說法完全不吻合，它只能說明，西藏人一旦可以選擇，就會選擇自己的宗教。

摩尼教的肖像畫

眾所周知，弗蘭茨・法農曾描述殖民者的心態是被一套摩尼教式的對立觀念支配的：黑與白、善與惡、拯救與詛咒、文明與野蠻、優等與劣等、理智與情感、自我與他人、主體與對象等等，王力雄原文的一個注釋提供了這種摩尼教觀念的最好例證。在注釋中，王力雄把中國人所表現的觀世音菩薩和西藏人的觀世音菩薩畫像進行比較，稱前者是「極美女性的形象」，後者是「一個黑色巨人，一手拿著個頭顱，脖子上掛著一串骷髏頭做的項鏈」，——這是典型的殖民者眼光：自己的神總是仁慈的，而其臣屬的神則長得又黑又脾氣暴躁。這樣的比較，既是對西藏佛教聖像畫的全然無知，也暴露出對中國文化歷史傳統缺乏瞭解。在長達幾個朝代的時間裏，西藏盛行的宗教同時也是中國皇帝宮廷裏的宗教，它的信仰、它的神祇也被很多中國人接受。事實上，在那幾個世紀有上千名中國人來到西藏的寺廟學習，而且即使今天也仍有人這麼做。

所以，讓王力雄感到陌生的這些宗教偶像也是很多中國佛教信徒求告的對象。比如「六臂護法尊」（佛的忿怒相，藏語稱「瑪哈嘎拉」即大黑天）崇拜，它在唐代就引入了中國，按照當時中國高僧的記載，它極受人們歡迎。在幾個世紀裏，北京一直有一個六臂護法尊的廟，它的裝飾壁畫和塑像就是王力雄所憎惡的那種兇神惡煞，不過廟宇在七十年代被共產黨拆毀，在原址建起了首都體育館。因此，這些宗教形象並不像王力雄想像的那樣，對中國人來說是完全陌生的東西；他以為那些宗教表現手法僅僅為西藏人所有，這種看法不過暴露出共產黨在消除中國人歷史記憶方面有多麼成功，現在的年輕一代對自己的傳統已經患上了健忘症。

偉大的印地語作家普列姆昌德（Premchand）在其小說《戈丹》裏寫道，當人被一個巨大的暴君踩在腳下的時候，他除了在他的腳上搔搔癢別的什麼也做不了。中國和西藏出現的對毛澤東的群眾崇拜是一種癲狂狀態的產物，它由黨一手炮製，並被黨所控制的宣傳機器一遍遍強化。除了這種自上而下的強制以外，還有來自團體和社會方面要求一律的強大壓力，它同時還要求擯棄任何個人的情感。這種千人一面的忠誠，在所有經歷極權體制而苟全性命的人那裏都能發現，它不過是給腳搔癢的另一種方式而已。而西藏農民迅速拋棄毛澤東崇拜，則最清楚不過地說明他們的服從只是一種偽裝。我不否認像那樣熱情煥發乃至癲狂的時刻總會出現，而每當這種時候一些根深柢固、壓抑已久的仇恨情緒就會重新浮出表面。事實上共產黨明顯在努力挑起人們的這種情緒，而且說黨在整個中國和西藏地區採取的總體動員戰略主要就是以這樣一種情緒為基礎，也不是沒有道理，但我們都知道，像這類的行為都只是曇花一現，它並不能說明人們內心的感情和信仰有了什麼根本的改變。詹姆斯·斯科特在其研究馬來農民的著作《弱者的武器》（*Weapons of the Weak*）一書中，對那些處在無可擺脫的不平等境況下的人的行為有深刻的洞察，他指出，他們會訴諸「日常形式的反抗」，它的典型表現就是假裝糊塗，表面服從。同樣，西藏農民所以附和共產黨的命令，主要原因是他們深知如果不這麼做，他們就會遭到嚴厲的懲罰。所以，與其說他們從原有的宗教束縛中感覺到了「解放」，毋寧說他們害怕黨翻臉、報復超過了他們對來世生活的害怕。如果我們現在去參觀西藏的寺廟，就會發現一些從前的雕像、繪畫又重新擺在了佛龕上，上面的文字說明這些物品都是由當地人民偷偷收藏起來，才逃過四人幫的浩劫。換言之，表面上的服從實際掩護了他們內心的堅定信念和眞正重要的選擇。

清朝的影子宗主權

今天中國政府聲稱擁有的對西藏的主權是通過軍事征服獲得的，它的統治也是建立在強力之上，這些都是冷酷的事實，然而王力雄對中國和西藏關係所作的高度選擇性的敍述卻模糊了這些事實。王力雄對中國—西藏關係的討論從清朝開始，而這一時期正是雙方聯繫最爲緊密的時候，同時中華帝國對西藏內部事務的介入也是在這一時期最爲顯著（雖然這種介入在起源上可以追溯到元朝）。但即使這一時期清朝也並沒有在西藏設置直接的管理機構，只是在西藏發生內部嚴重騷亂的時候才直接介入。一七八八年和一七九二年，西藏兩度遭到廓爾喀人的入侵，這時清朝才設立了駐藏大臣一職。這次戰爭對西藏人來說代價慘重，他們借助清朝的幫助才趕走了入侵者；而清廷因爲擔心外國勢力會侵入這類防禦薄弱的邊境地區，所以很自然地站在了西藏人一邊。當時，滿清將軍福康安還建議由清朝直接派員駐紮拉薩，這是試圖對西藏實施直接統治的第一步，由此設立的駐藏大臣一職地位和達賴喇嘛平級，他的職權是負責西藏政府官員和高級喇嘛的任命。

然而，清廷和西藏的這種關係並不同於一個國家對另一個國家的主權。伯戴克（Luciano Petech）在其研究深細的巨著《十八世紀初期的中原與西藏關係》（一九五〇）中，引證了中國和西藏兩方面的資料，指出中國在西藏的地位充其量只能算是保護國的角色，其權威是一種「影子宗主權」（shadowy form of suzerainty）。美國外交官兼學者柔克義（William Rockhill）在上一世紀初也對達賴喇嘛和滿清的關係進行了研究，他寫道：「招待他（指達賴喇嘛）的那些儀式只有獨立的主權國家才能享受；而且，也沒有任何中文資料顯示人們不是這樣看待他的。」⑤中華帝國在西藏的影響取決於西藏內部的狀況和外部的威脅程度，西藏人在南部面臨入侵威脅的時候，自然樂於去尋求帝國的幫助；但一旦邊界重新恢復安全，清朝的權威就被丟在一邊。

在廓爾喀戰爭時期，滿清的軍隊是應西藏人邀請來幫助他們的，由此帶來的滿清的統治，西藏人並沒有加以拒絕。但很顯然，駐藏大臣一職的設立在西藏人眼裏絕不意味著他們默許了北京的統治。王力雄自己也承認，駐藏大臣無論對西藏的內部事務還是對外關係幾乎都不產生影響，而且只要西藏的邊境沒有遇到威脅，西藏人幾乎都不會注意到他在拉薩的存在。而從一

---

⑤W. W. Rockhill, *The Dalai Lamas of Lhasa and their Relations with the Manchu Emperors of China*, 1644–1908, Leyden 1910, p. 18. 柔克義的作品只引證了中文資料。

七五〇年到一九〇五年期間，共有三位駐藏大臣被西藏人暗殺，——王力雄稱駐藏大臣在西藏雖然並不發生實際作用，但雙方卻是一種友好和睦的關係，這與事實又是不符合的。清朝顯然也承認了自己在西藏的無所作爲，皇帝任命的一百餘位駐藏大臣中，有二十多人從來沒有到任，有些人還沒有開始這趟危險的旅程就已經倒下了，有些則是死在赴任的路上。最能說明清朝在西藏並無實際權威的例子是它和英國統治的印度的來往，十九世紀末，英國正在開拓能夠進入西藏的通商路線，從陸路打通從印度進入中國的路線。一八七六年的《煙臺條約》中，中國同意英國可以進入西藏，由此又有了一八九〇年駐藏大臣和蘭斯多恩勳爵（Lord Lansdowne）簽署的中英協定，協定一方面規定了西藏和錫金的邊界，一方面也給予了英國在拉薩通商和傳教的權利。然而西藏人對這份協定並非消極接受，他們自己著手加強邊防，增派軍隊前往邊境地區，拒絕英國人享有中國已經同意他們享有的權利。英國人很快發現，中國人並沒有強迫西藏人接受那些條款的權力，西藏人絲毫不認爲北京有任何權利可以簽署關於他們領土的協定。由此而發生的一些事件，使得寇訟勳爵（Lord Curzon）怒氣衝衝，稱中國對西藏的宗主權不過是「憲法上的虛構」。英國人失望之餘，終於於一九〇四年由榮赫鵬（Younghusband）發動了對西藏的全面軍事入侵，這就造成西藏沒有力量再去抗拒中國人，而且迫使他們再次向清廷求助，於是有了一九〇九年中國人報復性的入侵，它帶來了嚴重破壞，但所幸時間不長。一九一一年清政府倒臺，西藏就此割斷了與中國的所有聯繫，把駐藏大臣及其隨從全部驅逐，並宣布獨立，由此結束了近兩個世紀滿清在西藏的權力。在一九一一年至一九五〇年之間，西藏完全控制了自己的內外部事務。

形勢的逼迫

一九五〇年中共入侵之前，西藏實際上完全是一個獨立國家。國民黨曾希望恢復對西藏的控制，但都沒有成功，這一方面是因爲中國內部各種問題持續不斷，不過更主要的是因爲西藏人決心不再讓中國人染指西藏。一九〇四年之後，英國人也有心消除中國人在這一地區的影響，所以國民黨每派一個使團進入拉薩，英國人就會同樣派出一個代表團。不論在此期間西藏的政體屬於何種性質，其政權都始終致力於維護自己相對於中國的獨立，並盡一切可能尋求國際支持。但一九五〇年世界局勢、包括亞洲局勢發生了巨變，由於印度獨立，英國放棄了它在西藏的利益，而另一方面新生的印度政府在面對北京的共產黨政權時，又沒有它原先殖民主人那樣的軍事力量。還有一個相關的國家當然就是美國，由於西藏在地理上是一個與外界隔絕、周圍都被陸地包圍的國家，美國只能提供一些有限的、祕密的幫助。

一九五〇年十月，四萬名身經百戰的解放軍士兵入侵西藏，人數不多、裝備惡劣的西藏軍隊顯然不是對手。投降之後，達賴喇嘛政府派藏軍司令阿沛·阿旺晉美和中國人談判，一九五一年五年二十三日，中國政府和西藏代表團簽署了「十七條協定」，——它還有一個更正式的名字叫「和平解放西藏的協定」——它成爲西藏併入中華人民共和國的基礎。但正如尼赫魯所評論的，它是在「毫無喜悅可言、在形勢的逼迫下」簽署的協定。協定究其實質保證了西藏在中華人民共和國的特殊地位，因爲毛澤東新政權沒有和其他任何一個省、民族或地區簽署過這樣的正式協定，它使西藏處於一種獨一無二的位置，在理論上有點類似於今天香港和澳門的地位。它保證西藏傳統政府可以受到保護，更重要的是，它保證達賴喇嘛及其管理機構可以繼續作爲政府行使職能。對北京而言，眞正具有意義的是兩項條件，一是北京可以支配西藏的對外事務，二是可以駐軍，這兩項條件目的都是爲了取消西藏的國際身份，鞏固中國的地緣政治利益。

王力雄認爲，中共早期的主要目的是使西藏在戰略上和法律上成爲整個中國的一部分，這個看法是對的。但是九年以後，整個西藏地區發動了叛亂，起義的原因是多方面的，但主要的一點是北京沒有能夠理解西藏問題的民族意義。「十七條協定」許諾不強制西藏進行改革，但這只適用於西藏自治區，也就是當時在拉薩的達賴喇嘛及其政府所控制的區域。而在東藏地區、也就是現今甘肅、雲南、四川和青海四省的藏族人，就要和中國其他地方一樣經歷改革和各種政治運動。一九五六年，這些地方——安多和康區——的藏人發動了起義，中共一直到一九六〇年才把起義鎭壓下去。結果，成百上千的難民從東部湧入衛藏，從而把衛藏變成了一個反抗中國統治的大劇院。雖然中共仍然保持了衛藏地區此前的社會和政治制度，保持了達賴喇嘛的統治，但無法緩和人們對中國最終意圖的恐懼。雖然中共把西藏的叛亂定性爲上層貴族對社會改革的頑抗，但事實上這一叛亂是一次全民族的起義，得到了各個階層的支持，其主要的參與者是普通百姓和窮人。他們不僅憎恨中國人，同時也憎恨在他們看來出賣了民族利益的西藏統治階級。因爲不管怎麼說，中共畢竟採取了一切措施來安撫西藏的精英，許諾讓他們在新政權擔任官職，想借此把他們吸納到自己的基礎結構中來。

儘管西藏傳統社會制度存在各種不平等，但這個國家歷史上很少發生農民起義。王力雄爲了解釋這個問題，又回到了他的所謂生活在敬畏中的土著心態這一概念：

> 西藏下層社會爲什麼對上層社會總是謙卑與服從。根源就在於西藏宗教。……如果他們（農民）今生做了「犯上作亂」的事，取了「不義之財」，來世的懲罰要遠遠超過這一世所占的便宜。⑥

王力雄這種殖民者的假設，是早在他對西藏的社會現實做任何眞正嚴肅的經驗調查之前就已經得出的。歷史上農民確實境遇不佳，土地分配制度非常不公平，但由於西藏土地廣闊而人口稀少，所以大批農民沒有土地、沒有生存權利、成日擔心衣食沒有著落的局面從來沒有出現

---

⑥“Reflections on Tibet”, p. 91.（文字引自中文原文）

過。就此而言，他們的境況要好於革命前生活在中國城市和農村地區的廣大窮人，事實也證明共產黨的土地改革對後者更有吸引力。而在西藏，農民是生活在一片彼此隔絕、人煙稀少的地區，傳統的西藏社會都是由村莊或者遊牧部落組成，不同群體之間幾乎不會發生政治衝突。直到二十世紀中葉，西藏的經濟本質上屬於以自給自足的農業經濟爲基礎的前現代經濟，大多數農村家庭都是自己生產食物和衣服，交易、市場幾乎都不存在。在五十年代之前，很少聽說市場上有買賣糌粑（大麥粉，西藏人的主食）的。即使像拉薩這樣的城市，居民也是靠農村的親戚來提供日常基本需要的。

這裏並非要描繪一副笑容可掬的農民肖像，事實上，他們的生活極爲艱辛。除了經濟上的不平等以外，社會體制也分成平民和貴族兩大階層，前者完全被排除在政府事務之外，而且要向貴族和僧侶地主交納高額的稅收。人們怨聲載道，所以不斷有家庭向拉薩政府請願。至於爲什麼沒有發生公開的社會經濟叛亂，原因非常複雜，——這和工業化西方國家裏工人階級爲什麼沒有起義的原因一樣複雜。但是，單單經濟原因並不足以引發造反；不同的人對不公正會有不同的感覺，而階級意識的形成是包括文化、社會和經濟因素在內的多種因素促成的結果。

輪迴的政治

西藏人的信仰體系對他們的社會政治觀點有何損害，這是一個重要的問題，要回答這一問題需要比王力雄更細緻的考察。顯然，對「因緣」「輪迴」的信仰不僅對人們的日常行爲、也對他們在一些更大問題上的反應會產生實實在在的影響。輪迴思想的基礎是認爲今生的勤勉、善行會有好的報應，而且這種報應會轉入來世。這樣一種思想並不一定就導致人的消極無爲，相反，它可能會激勵人們積極地生活以便改變自己的地位。王力雄的觀點隱含的意思是西藏人的信仰抑制了他們社會變革的能力，但事實遠非如此。一方面，西藏社會並沒有經歷世界其他一些地區在十九、二十世紀發生的那些騷亂，但另一方面它自身也確實在不斷地變革和重新自我界定，其跡象在宗教改革運動中表現得十分明顯。再有，在不同地區或教派的利益之間，也存在許多政治衝突，有些衝突也涉及到了大規模的民眾動員，而且往往帶有強烈的暴力色彩。刺殺達賴喇嘛的事件屢見不鮮，只有三位達賴喇嘛活到成年，其他幾位都是在一些非常蹊蹺的情形下死去，有的甚至還沒有來得及接手政治權力。由此可見，對來世報應的信仰遠沒有成爲什麼麻醉劑，它並沒有阻止西藏人殘害他們的最高宗教權威。而更進一步的證明——如果還需要的話——就是一九五九年的叛亂，它表明西藏人並非天然就厭棄暴力或者抵抗。不過這次起義更多是以維護民族主義和保衛文化自主權爲旗號，而非對經濟狀況的不滿。

事實上，現代性語言對西藏的那些曾在國外遊歷、有機會目睹他國變化的青年貴族和富家子弟來說具有無以倫比的吸引力。在西藏也和在世界其他多數地區一樣，變革的要求主要來源於外部的影響，並得到新的城市知識分子的支持，譬如一九四三年，當一群思想激進的西藏人在拉薩首次成立西藏共產黨時，這些人都是富商和貴族人家的子弟。然而，一個反動的宗教社會外加大多數農民的支持，這使得內部變革幾乎不可能發生。開始也有過一些嘗試，比如三十年代十三世達賴喇嘛曾邀請英國教育家主持新建學校的舉動，但同樣受到阻撓，那些學校的學生都是貴族子弟，然而由於僧侶勢力的反對，最終學校仍被關閉。僧侶們為了動員民眾，打出了這樣的標語：「聖城拉薩不允許有不神聖的學校。」在整個宗教共同體、尤其是格魯派僧侶看來，任何變革都是對其統治權力的威脅。

而在共產黨接管西藏之後，和平變革的機會更加渺茫。無論早期共產黨的措施多麼開明，在西藏大多數民眾眼裏這些措施都是以殖民統治的方式強加給他們的。農民對於土地改革政策和廢除封建勞役制度也許會持歡迎的態度，但中共壓制宗教的那些政策卻引起他們的敵視；同時，土改產生的積極作用也因為平叛運動中一些不分青紅皂白的鎮壓措施而受到削弱，上萬名農民因為被指控參與一九五九年的叛亂而被關進勞改營。像西藏這樣一個傳統社會，改革是非常複雜的事情；但如果把改革和中國－西藏關係中的民族主義因素割裂開來，那是無論如何也辦不到的。只要對所謂西藏「落後」的制度的批評是來自外部，那麼人們的反應很自然地就會是為它辯護，就像魯迅說的，「一個人打自己耳光，他不會覺得受侮辱；如果別人打他耳光，他就會生氣。」

王力雄把西藏傳統社會描述得十分腐敗黑暗，平民似乎就生活在懸崖邊緣，這也是共產黨對西藏傳統社會的看法。然而在一九五九年，當共產黨自己開始統治西藏的時候，它所作的無非是使西藏陷入前所未有的不幸之中。在一九六〇—一九七九年間，人民的經濟收入和生活水平直線下降，在很多地方他們一天只能吃上一頓；一直到八十年代胡耀邦的領導下，西藏的生活水平才又開始提高。但儘管胡耀邦的改革也受到人們歡迎，但對於很多西藏人來說這些改革還遠遠不夠，八十年代末出現的大範圍騷亂就是明證。王力雄有一點說得很對，這些新的改革措施不過是把前些年的錯誤矯正過來，即使像胡耀邦這樣的開明領導人也沒有想到過要觸及藏族人權利這樣更基本的問題。現在回過頭看，可以說八十年代的改革是北京新領導人在重新尋求合法性之際爲了安撫西藏人的怨恨情緒而採取的措施，而黨在西藏的地位則是變得越來越不牢固了。

中共在西藏統治地位並不牢固的一個明證是一九七九年達賴喇嘛派出的使團訪問西藏，他們受到熱烈的歡迎，所到之處成千上萬的群眾蜂擁而至。這些反應讓中國領導層大爲震驚，它淸楚地表明，在西藏人的內心深處仍然是達賴喇嘛在統治西藏。當代表團仍在東藏地區、並打算前往拉薩的時候，中國官員意識到可能會出現無法控制的向達賴喇嘛表示忠誠的局面，於是向身在拉薩的西藏自治區黨委書記任榮建議取消代表團的拉薩之行，任榮很自信地答覆說西藏自治區的人民有高度的階級覺悟。然而，他和王力雄一樣錯誤地判斷了西藏的局勢，文化大革命遠沒有讓農民翻身，而是激起了人們對北京政權深深的仇恨。

黨的木偶

胡耀邦倡議的很多改革措施現在已經完全被捨棄，新的殖民統治又開始推行。一些自治區機構（比如人民代表大會和政治協商會議）的所謂「自治」完全是無稽之談，僅僅存在於紙面上而已。誠然，在八十年代，藏族人擔任幹部和黨的高級官員的人數在穩步上升，藏語成了自治區的官方語言，但是被中共選拔擔任領導職務的都是熱地和巴桑這樣的同志，他們從一九六七年以來就在自治區黨委擔任高職，而且西藏人都知道他們兩個是沒有什麼文化的文盲。所謂的「西藏化」，首要的目的不過是把那些忠實可靠的政工幹部（apparatchiks）安排到領導位置。事實上，中共在五十年代以後培養起來的高級藏族幹部中——或者是像天寶這樣從長征就開始培養的幹部——很多人都不認識本民族的文字。在西藏，無論黨內還是黨外都有藏族人領袖激烈地批評過提拔這些人的做法，但即使胡耀邦在任時也不願解除他們的職務，比如一九八四年胡耀邦在西藏工作會議上談到，這些人都是對黨、對國家最爲忠誠的一批人。胡耀邦的改革措施還因爲遇到漢族幹部的抵制而遭到進一步的挫敗，這些幹部拒絕放棄他們在這一地區已經掌握的權力，也不願承認他們在西藏所做的三十年工作都是「一個錯誤」（胡耀邦語）的說法。所以，一旦胡耀邦和伍精華丟了權力，這些官員公開表示他們的喜悅，並且抓住這個機會推倒胡、伍推行的所有開明政策。

在全國人民代表大會和政治協商會議這類機構裏，藏族人確實得到了充分的代表，我甚至要進一步指出，考慮到藏族人口的比例，他們得到了過於充分的代表。然而，雖然在這樣一些威風凜凜的機構裏有藏族人的身影，但這並不意味著他們能夠表達藏族人民的眞實想法，它不過是一種象徵姿態，表明祖國大家庭是有包容性的。而且，這些機構裏的西藏人都經過了挑選，是共產黨眼裏的模範公民，他們今天的地位常常是作爲他們過去對黨忠誠的獎賞授予他們的，而在絕大多數西藏老百姓那裏，他們並沒有受到人們的尊敬和信任。關於他們，有一個笑話是這麼說的：人大代表和政協委員的職責是什麼？有三點，第一，進會議廳的時候握手；第二，聽完了發言拍手；第三，計票的時候舉手。所以，如果看到這些機構有藏族人存在就認爲它們體現了眞正的包容性，那完全是一種無知。不論是在地區一級還是在國家一級，這些西藏代表所扮演的無非是我稱之爲「信使」的角色：作爲一個特權團體，他們的職責不過是一種象徵性的存在，實際充當的只是黨的傳聲筒。他們不是在表達藏族人民的意願，而只是把黨的意願帶給人民。

今天中共已經成功了壓制住了西藏人的怒火，但方式不是通過爭取西藏人的同意，而是藉助在共和國內部實現更高程度的一體化實現的。最近幾年中國政府的政策表明，它採取了傳統殖民統治慣用的遏制和同化並舉的戰略。過去十年裏，對中國統治的公開抗議多數來自宗教共同體，由於中共極力清除宗教對公共生活的影響，所有僧尼事實上只能局限在寺廟裏活動。不過，要完全清除這種影響並不容易，因爲各宗教派別擁有的成千上萬的信徒對中共構成了巨大的威脅，而中國政府也深知宗教在西藏代表了一種強大的民族主義意識形態，唯有它有能力動員民眾，挑戰黨的權威。這在一九九五年指定新的班禪喇嘛一事中表現得最爲顯著，當時北京要強行指定候選人，但西藏人卻拒絕承認。這一事件最終導致中共當局在宗教團體裏的權威徹底喪失，因爲所有的團體都團結一致表示反對，即使班禪喇嘛傳統的駐息地、過去一直被黨視爲忠誠可靠的扎什倫布寺，這次也拒絕合作，不願給官方選定的人選祝福。結果，所有西藏的高級喇嘛都拒絕中共的決定，不接受黨的任命，中共最後只能藉助強力來達到目的。這一切表明，各種文化團體完全具有爲了一個共同目的而組織、動員其成員的能力，宗教徒這時保持了對自己信仰的忠誠。

更嚴重的問題在於，儘管幾乎所有西藏宗教領袖都流亡國外，但中共深知他們始終占據著人們的思想和內心；而且，宗教信仰常常和種族身分、民族主義密切聯繫在一起。僧尼們在抗議中國的示威中一直走在最前面，他們一直被視爲西藏文化傳統的守衛者，他們才眞正贏得了當地人民的忠誠和尊敬；與之相比，當地的中共領導人都被看作是外人，而且腐敗透頂。因此可以說，北京正陷入一場與公眾的角力之中，其領導權、合法性都瀕臨危機；它最擔心的就是在西藏的社會、道德和專制權威方面失去支配權。但北京知道西藏人民對共產主義或者中共都已經不再信仰，黨已經不再能夠憑藉過去的革命成就、或者訴諸舊社會的罪惡來爲黨爭取支持。

解除魔咒

宗教信仰、種族身分以及社會經濟方面的不利地位（無論是眞實的或者僅僅是感覺中的），三者的聯合爲西藏的民族主義提供了肥沃的土壤。雖然過去十年裏西藏實現了經濟發展，但多數西藏人都認爲自己在今天的中國是處於一種邊緣和弱勢的地位，在這一點上，王力雄是對的。雖然共產黨表面上成功地壓制住了藏人的民族主義渴望，但上述種種因素，再加上流亡藏人中存在一個強大的領導層，這確實讓共產黨感覺到了威脅。但眞正要解決西藏問題既不複雜也不困難，它也不需要中國政府做出重大的讓步。所謂西藏是中國領土不可分割的一部分這一觀念只是共產黨在其國家構建過程中的一個新發明，在中國人的想像中西藏並不具有中心的地位。中國從來沒有人像伍迪・古思理（Woody Guthrie）⑦那樣唱過：「這是我們的土地，從喜馬拉雅之巓直到南中國海。」這樣一種情感是中共在一九五〇年之後構造出來的，魔咒來得快，去得也可以很快。西藏並不像巴勒斯坦或者克什米爾那樣，雙方都懷著極端強烈的宗教情感，而且

⑦伍迪・古思理，美國二十世紀上半葉民歌手，寫過許多描寫社會不公和生活艱辛的歌曲，最著名的作品是〈這片土地是你的土地〉（This Land is Your Land）（作於一九四〇年）——譯者注。

背後已經有幾個世紀的宗教仇恨。

事實上，西藏對於中國主要是一種戰略利益，現在既然達賴喇嘛宣布他並不謀求西藏獨立，而且願意滿足中國的要求，把外交和國防事務交給北京控制，中國應該意識到，給予西藏眞正的自治並不會損害中國的安全和國際地位。假使未來西藏獲得自治乃至獨立，中國也不會因此崩潰。中國領導人應該有眞正的智慧去看到，達賴喇嘛的提議既符合他們的需要，同時又能使西藏獲得眞正的自由來實踐它自己的文化和傳統。

附錄二

西藏文革大事記

一九六六年

五月底　中共西藏自治區黨委「文化大革命領導小組」成立，隨後，各地、各單位的「文革領導小組」陸續成立。

六月十五日—七月五日　中共西藏自治區黨委擴大會議做出在全區開展「文化大革命」的決定。

八月十九日　拉薩五萬群眾集會，慶祝「無產階級文化大革命」。

八月二十四日　拉薩一些學校的紅衛兵開始走上街頭「破四舊」。

十月十五日　周恩來接見中央民族學院幹訓班十一名西藏學生，發表關於西藏的談話。

十月二十六日　中共西藏自治區黨委提出在邊境地區一般不進行「文革」運動。

十一月初　北京幾所大學和咸陽西藏民族學院一部分紅衛兵到西藏串聯。

十一月十二日　西藏自治區第一支「毛澤東思想長征宣傳隊」從拉薩出發，徒步去北京串連。

十一月二十二日　中國內地約十一萬份傳單寄到西藏。

一九六七年

一月十一日　中共西藏自治區各部、委、廳、局相繼被造反派奪權。

一月二十三日　「拉薩革命造反總部」、「拉薩革命造反公社」和「首都赴藏造反革命總部」，代表拉薩三百多個「造反組織」主持召開了兩萬多人參加的「無產階級革命派大聯合，奪走資本主義道路當權派的權誓師大會」，舉行火炬遊行。

一月下旬　中共中央同意張國華去北京治病，並任命周仁山爲西藏自治區黨委代理第一書記。

二月九日　首都紅衛兵和拉薩一部分群眾組織的成員衝進西藏軍區，揪鬥張國華。

二月十日　西藏軍區大院實行軍事戒嚴。

二月十五日　西藏軍區奉命實行軍事管制。

二月二十六日　西藏軍區對西藏日報社、西藏人民廣播電臺和拉薩有線廣播站實行軍事接管，抓了一批人，《西藏日報》一度停刊。

五月十一日　中共中央決定成立西藏軍事管制委員會，張國華爲主任，任榮、陳明義爲副主任。

五月　張國華調四川，任成都軍區第一政治委員、四川省革委會籌備小組組長，兼西藏軍區司令員。

六月二十五日　第一批藏漢文對照的《毛主席語錄》三十萬冊在西藏發行。

八月二十三日－九月十七日　兩派群眾組織之間在拉薩武鬥。

九月十八日　周恩來、陳伯達、康生、江青等人在京召見西藏領導人。周恩來要求兩派通過大批判實現大聯合，停止武鬥。

一九六八年

二月二十六日　西藏自治區在北京舉辦「毛澤東思想學習班」，有軍隊幹部、群眾組織負責人和地方幹部三百多人參加，爲成立「西藏自治區革命委員會」做準備。

五月八日　毛澤東等接見在北京學習的西藏人員，就文化大革命問題作指示。

六月七日　拉薩發生「六‧七大昭寺事件」，解放軍拉薩警備區部隊攻入被「造總」占據的大昭寺，開槍，打死十二人、傷多人。

八月二十八日　中共中央、國務院、中央軍委、中央文革小組批示成立西藏自治區革命委員會。

九月五日　中共西藏自治區革委會成立。

十一月九日　「西藏自治區無產階級革命派大聯合造反總指揮部」（「大聯指」）宣布撤銷總部。

十一月十三日　西藏軍區在拉薩人民體育場爲「拉薩革命造反總部」（「造總」）等群眾組織召開平反大會。

十一月十四日　毛澤東針對「六·七大昭寺事件」批示：「軍隊領導不袒護部隊所作壞事，替受害人民伸冤，這種態度是國家興旺的表現。」

十二月七日　西藏軍區由大軍區改爲省級軍區，歸成都軍區領導。

十二月九—十日　西藏自治區革委會要求群眾組織停止武鬥，收繳武器彈藥，「削平山頭」。但是各地群眾組織之間武鬥的仍然不斷。

一九六九年

二月十一日　毛澤東、林彪簽發了中共中央、中央文革《關於西藏地區文化大革命應該注意的問題》的文件，被稱爲「紅五條」。

三月九日　據《中共西藏黨史大事記》記載：「丁青發生反革命暴亂事件：丁青縣一小撮反革命分子成立所謂『怒瀾兩江衛教神軍總指揮部』，武裝襲擊當地機關和駐軍，搶劫各種槍支三百餘支、國營牧場牛羊九百餘頭（隻）、國庫糧食五十餘萬斤，毒打殘害幹部、群眾二十餘人。」

三月二十二日　西藏自治區革委會、西藏軍區發出《關於建立各級革委會的範圍的通知》，規定地、縣、區、鄉（人民公社）、街道辦事處均建立革委會，生產隊建立革命領導小組。

三月二十五日　「拉薩革命造反總部」、「拉薩革命造反公社」、「西藏紅衛兵革命造反司令部」決定撤消總部、各分部和司令部。

四月一日　「大聯指」所屬的「工總司」等九個群眾組織撤消總部。

六月八日　據《中共西藏黨史大事記》記載：「一月底，邊壩縣一小撮反革命分子制定了『不要共產黨、不要交公糧、不要社會主義』的『三不』反動綱領；繼而又建立『四水六崗衛教軍』，和所謂『翻身農奴革命造反司令部』。五月二十日，襲擊縣委機關，打傷幹部職工三十餘人。六月八日，又集中兩千餘人襲擊縣委機關，奪縣革委會的權，搶走縣革委會各辦事機構公章。接著，又幾次襲擊邊壩縣、區機關和軍宣隊，搶劫縣人武部武器彈藥，炸毀軍宣隊住房，打、搶、燒、殺達十七天之久，打傷幹部、戰士上百名，還進行砍手、剜眼、剖腹等野蠻手段，殘害致死幹部、戰士五十餘人。」

六月十三日　據《中共西藏黨史大事記》記載：「尼木縣發生反革命暴亂事件：尼木縣一反動尼姑赤列曲珍利用宗教迷信，跳神並呼喊口號，煽動群眾圍攻、毆打軍宣隊，軍宣隊二十二人全部被害。二十一日，在尼姑廟殺害基層幹部積極分子十三人。」

七月　據《中共西藏黨史大事記》記載：「日喀則地區南木林等縣出現騷亂活動日　日喀則地區南木林、謝通門、拉孜、昂仁等縣反動分子造謠惑眾，製造騷亂，搞垮了一大批縣、區、鄉（公社）革委會。」

七月二十六日　據《中共西藏黨史大事記》記載：「比如縣發生反革命暴亂事件」

九月二十五日　中共中央指示：「西藏一些地區的一小撮階級敵人，利用民族情緒，宗教迷信，煽動脅迫群眾搶劫國家和群眾財物，破壞交通，已完全屬於反革命性質」。必須「採取斷然措施，決不能讓其蔓延」。西藏軍區下達平息「反革命暴亂」的命令。

九月二十六日　西藏各地區革委會全部成立。

九月二十七日　拉薩中學首批一百三十二名知識青年到農村安家落戶。

十月　西藏自治區革委會將全區大部分機關幹部職工約五千餘人集中到林芝、波密舉辦「毛澤東思想學習班」，一邊勞動、一邊進行清隊、整黨，長達近四年，製造了大批冤、假、錯案和命案。

一九七〇年

四月十四日　《西藏日報》報導：一年來，駐藏人民解放軍組織成千上萬支毛澤東思想宣傳隊，深入農牧區宣傳毛澤東思想。

六月十日　西藏自治區內辦起六百多個人民公社，其中十三個縣已實現「公社化」。

十二月八日　中共中央發出《關於西藏社會主義改造問題的指示》，表示同意西藏全面實行「公社化」。毛澤東在文件上批了「照辦」二字。

一九七一年

四月七日　中共中央決定免去曾雍雅革委會主任、黨的核心小組組長、軍區司令員職務，由任榮代理自治區革委會主任、黨的核心小組組長，陳明義任西藏軍區司令員。

四月二十九日　西藏自治區革委會、西藏軍區等舉行三萬人的批判大會，批判周仁山、王其梅等人。

一九七二年

二月二十一日　原西藏自治區黨委第一書記、西藏軍區司令員張國華去世。

一九七四年

二月二十八日　西藏自治區黨委在拉薩召開一萬八千人的「批林批孔」（批判林彪和孔子）大會。會後，西藏全區開展了「批林批孔運動」。

十月五日　西藏百分之九十以上的鄉建起了人民公社，基本上實現了人民公社化。

十一月十七日　中共副總理陳永貴到西藏視察，推動「學大寨」運動（大寨位於山西，是曾在陳永貴領導下的一個生產大隊，被中共豎爲全國農民學習的榜樣）。

一九七五年

九月五日　西藏自治區成立十周年，以華國鋒爲團長的中共中央代表團到達拉薩。

十二月二十日　西藏開展「反擊右傾翻案風」運動。

一九七六年

九月九日　毛澤東去世。十六日和十八日，拉薩舉行三萬多人和五萬多人的追悼大會。

注：以上大事記參考《中共西藏黨史大事記》（西藏自治區黨史資料徵集委員會編，西藏人民出版社，一九九五年）、《西藏大事輯錄（一九四九——一九八五）》（由西藏農牧學院馬列教研室、西藏自治區黨校理論研究室合編，一九八六年）。

附錄三

周恩來與中央民族學院西藏學生的談話紀要

西藏地區經歷了三次大解放：第一次是一九五一年人民解放軍進駐西藏，西藏回到了祖國大家庭；第二次是一九五九年的農奴解放，平叛之後，進行了經濟制度的改革，取消了農奴制度；第三次是文化大革命，喇嘛獲得了解放。全西藏有十幾萬喇嘛，百分之九十已還俗，要組織這些解放出來的小喇嘛參加生產。對貧農出身的小喇嘛，要進行培養。沒有還俗的，也要使他們參加對喇嘛寺的管理。

班禪的錯誤很嚴重，但還要看一下。一九五九年達賴叛國，西藏在平叛後進行了經濟改革，班禪當了西藏自治區的代理主任。但是作爲農奴主的代表，班禪起了野心。一九六〇年和六一年，他阻止喇嘛還俗，還到內地四出活動。當時，主管統戰工作的李維漢、習仲勳右傾，對他無原則遷就，班禪終於在一九六二年野心大暴發，寫了一個「七萬言書」，暴露了他的反動本質。

一九六四年，西藏人民對班禪進行了鬥爭，一九六五年在全國人民代表大會上對他進行了揭露和批判。因爲他中毒深，交待不好，撤銷了他的西藏自治區代理主任和人大常委會副委員長的職權，保留一個政協常委的職務，這主要是爲了給他保留一個自新的機會。毛主席教導我們：「階級鬥爭是不以人們意志爲轉移的。」班禪的問題證明了這一點。最近你們對他進行了三次鬥爭，很好，我們想還是讓他留在北京改造，再看他一下。

阿沛和班禪有所不同，阿沛・阿旺晉美也是一個過渡人物，他在西藏的作用還未完全失掉。他與班禪有所不同，班禪反對政教分立，阿沛贊成我們主張的政教分立。政教分立這和阿沛等人的利益也是一致的，因爲他在宗教上是沒有地位的。現在他當自治區主席，也是對他的一個考驗。至於他過去的問題。以及他和國外的關係問題，他能否徹底交待，這是對他的考驗，我們要給他時間來交待。這次國慶讓他上天安門，主要考慮是代表一方面。同時，我們安排了一個藏族同學講了話。現在農奴主還存在，我們就要利用他，可以對那一部分人起作用，否則，他們感到沒有出路就會搗亂，對國家建設不利。當然我們也不怕，這是分化他們，表示黨和政府對他們仁至義盡，這也是對跑到國外的人的一種分化。從長遠來看，我們的目標應該從勞動人民中去培養幹部，但這需要時間。阿沛的前途有兩種可能，一種是眞心城意地跟毛主席走，就有出路；一種是走班禪的老路，就會自絕於人民。我們總是要做到仁至義盡，主要看他自己。

西藏的宗教是一個長期的問題，但政教一定要分開，喇嘛制度一定要打碎，因爲喇嘛制度嚴重妨礙了民族發展。爲什麼解放前西藏、內蒙的人口逐漸減少？就是喇嘛宗教制度的影響。這次文化大革命是思想大革命，就是要把喇嘛制度徹底打碎，解放小喇嘛。但是，破除迷信則是長期的，迷信思想在沒有新思想代替之前，是一下子消滅不了的，這是長期改造的事。現在，西藏正在破四舊，打廟宇，破喇嘛制度，這都很好，但廟宇是否可以不打爛，作爲學校，倉庫利用起來。佛像，群眾要毀可以毀一些，但也要考慮保留幾所大廟，否則，老年人會對我們不滿意。

培養幹部，使用幹部都要貫徹階級路線，但對一些農奴主的子弟，要利用他們的經驗，讓他們做工作。當然不是依靠他們，依靠的是勞動人民，你們那裏中下級政府機關裏，就可以多收一些解放了的農奴，逐步培養他們。你們要把農奴主的子弟趕回西藏去改造，並且叫他們黑五類。「黑五類」這個名詞，中央沒有批准，因爲這樣就等於不讓他們改造了，這是宿命論，是新迷信。我們既要破除舊迷信，也要破除新迷信。北京工業大學有個譚力夫，他的講話是極「左」的，把「紅五類」的條件規定的比黨員條件還嚴，實際上是脫離了廣大群眾，是形「左」實右。但也要注意依靠誰，團結誰的問題，至於這些人（農奴主子弟）是回去改造好，還是分散改造好的問題。我個人認爲還是分散改造，可能更有利些。

對統戰工作也要本著這個精神去做，既要培養勞動人民，貫徹階級路線，又要對農奴主子弟團結、教育、改造，使用他們。

最後，總理勉勵西藏同學回西藏後，要宣傳毛澤東思想，學習毛主席著作。

——〈一九六六年十月十五日周恩來與中央民族學院西藏學生的談話紀要〉

摘自《中國文化大革命文庫光碟》（二〇〇二年，美國《中國文化大革命文庫光碟》編委會及香港中文大學中國研究服務中心合作出版，宋永毅主編）

國家圖書館出版品預行編目資料

西藏記憶／唯色採訪整理.
-- 初版. -- 臺北市：
大塊文化，2006 [民 95]
面； 公分. -- (Mark；57)

ISBN 986-7291-85-9 (平裝)

1.西藏—歷史

676.62 94024741

105 台北市南京東路四段25號11樓

廣　告　回　信
台灣北區郵政管理局登記證
北台字第10227號

大塊文化出版股份有限公司　收

地址：□□□ ＿＿＿＿市／縣＿＿＿＿鄉／鎮／市／區
＿＿＿＿路／街＿＿段＿＿巷＿＿弄＿＿號＿＿樓
姓名：

請沿虛線撕下後對折裝訂寄回，謝謝！

大塊 LOCUS 文化

編號：MA057　書名：西藏記憶

大塊文化 讀者回函卡

謝謝您購買這本書，爲了加強對您的服務，請您詳細填寫本卡各欄，寄回大塊出版 (免附回郵) 即可不定期收到本公司最新的出版資訊。

姓名：________ **身分證字號**：________ **性別**：□男 □女

出生日期：____年____月____日 **聯絡電話**：________

住址：________

E-mail：________

學歷：1.□高中及高中以下 2.□專科與大學 3.□研究所以上

職業：1.□學生 2.□資訊業 3.□工 4.□商 5.□服務業 6.□軍警公教
7.□自由業及專業 8.□其他

您所購買的書名：________

從何處得知本書：1.□書店 2.□網路 3.□大塊電子報 4.□報紙廣告 5.□雜誌
6.□新聞報導 7.□他人推薦 8.□廣播節目 9.□其他

您以何種方式購書：1.逛書店購書 □連鎖書店 □一般書店 2.□網路購書
3.□郵局劃撥 4.□其他

您購買過我們那些書系：

1.□touch系列 2.□mark系列 3.□smile系列 4.□catch系列 5.□幾米系列
6.□from系列 7.□to系列 8.□home系列 9.□KODIKO系列 10.□ACG系列
11.□TONE系列 12.□R系列 13.□GI系列 14.□together系列 15.□其他

您對本書的評價：(請填代號 1.非常滿意 2.滿意 3.普通 4.不滿意 5.非常不滿意)

書名____ 內容____ 封面設計____ 版面編排____ 紙張質感____

讀完本書後您覺得：

1.□非常喜歡 2.□喜歡 3.□普通 4.□不喜歡 5.□非常不喜歡

對我們的建議：________

____

____

LOCUS

LOCUS

LOCUS

LOCUS